OST-WÜRTTEMBERG
MITTLERER NECKA
ENHAUSEN
RIEDERICH
SONDELFINGEN
GRABENSTETTEN
URACH
REUTLINGEN
WITTLINGEN
ZAININGEN
FELDSTETTEN
MACHTOLSHEIM
ALB-DONAU-
KREIS
PFULLINGEN
UPFINGEN
GRUORN
BRONNWEILER
SEEBURG
ENNABEUREN
UNTERHAUSEN
KOHLSTETTEN
REUTLINGEN
BLAUBEUREN
EIM
WILLMANDINGEN
OFFENHAUSEN
URSPRING
BAYERN
SCHELKLINGEN
ÖDENWALDSTETTEN
SCHMIECHEN
Donau
LATT
ULM-
EHESTETTEN
TROCHTELFINGEN
GRANHEIM
ERSINGEN
MÜNZDORF
ALB
BERKACH
MUNDERKINGEN
BIBERACH
HERMENTINGEN
ROTTENACKER
SCHEMMERHOFEN
Iller
HEILIGKREUZTAL
RIEDLINGEN
VERINGENDORF
BIBERACH
LAIZ
KAPPEL
GMARINGEN
BIBERACH
BODENSEE-
NERKINGEN
WALDBEUREN
KÖNIGSEGGWALD
HAISTERKIRCH
GAISBEUREN
JUDENTENBERG
VOLKERTSHAUS
OBERSCHWABEN
BURG RAMSBERG
WOLFEGG
WUCHZENHOFEN
BODENSEEKREIS
RAVENSBURG
WEINGARTEN
ÜBERLINGEN
RIMPACH
BERMATINGEN
UNTERESCHACH
AHAUSEN
MARKDORF
RAVENSBURG
ISNY
ELMENAU
ERISKIRCH
BODENSEE
WEIZ

D1873585

Bruno Kadauke

Wandmalerei

Wandmalerei

vom 13. Jahrhundert bis um 1500
in den Regionen
Neckar-Alb, Ulm-Biberach
und Bodensee-Oberschwaben

Von Bruno Kadauke

Verlagshaus Reutlingen · Oertel + Spörer

© Verlagshaus Reutlingen · Oertel + Spörer · 1991
Burgstraße 1–7 · 7410 Reutlingen
Alle Rechte vorbehalten
Schrift: Berthold Garamond
Satz und Druck: Oertel + Spörer, Reutlingen
Einband: Heinrich Koch, Tübingen
Printed in Germany
ISBN 3-88627-104-8

Vorwort

Die Wandbilder, die hier in einer zusammenfassenden Darstellung erörtert und gezeigt werden, wurden alle an Ort und Stelle aufgesucht. Von ihnen konnten etwa 780 Fotoaufnahmen angefertigt werden. Damit wurde versucht, fast alle Bilder der Regionen im südöstlichen Teil von Baden-Württemberg zu erfassen. Von den Fotos wurden ikonographisch besonders wichtige ausgewählt und 81 schwarzweiße sowie 46 farbige veröffentlicht.

Die Bilder sind nur noch in Fragmenten erhalten. Sie haben, über Jahrhunderte dem Verfall ausgesetzt, dann übertüncht und wieder freigelegt, viel von ihrer Ursprünglichkeit und farbigen Schönheit eingebüßt. Aber sie können noch immer den aufgeschlossenen Leser und Betrachter die tiefe Innerlichkeit, Hingabe und Frömmigkeit ahnen lassen, mit welcher der mittelalterliche Mensch diese Bilder schuf und erlebte.

Eningen u. A., Februar 1991 — Bruno Kadauke

Inhalt

Einleitung

Die Wandmalerei hatte einen wesentlichen Anteil an der mittelalterlichen Kunst. Dazu gehörte die Ausmalung des Kirchenraums mit Bildern christlichen Inhalts. Erst die farbige Fassung durch Bilder ließ den Raum zusammen mit Skulpturen, Wandvorhängen und dem Licht der Fenster vollendet erscheinen.

Die mittelalterlichen Wandmalereien in unserem Gebiet zusammenhängend zu erfassen und zu betrachten, ist eine seit langem erhobene Forderung. Schon im Jahre 1904 schrieb David Koch, Pfarrer in Unterbolzheim, im Christlichen Kunstblatt Nr. 1: „In Gruorn (Württ.) ist ein großes Freskogemälde aufgedeckt worden. Die immer zahlreicher wiederkehrenden Freskofunde aus romanischer und gothischer Zeit geben immer mehr Recht, bedeutende süddeutsche Malerschulen anzunehmen, deren Dasein noch einer wissenschaftlichen Bearbeitung harrt. Wer referiert uns einmal darüber?" Aber in den folgenden mehr als 50 Jahren fand sich niemand, der an die Aufgabe für die Zeit vom 13. Jahrhundert bis um 1500 hätte herangehen wollen, nur einzelne verstreute Aufsätze wurden den neu aufgedeckten Wandbildern gewidmet. So erklärte im Jahre 1959 Herbert Hoffmann vom Landesdenkmalamt Baden-Württemberg es als „eine vordringliche Forderung", größeres Vergleichsmaterial für die Wandmalereien zu erarbeiten, weil ohne ein solches „die nähere Bestimmung der Zusammenhänge, die Lokalisierung von Werkstätten, Unterscheidung künstlerischer Individualitäten ... nicht in wünschenswerter Weise gelingen wollen."[1] Darauf war am Anfang der sechziger Jahre Eva Heye im Auftrag des Landesdenkmalamts mit der Schaffung eines Kataloges von Denkmälern der Wandmalerei im damaligen Regierungsbezirk Südwürttemberg-Hohenzollern tätig. Ihre handschriftlichen Aufzeichnungen sind bei der vorliegenden Arbeit ausgiebig zu Rate gezogen worden.

Hier soll ein erster Versuch einer zusammenfassenden Darstellung gemacht werden. Sie erstreckt sich auf die Zeit vom 13. Jahrhundert bis um 1500. Geographisch ist sie begrenzt auf die jetzigen Regionen Neckar-Alb, Ulm-Biberach und Bodensee-Oberschwaben. Die Begrenzung ist willkürlich, die Regionen decken sich nicht mit abgeschlossenen mittelalterlichen Territorien. Aber ohne eine geographische Begrenzung ist ein Versuch, wie er hier unternommen wird, nicht möglich. Die Denkmäler werden in der zeitlichen Reihenfolge ihrer Entstehung betrachtet; dabei werden die Datierungen nach stilistischen Merkmalen, teils auch nach der Baugeschichte, geschätzt. Fehleinschätzungen sind darin sicherlich enthalten, sie werden aber den zeitlichen Ablauf im großen und ganzen nicht in Frage stellen. Die Darstellung in der zeitlichen Reihenfolge ist durchgehend eingehalten, eine andere Gliederung, z. B. nach Landschaften, erscheint nicht zweckmäßig. Manche Kirchen kommen mehrfach in der Darstellung vor, wenn sie Wandbilder aus verschiedenen Zeiten besitzen. Es wird versucht, die Denkmäler

---

[1] In: Nachrichtenblatt der Denkmalpflege in Baden-Württemberg 2, 1959, S. 16.

eingehend zu beschreiben[2], umfassend zu deuten und, wo irgend möglich, Zusammenhänge zu finden. Die Beschreibung in Verbindung mit den Fotos verfolgt zwei Ziele: Sie soll das derzeitige Aussehen der Denkmäler, die einem fortschreitenden Verfall ausgesetzt sind, festhalten; mehrere Bilder haben schon viel von ihrem Bestand eingebüßt, wie ein Vergleich mit früheren Beschreibungen und Abbildungen zeigt. Die Beschreibung dient auch dem Versuch, die Bilder zu begreifen und zu deuten. Bei der Deutung war das Lexikon der christlichen Ikonographie[3] ein wegweisender Führer. In der Frage nach Zusammenhängen ist die Literatur zur Malerei der Gotik in Südwestdeutschland nicht besonders hilfreich; dort wird die Wandmalerei nur am Rande behandelt. Wo sich einzelne Beiträge mit ihr befassen, bleiben die Wandbilder einer Kirche ohne Beziehung zu Bildern anderer Kirchen und zur Buch-, Glas- und Tafelmalerei sowie zu zeitgenössischen Werken der Skulptur. Hier soll versucht werden, Beziehungen und Zusammenhänge durch einzelne Vergleichsbeispiele zu finden. Dabei ist von Nachteil, daß es bisher eine großräumige Dokumentation von Wandmalereien nicht gibt. Es fehlt auch an einer Untersuchung über ihren Erhaltungszustand, über Freilegungen, Übermalungen, Restaurierungen, Zerstörungen, Verfall, so daß sie in der Regel so betrachtet werden müssen, wie sie sich darbieten, mit wenigen Ausnahmen, bei denen der Verlust der Ursprünglichkeit offensichtlich ist und wo sich Zweifel an der Richtigkeit der Restaurierung aufdrängen.

Der Anhang enthält außer einem Ortsverzeichnis ein ikonographisches Verzeichnis und eine Liste der benutzten Literatur. Eine Übersichtskarte verzeichnet die Orte mit Wandbildern. Schwarzweiße und farbige Fotos sollen die erörterten Wandbilder veranschaulichen. Die schwarzweißen Abbildungen erscheinen zwischen dem Text, die farbigen jeweils zusammengefaßt; auf sie wird am Rande des Textes hingewiesen.

Die Arbeit wurde von der Fakultät für Kulturwissenschaften der Universität Tübingen als Dissertation angenommen.

---

[2] Die Schreibweise biblischer Namen richtet sich nach der Einheitsübersetzung der Heiligen Schrift. Die Bibel. Stuttgart, 3. Aufl. 1985. Das gleiche gilt für Abkürzungen der biblischen Bücher.

[3] Acht Bände, 1968–1976. Abkürzung: LCI.

DAS 13. JAHRHUNDERT

Die erste Jahrhunderthälfte

Der Gang durch drei Jahrhunderte der Wandmalerei in unserem Gebiet, bei dem die Denkmäler in der zeitlichen Reihenfolge ihrer Entstehung betrachtet werden sollen, kann mit einem Bild begonnen werden, dessen Thema später nicht mehr wiederkehrt. Es ist in der Kapelle St. Ulrich des kleinen Weilers ***Elmenau*** (Gem. Neukirch, Bodenseekreis) an der Südwand zu finden. Dargestellt ist ein von links nach rechts galoppie- *1*
render Reiter mit großem Auge, fliegendem Haar und wehendem Umhang, in der linken Hand hält er ein großes Horn, ähnlich einem Zinken, in das er bläst, in der rechten die Zügel, der rechte Fuß steckt bloß ohne Bekleidung im Steigbügel, unter dem Sattel liegt eine gemusterte Schabracke. Hinter dem Reiter deuten Reste von Linien auf einen weiteren Reiter (Sattel, rechtes Bein). Erhalten sind von dem Bilde nur noch schwache, verblichene braunrote Umrißlinien. Die Kapelle stammt aus dem 12./13. Jahrhundert.

1 Elmenau, Kapelle St. Ulrich. Christus als Führer der militia Christi (?). 1. Hälfte 13. Jh. (?).

Sie wurde mehrmals in verschiedenen Jahrhunderten mit Wandbildern bemalt.[1] Der Reiter gehört noch zu der ersten Ausmalung. Seine Interpretation erscheint wegen der Einmaligkeit in unserem Bereich schwierig. Jürgen Michler hat das Bild versuchsweise als „Theoderichs Höllenfahrt" gedeutet.[2] Dem soll hier ein anderer Versuch hinzugefügt werden. Das Thema des Arianers Theoderich dürfte, nachdem der Arianismus schon im 7. Jahrhundert zum Erliegen gekommen war, zur Zeit nach der Erbauung der Kapelle für das Ausmalungsprogramm nicht mehr von Bedeutung gewesen sein. Man könnte das Bild des Reiters vielleicht auf die Apokalypse (Apk 19, 11–16) zurückführen: „ . . . da war ein weißes Pferd, und der, der auf ihm saß, heißt ‚Der Treue und Wahrhaftige' . . . Seine Augen waren wie Feuerflammen . . . Aus seinem Mund kam ein scharfes Schwert . . . Auf seinem Gewand und auf seiner Hüfte trägt er den Namen: ‚König der Könige und Herr der Herren' ". Auf diese Worte weisen das ungewöhnlich große Auge des Reiters und die Falten seines Gewandes, die teilweise wie Spruchbänder aussehen, auf denen sein Name gestanden haben könnte. Schräg vor seinem Mund verläuft eine Linie, die vielleicht der Rest eines Schwertes ist; sie ist allerdings nicht in braunroter Farbe gemalt. Die Textstelle der Apokalypse wurde im Mittelalter auf Christus bezogen: „Christus als Kriegsherr auf weißem Pferd, mit dem Schwert im Munde, daß er damit die Heiden schlüge, ist das Grundmotiv des christlichen Rittertums"[3], der militia Christi. Christus wurde auch als Führer des Kreuzfahrerheeres dargestellt, so z. B. in der Miniatur einer englischen Apokalypse vom Anfang des 14. Jahrhunderts, London, Britisches Museum.[4] Sollte der Reiter in Elmenau als Christus in der Gestalt des Reiters der Apokalypse und als Führer der militia Christi zu deuten sein? Eine solche Interpretation erschiene eher vertretbar als die eines „Wilden Reiters"[5], einer Geistergestalt aus dem Volksglauben. Auch an den hl. Ulrich, dem die Kapelle geweiht ist, wird man nicht denken können; er wurde stets mit Heiligenschein und Mitra dargestellt. Das Bild könnte wie die englische Miniatur in der ersten Hälfte des 13. Jahrhunderts entstanden sein. Oberhalb des Bildes sind über einer roten Randleiste geringe Reste eines Mäanderbandes erhalten, das sich einst wohl rings um die Wände erstreckte.

In der Kirche St. Johannes d. T. in ***Haisterkirch*** (Stadt Bad Waldsee, Lkr. Ravensburg) sind an der Chornordwand Reste von Wandbildern erhalten, die auch bis in die erste Hälfte des 13. Jahrhunderts zurückgehen dürften. Der Wandteil stammt von einem romanischen Bau aus dem 12. Jahrhundert, er gehörte ursprünglich zum Schiff. Beim Umbau der Kirche am Anfang des 16. Jahrhunderts wurde er zum Chor gezogen; um

---

[1] Jürgen Michler: Die Kapelle St. Ulrich in Elmenau und ihre Wandmalereien. Kulturdenkmale in Bad.-Württ. Kleine Führer, Blatt 54. Stuttgart 1988.

[2] ebd.

[3] LCI 3, Sp. 267.

[4] Abbildung: ebd., Sp. 268.

[5] So: Informationstafel im Inneren der Kapelle.

2 *Haisterkirch, Kirche St. Johannes d. T. Dreifaltigkeit.*
Erste Jahrzehnte 13. Jh.

3 *Haisterkirch, Kirche St. Johannes d. T. Ritt Jesu nach Jerusalem (?).*
Erste Jahrzehnte 13. Jh.

ihn in die gleiche Flucht mit den Chorwänden zu bringen, wurde eine Spitzbogenblende davorgesetzt. Innerhalb des ausgesparten Feldes befinden sich die Wandbilder. Von ihnen sind Teile von drei Zyklen in drei Reihen übereinander sichtbar.

2 Die obere Reihe zeigt eine Darstellung der Dreifaltigkeit. Gottvater und Christus sitzen nebeneinander auf je einem Thron. Mit dem rechten Arm weist Gottvater auf Christus zu seiner Rechten, in der linken Hand hält er den Kosmos. Christus erhebt beide Arme zum Oransgestus, im Nimbus trägt er einen Strahlenkranz, vor seiner Brust erscheint die Heiliggeist-Taube in einem eigenen Nimbus. Die Gewänder der Figuren sind in eigentümliche schlingenartige Falten gelegt. Beide Throne stehen auf einem übereckgestellten Podest, der auf einem Untergrund aus gestelzten Halbkreisen mit je einem Dreiblatt ruht. Die ornamentartigen Halbkreise sollen wohl als „Erdschollen" die mit Pflanzen bewachsene Erde andeuten. Nach oben wird das Bild durch einen Rundbogenfries begrenzt, darüber sind zarte Zweige mit Blättern gemalt. Neben den Figuren ist ein zugemauertes romanisches Rundbogenfenster sichtbar; es ist durch rote Streifen gerahmt und in seiner Leibung mit einem Palmetten-Ornament geschmückt. Der Dreifaltigkeitsdarstellung liegt wohl der Psalm 110, 1 zugrunde: „So spricht der Herr zu meinem Herrn: Setze dich mir zur Rechten, . . ." Darauf scheint die Bewegung des rechten Arms von Gottvater zu weisen. Der Psalmentext war „von den Kirchenvätern als Hinweis auf die Dreifaltigkeit gedeutet und in ihrem Kampf gegen die Arianer herangezogen"[1] worden; im 12. und 13. Jahrhundert wurde das Motiv der zwei Figuren auf Thronen mit der Taube als Symbol der Dreifaltigkeit häufig dargestellt.[2] Es fragt sich, welche Themen im Anschluß an das Dreifaltigkeitsbild in Haisterkirch folgten. Denkbar wäre, daß das Bild der Anfang einer Reihe von Darstellungen des Sechstagewerks war. Ein Vergleichsbeispiel aus der Buchmalerei vom Anfang des 13. Jahrhunderts findet sich in der Morgan Library, New York.[3]

3 Das Bild der mittleren Reihe könnte den Ritt Jesu nach Jerusalem zeigen und das erste eines Passionszyklus sein. Geschildert wird wohl, abweichend vom herkömmlichen Schema von Bildern dieses Themas, die erste dramatische Situation der Passion nach Lk 19, 37 ff.: „Als er (Jesus, auf dem Esel reitend) an die Stelle kam, wo der Weg vom Ölberg hinabführt, begannen alle Jünger freudig und mit lauter Stimme Gott zu loben wegen all der Wundertaten, die sie erlebt hatten. Sie riefen: Gesegnet sei der König, der kommt im Namen des Herrn. Im Himmel Friede und Herrlichkeit in der Höhe! Da riefen ihm einige Pharisäer aus der Menge zu: Meister, bring deine Jünger zum Schweigen! Er erwiderte: Ich sage euch: Wenn sie schweigen, werden die Steine schreien." Jesus, mit Nimbus, reitet nach rechts gerichtet auf einem Esel. Auf dessen Kruppe liegen Kleider, welche die Jünger darauf gelegt hatten (Lk 19, 35). Hinter Jesus schreitet ein älterer Jünger, wohl Petrus, er wendet sich mit Kopf und Händen nach rückwärts, vielleicht um auf die anderen Jünger einzuwirken. Jesus wird von zwei Juden mit Judenhüten, einem älteren und einem jüngeren, angesprochen, der ältere hat eine

---

[1] LCI 1, Sp. 533.

[2] ebd.

[3] Abbildung: ebd., Sp. 534.

4 *Haisterkirch,*
Kirche St. Johannes d. T.
Johannes d. T. vor Herodes und Herodias.
Erste Jahrzehnte 13. Jh.

Hand zum Redegestus erhoben. Jesus antwortet ihnen, gleichfalls mit erhobener rechter Hand, die linke führt den Zügel. Es handelt sich also wohl um eine Simultandarstellung der nach dem Evangelium nacheinander ablaufenden Äußerungen. Neben den beiden Männern mit Hüten stehen ein weiterer Mann und eine Frau, die miteinander sprechen, während die Frau auf Jesus zeigt; über ihnen hängt ein geraffter Vorhang. Im rechten Teil des Bildes ist durch eine Kuppe aus Halbkreisen mit je einem Dreiblatt ein Berg angedeutet, wohl der Ölberg, auf dem ein Ölbaum steht. Im Mittelgrund steht die Stadtmauer von Jerusalem, links ein Tor, darüber die Spitze eines Turmes, über die Mauer blicken zwei Männer mit Hüten. Am linken Rand des Bildes ist das Segment einer gemalten Fensterrose zu sehen.

In der unteren Reihe erscheint der Kirchenpatron Johannes d. T. vor Herodes Antipas und Herodias. Er tadelt in heftiger Redegeste den König, er habe nicht das Recht gehabt, die Frau seines Bruders zur Frau zu nehmen (Mk 6, 18). Herodes, mit Zepter auf 4 dem Thron unter der Andeutung einer Palastarchitektur, erwidert mit Nachdruck, neben ihm sitzt Herodias, die mit der linken Hand und überlangem Zeigefinger auf das Gefängnis daneben deutet.[4]

Die Bilder erscheinen, wenn auch durch Pickelhiebe beschädigt, relativ gut erhalten; an Farben herrschen warme braune und rötliche Töne vor. Für die Datierung könnten die Gewandfalten und -säume einen Hinweis geben. Sie sind nicht vom Zackenstil gezeichnet, bei dem die Falten und Säume in scharfkantigen und brüchigen Linien verlaufen, wie z. B. auf dem Tafelbild „Der Gnadenstuhl, Maria und der Apostel Johannes", Soest[5], oder auf dem Wandbild „Jugendlicher König", Lohne, Westfalen[6], beide aus dem dritten Viertel des 13. Jahrhunderts. Der Zackenstil war während des dritten Jahrzehnts dieses Jahrhunderts fast überall aufgetreten und bis weit in die zweite Hälfte des Jahrhunderts für die Malerei in Deutschland kennzeichnend geblieben.[7] Die Falten und Säume der Gewänder in Haisterkirch sind dagegen gerundet und schlingenförmig, besonders auffallend bei den Figuren in der oberen Reihe. Man könnte den Faltenstil mit dem der „Marienkrönung" aus dem Meßkanon einer Sammlung liturgischer Texte, Weingarten, zweites Viertel 13. Jahrhundert[8], vergleichen. Das Palmettenornament in der Leibung des Rundbogenfensters findet sich in ähnlicher Weise in dem Brandenburger Evangelistar, Magdeburg[9], vom Anfang des 13. Jahrhunderts. Die Haisterkircher Bilder wird man wohl in die ersten Jahrzehnte des 13. Jahrhunderts datieren können.

---

[4] Das Bild der sitzenden Maria mit Kind links davon ist wesentlich jünger und wird später erörtert.

[5] Abbildung in: Prop KG 6, Abb. 271.

[6] Abbildung: ebd., Abb. XXVII.

[7] Johann-Christian Klamt: ebd., S. 260.

[8] Abbildung in: Die Zeit der Staufer. Ausstellungskatalog, Stuttgart 1977, Bd. II, Abb. 519.

[9] ebd., Abb. 563.

Die zweite Hälfte des 13. Jahrhunderts

Wandbilder von großem kunstgeschichtlichem Interesse birgt die Marienkirche in ***Bronnweiler*** (Stadt Reutlingen). Der romanische Saalbau, dessen Chor unter dem heutigen Chorbogen endete, stammt aus der ersten Hälfte des 12. Jahrhunderts. Im Laufe der Zeit wurde die Kirche eine vielbesuchte Wallfahrtsstätte für Menschen, die Kindersegen erbitten wollten. Die Wandbilder sind Fragmente von Zyklen aus dem Marienleben und der Passion Christi, dargestellt in Bilderreihen, wie sie seit der Romanik gebräuchlich waren, um fortlaufende Bilderzählungen anschaulich und verständlich zu machen.

Das Thema des Marienlebens war mit der Weihe der Kirche an die Gottesmutter vorgegeben. Von diesem Zyklus, der sich einst in zwei Bilderstreifen über den östlichen Teil der Nordwand erstreckte, sind nur noch zwei Szenen in geringen Resten erhalten: Verkündigung und Geburt Jesu. Der Erzengel Gabriel steht vor Maria mit dem Verkündigungsgestus, seine Heroldsattribute sind nicht mehr erkennbar; Maria sitzt wohl an einer Art Betpult. Die Darstellung wird von der nach rechts folgenden Szene durch ein hohes, schlankes Rundtürmchen mit Rundbogenfenster und kegelförmigem Dach getrennt. Das Bild mit dem neugeborenen Jesuskind ist eine mehrfigurige Darstellung, in der Maria und das Kind die formale Mitte bilden. Maria in hellblauem Gewand trägt das Kind, das schon von einem Kreuznimbus umstrahlt wird, auf dem Arm, während es

5 Bronnweiler, Marienkirche. Passion Christi, Tage nach Ostern. Um 1250.

nach einem Apfel greift, den ihm seine Mutter als Symbol der Erlösung der Menschen von der Sünde reicht. Vor Maria steht eine altarartige Krippe. Daneben scheint – kaum noch erkennbar – die Anbetung der Könige dargestellt gewesen zu sein. Über den Bildern steht mehrfach in Majuskeln „MARIA". Die Bilderfolge wird nach oben durch zwei sich kreuzende Zickzackbänder[1], die von rostroten Streifen gerahmt sind, abgeschlossen. Die Reihe darüber hat sicherlich weitere Szenen aus dem Marienleben enthalten. Sie sind zerstört und von einer jüngeren Putzschicht mit Malerei überzogen worden; ein kleiner Teil eines oben begrenzenden roten Streifens mit einem Fries darüber ist noch zu sehen. Nach unten ist die Bilderreihe durch eine Folge von nebeneinander gemalten Rundbögen, die wie der Zickzackfries von roten Streifen gerahmt sind, abgeschlossen. In sie sind verschiedene Tiere gemalt, offenbar jagdbares Wild; man meint, einen Bären, den vorderen Teil eines Rehes (?), mehrere Hasen (?) zu erkennen. Diese seltsamen Darstellungen, die sich an der Südwand fortsetzen, erinnern an Bauplastik ähnlicher Art, z. B. an die Rundbogenfriese mit Reliefs an den Dachgesimsen der spätromanischen Kirche von Brenz (Lkr. Heidenheim).[2] Der Maler scheint sich solche Bauplastik zum Vorbild genommen zu haben; denn wie die Steinmetzen ihre Reliefs in rundbogenförmige „Gehäuse" gesetzt haben, so hat der Maler in Bronnweiler seine Bilder in gleicher Weise untergebracht. Auch in der Buchmalerei gibt es für die Rundbögen Vergleichsbeispiele, so z. B. als Bordüre um eine Darstellung der Geburt Christi im sog. Berthold-Missale aus Weingarten, um 1217.[3] Der Sockel ist entsprechend einer alten Tradition durch einen gemalten Wandbehang geschmückt, der aber teilweise durch eine spätere Putzschicht mit Malerei überdeckt ist.

5 Der Bilderfolge des Marienlebens ist auf der Südseite ein Zyklus der Passion Christi und der Tage nach Ostern gegenübergestellt: ein Hauptthema der mittelalterlichen Wandmalerei. Die Passionsbilder hatten wohl an der Ostseite des früheren Saalbaus, also an der Stelle des heutigen Chorbogens, begonnen. An der Südseite werden sie in drei Reihen übereinander fortgesetzt. Als erstes Bild in der oberen Reihe scheint die Handwaschung des Pilatus (Mt 27, 24) dargestellt zu sein.[4] Nach einem zugemauerten Rund-
6 bogenfenster folgt die Dornenkrönung; Christus, umstrahlt von einem großen Kreuznimbus, sitzt frontal zum Betrachter zwischen zwei Schergen, die ihm in heftiger Bewegung mit einem Stab den Dornenkranz auf das Haupt drücken. Über die Gruppe spannen sich flache, runde Bögen, die wohl das Prätorium des Pilatus, wohin die Soldaten Jesus zur Verspottung geführt hatten (Mt 27, 27–29), andeuten sollen. Die folgenden Bilder der Geißelung und der Kreuztragung sind am besten erhalten. Jesus ist als kräftige Gestalt dargestellt. Bei der Geißelung ist er halb entkleidet an eine Säule gefesselt, unter

---

[1] Die Zickzackbänder wurden offenbar später perspektivisch und mit einem durchgehenden Stab ausgemalt.

[2] Abbildungen in: Bodo Cichy: Die Kirche von Brenz. 2. Aufl. Gundelfingen 1975, S. 84 ff.

[3] Abbildung in: Prop KG 6, Abb. XXIII.

[4] Wohl nicht: Jesus vor Pilatus. So: Chr. Duncker: Die Marienkirche zu Bronnweiler; o. O. o. J., S. 16; ferner: Metzger: Die Marienkirche Bronnweiler; o. O. o. J.

6 *Bronnweiler, Marienkirche. Passion Christi. Um 1250.*

7 *Bronnweiler, Marienkirche. Jesus und Maria Magdalena; darüber Fries mit Hund, Falkner (?), Reiter. Um 1250.*

den Schlägen neigt er sein Haupt. Die zwei Schergen holen mit ihren Ruten zum Schlage aus, sie tragen ein kurzes Wams und Beinlinge. Für das Bild bietet sich als Vergleichsbeispiel die Miniatur aus einem Psalterfragment (Niedersachsen, um 1210–20) an.[5] Die Kreuztragung ist nach Joh 19, 17 dargestellt: Jesus trägt selbst das Kreuz; nach Mt 27, 32; Mk 15, 21; Lk 23, 26 wurde Simon aus Zyrene gezwungen, das Kreuz zu tragen. Tief gebückt schreitet Jesus unter der schweren Last, ein Soldat, an den er mit einem Strick gebunden ist, zieht ihn am Kreuz voran, ein Jude, mit Judenhut und kurzem rotem Wams und einem Stock in der Hand, folgt nach und drückt mit der anderen Hand auf den Kreuzbalken, um die Last noch schwerer zu machen. Die Figuren der Geißelung und Kreuztragung stehen auf einem braunen, plastisch wirkenden Schollenboden. Wie an der Nordseite sind die Bilder durch Rundtürmchen getrennt. Die mittlere Reihe des Zyklus beginnt links mit Fragmenten eines Kreuzigungsbildes. Daraus kann man schließen, daß der Kreuztragung in westlicher Richtung kein weiteres Bild folgte, dort die Ausmalung der Südwand abgeschlossen war und der Chor der romanischen Kirche endete. In der mittleren Reihe sind noch Reste einer Grablegung[6] zu sehen. Das nächste Bild zeigte einst Christi Höllenfahrt[7]; dafür sprechen die – wenn auch stark verblaßten – Buchstaben ADA(M) E(V)A über der Stelle, an der nach der Bildtradition die Voreltern aus der als Zwingburg aufgefaßten Hölle treten, von Christus an den Händen erfaßt. Über der Gestalt Jesu oberhalb der Bilder steht in Majuskelschrift „IESVS". Das folgende Bild könnte Maria Magdalena vor dem leeren Grabe dargestellt haben (Joh 20, 1 f.), weil man die Buchstaben darüber zu (M)A(GD)A(L)E(NA) ergänzen könnte. Die untere Reihe ist so stark zerstört, daß sich nur noch das letzte Bild deuten läßt: Jesus und
7 Maria Magdalena, „Noli me tangere" (Joh 20, 14–17); der Ort ist mit einem Baum als Garten bezeichnet. Wie an der Nordseite umzieht ein Rundbogenfries die Wand, hier oberhalb der ersten und zwischen der zweiten und dritten Reihe. In den Bögen der oberen Reihe sind Tiere sichtbar: mehrere Vögel (Birkhahn?, Rebhuhn?, Uhu) und ein Keiler; in der unteren Reihe ein Reiter mit Schwert, ein Hund und dazwischen vielleicht ein Falkner. Die Menschen und Tiere in den Rundbögen beziehen sich auf die Jagd, eine der artes mechanicae, im Mittelalter ein Vorrecht des weltlichen und geistlichen Adels und ein beliebtes Thema in der bildenden Kunst. Anders als an der Nordwand sind die Räume zwischen den Rundbögen mit Lilienblüten als Christussymbol ausgefüllt. In gleicher Höhe wie an der Nordwand wird die obere Bilderreihe von der mittleren durch einen Fries sich kreuzender Zickzackbänder getrennt.

Die Datierung der Wandbilder ist uneinheitlich: Man hat die Zeit „um 1150"[8], „aus dem 12. Jahrhundert"[9], „13. Jahrhundert"[10], jeweils ohne Begründung angeführt. Hier

---

[5] Abbildung in: Die Zeit der Staufer. Ausstellungskatalog II, Stuttgart 1977, Abb. 557.

[6] Nicht: Die Frauen am Grab. So: Duncker und Metzger, wie Anm. 4.

[7] Nicht: Osterszene mit Maria Magdalena. So: Duncker und Metzger, wie Anm. 4.

[8] Duncker S. 13 und Metzger, wie Anm. 4.

[9] Handbuch der historischen Stätten Deutschlands. Baden-Württemberg. Stuttgart, 2. Aufl. 1980, S. 120.

[10] Reclams Kunstführer. Deutschland II. Bad.-Württ. 7. Aufl. Stuttgart 1979, S. 547.

soll die Zeit „um 1250“ vorgeschlagen werden aus folgenden Gründen: Der im Kreuztragungsbild dargestellte Judenhut kann der Datierung wohl nicht viel weiterhelfen. Zwar hatte das Vierte Laterankonzil im Jahre 1215 den im christlichen Abendland wohnenden Juden, die unter dem besonderen Schutz des Kaisers standen, zu ihrer Kennzeichnung das Tragen eines speziell geformten Hutes zur Pflicht gemacht, aber mit dem Hinweis, daß dies in einigen Provinzen bereits üblich sei. So tragen z. B. die thronenden Propheten an der Nordwand der St. Michaelskirche von Burgfelden (Zollernalbkreis), die aus dem späten 11. Jahrhundert stammen, bereits diesen Hut. Aber an dem Gewandstil der Jesusbilder in Bronnweiler läßt sich ein Ansatz für die Datierung feststellen. Der Lendenschurz Christi bei der Geißelung und sein Gewand bei der Kreuztragung haben Säume, die unruhig und kantig gebrochen erscheinen. Hier dürfte sich der „Zackenstil“ der Mitte des 13. Jahrhunderts bemerkbar machen. Vergleichbar erscheinen die Gewandsäume auf dem Wandbild „Tod und Krönung Mariens“ in der Kirche des ehemaligen Augustinerchorfrauenstifts Marienberg in Helmstedt (um 1250–60).[11] Auch die Majuskelschrift „MARIA“ und „IESVS“ passen in diese Zeit, ebenso die Rundbogenfriese und das Zickzackornament.

Die beiden Bilderzyklen stellen eine anspruchsvolle Wandmalerei von guter Qualität dar. Dies ist um so bemerkenswerter, als sie den ganz einfachen Saalraum einer ursprünglich kleinen Kirche eines Weilers von nur wenigen Anwesen schmückte. Die Entstehung der Malerei dürfte der regen Wallfahrt zu der Kirche zu verdanken sein. Der Maler war ein erfahrener Meister; er kannte andere Wandmalereien und wohl auch Blätter aus der Buchmalerei. Er gehörte wahrscheinlich, da eine Malerwerkstatt in der Nähe kaum anzunehmen ist, zu jenen wandernden Künstlern seiner Zeit, die Bildprogramme und Stileigentümlichkeiten, auch durch mitgebrachte Musterbücher, verbreiteten.

Die Kirche, ehemals St. Gallus, in ***Willmandingen*** (Gem. Sonnenbühl, Lkr. Reutlingen) war ursprünglich eine romanische Chorturmkirche. Das Schiff wurde im Jahre 1903 neu gebaut und dabei um einiges nach Süden versetzt, der Turm wurde Chorflankenturm. Der kleine alte Chor, jetzt Sakristei, enthält mehrere Folgen von Wandbildern etwa aus der gleichen Zeit wie diejenigen in Bronnweiler. Es handelt sich um Darstellungen aus der Kindheit und Passion Jesu sowie um Bilder des Jüngsten Gerichts. Die Bevorzugung der Kindheitsgeschichte und Passion bei der Darstellung des Lebens Jesu war zu dieser Zeit weit verbreitet, Wundertaten und Gleichnisse aus seinem öffentlichen Leben traten fast ganz zurück.

Von dem Bild an der Nordseite, das die Geburt Jesu darstellte, sind nur noch ganz geringe Reste, wohl der Kopf des Kindes und Teile des Bettes, erhalten. Auch von seiner Darbringung im Tempel (Lk 2, 22–38) ist nur der Kopf Mariens und ein Teil des Altars
mit einer Opferschale darauf vorhanden; der Rundbogen darüber soll den Tempel *8*
andeuten, die Ornamentierung hinter Maria und dem Altar durch schräg sich schnei-

[11] Abbildung in: Prop KG 6, Abb. XXIV.

8 Willmandingen, Kirche ehem. St. Gallus. Aus Kindheit und Passion Jesu. Um 1250.

9 Willmandingen, Kirche ehem. St. Gallus. Aus der Passion Jesu. Um 1250.

dende Striche einen Stoff, und zwar wohl den Vorhang vor dem Thora-Schrein. In den
beiden Gestalten rechts daneben könnten Josef und die Prophetin Hanna wiedergegeben
sein. Ohne Trennung geht die Darstellung in die Flucht nach Ägypten über: Maria, im
Seitensitz auf dem Esel, hält das Kind im Arm; von Josef, der den Esel an einer Leine
führt, sind nur noch die Beine zu sehen.

Für die Passion Christi ist die Ostseite vorgesehen, zwei Ereignisse davon, der Einzug
in Jerusalem und das Abendmahl (?), sind je auf die Süd- und Nordseite verteilt. Wäh-
rend vom Abendmahl gerade noch der Tisch vermutet werden kann, ist der Einzug in
Jerusalem noch relativ gut erhalten. Die Szene ist in der Weise dargestellt, wie sie sich in
der abendländischen Kunst herausgebildet hatte: Christus, den ein Jünger begleitet, reitet
nach rechts gerichtet rittlings auf der Eselin, die eine aufrechte Kopfhaltung zeigt.[1] Vor 9
dem Esel ist ein Mantel auf der Straße ausgebreitet. Auf einem Baum sitzt Zachäus; ein
Stadttor mit einer begrüßenden Person ist angedeutet. Die Darstellungen der Passion an
der Ostseite sind in zwei Reihen übereinander angeordnet. Die Erzählung beginnt in der
unteren Reihe links mit dem Judaskuß und der Gefangennahme Jesu; bemerkenswert 8
für die Komposition ist die Überschneidung der Figuren des Judas und des Haupt-
manns, der zum Zeichen der Verhaftung die Hand nach Jesus ausstreckt. Daneben steht
eine weitere Gruppe von Jüngern und Soldaten; es fehlt jedoch die Episode mit Malchus
(Mt 26, 51 ff.), die oft mit der Darstellung des Judasverrats und der Gefangennahme Jesu
kombiniert ist. Von der nächsten Szene Christus vor Pilatus sind nur noch wenige
Umrißstriche erhalten. Dagegen ist die Geißelung noch gut zu erkennen: Jesus mit
geneigtem Haupt, die Arme merkwürdig gebogen, der Scherge mit spitzem Judenhut
und gamaschenartiger Beinbekleidung. Das eindrucksvollste Bild ist die Dornenkrönung
und Verspottung: Jesus sitzt auf einer Art Thron, zwei Schergen, mit Spitzhüten als
Juden charakterisiert, drücken ihm in heftiger Bewegung den Dornenkranz auf das
Haupt, der eine von ihnen, mit abstoßendem Gesicht, schreit oder spuckt ihm in das
Antlitz. Die Fortsetzung des Zyklus in der oberen Reihe beginnt mit der Kreuztragung; 8
wieder ist ein Jude mit Spitzhut dargestellt, der Jesus mit spottender, einladender Hand-
bewegung auf den Ort der Kreuzigung hinweist. Ein ähnlicher Jude steht auf dem näch-
sten Bild am Kreuz; von Jesus ist nur noch eine Hand am Kreuzbalken erhalten. Die
Grablegung gehört zu dem bis zum 13. Jahrhundert dominierenden Typus mit nur zwei 9
Personen am Grabe, Josef von Arimathäa und Nikodemus, die den Leichnam in einen
Sarkophag betten; über den Figuren scheint ein Engel geschwebt zu haben. Mit dem Bild
des leeren Grabes am Ostermorgen, auf dem ein Engel die Auferstehung verkündet,
endet der Passionszyklus.

Auf der Südseite erscheint ein weiteres Hauptthema der mittelalterlichen Wandmale-
rei, für das sie wegen ihrer Möglichkeit zu großflächiger Darstellung besonders geeignet
war: das Weltgericht. Die Himmelsvision vom Ende der Zeit auf Erden und von der 10
Wiederkunft Christi zum Gericht (Mt 24, 30; 25, 31; 19, 28; Apk 20, 11 ff.) bewegte und
erregte die mittelalterlichen Menschen. Die Wandmaler, von der Geistlichkeit in Dienst

[1] In der ostchristlichen Kunst ist Christus dagegen im Seitensitz auf dem Esel dargestellt und der Esel mit gesenktem Kopf (LCI 1, Sp. 596).

10 Willmandingen, Kirche ehem. St. Gallus. „Weltgericht". Um 1250.

11 Willmandingen, Kirche ehem. St. Gallus. „Weltgericht". Um 1250.

genommen und beauftragt, haben sie immer wieder in monumentalen Darstellungen in
Kirchen zu unübersehbarer Erinnerung gebracht. In Willmandingen ist das Motiv nur
durch eine bescheidene Wiedergabe vertreten: Christus mit der Kreuzfahne ist ganz von *10*
der Lichthülle einer Mandorla umgeben, die von Engeln gehalten wird; neben ihm Maria
und Johannes der Täufer (?), wohl auch weitere Gerichtsbeisitzer. Im unteren Register
ist der Erzengel Michael (fast ganz zerstört) als Seelenwäger am Werk, auf der einen *11*
Schale liegen die Seelen, auf der anderen ihr „böser Teil". Teufel mit Köpfen von Häh-
nen versuchen, auf die Wägung einzuwirken. Die Seligen hat Abraham in seinem Schoß
versammelt. „Die Übernahme des ‚Schoßes Abrahams' in das westliche Gerichtsbild hat *9*
das Totenoffizium vermittelt. Im Offertorium ergeht an den Rex Gloriae die Bitte, er
möge die Seelen der verstorbenen Gläubigen durch den signifer Michael hinführen in
lucem sanctam, quam olim Abrahae promisisti et semini eius".[2] Das Himmelstor ist
durch einen runden Turm angedeutet.

Die Figuren stehen in hellem Ton vor einer grünlich-blauen Fläche, die übrigen Farben sind fast ganz vergangen. Die Linien der Umriß- und Binnenzeichnungen sind überwiegend noch zu erkennen. Eigenartig ist die Wiedergabe von Stoffen durch schräg sich kreuzende Linien. Die Bilder stammen wohl von einem ländlichen Maler; sie sind schlicht und von einer gewissen Naivität, aber gerade deshalb reizvoll. Sie charakterisieren treffend Menschen in ihren Aktionen, und auch das Leiden Christi wird ausdrucksvoll vergegenwärtigt.

Von einem Meister geschaffen sind die Wandbilder in der Kirche, ehemals St. Peter und Paul, in ***Kappel*** (Stadt Buchau, Lkr. Biberach). Die Kirche besitzt noch einen romanischen Chor, dessen ursprünglich gerade Ostwand in frühgotischer Zeit durch einen Dreiachtelschluß ersetzt wurde. Seit der Erneuerung und Umorientierung der Kirche im Jahre 1927 dient der frühere Chor als Seitenkapelle. Seine Nord- und Südseite sowie der Nord- und Südpfeiler des Chorbogens tragen Wandbilder aus der Mitte des 12. Jahrhunderts: Apostel unter Arkaden, ein Engel, König David. Diese Bilder setzten sich zweifellos auf der früheren geraden Ostwand fort. Nach dem Bau des polygonalen Abschlusses wurde der Chor neu ausgemalt. Die älteren Bilder wurden übermalt;[1] sie sind jetzt wieder freigelegt.

Die jüngeren Bilder des Chorschlusses stellen die Maiestas Domini dar, ein nach 1100 *I*
weit verbreitetes Motiv, ferner mehrere Apostel an der Stelle von solchen, die beim
Chorumbau zerstört worden waren. Die Maiestas Domini geht auf die Himmelsvision
nach der Apokalypse 4, 2–3 zurück: „Ein Thron stand im Himmel; auf dem Thron saß
einer, der wie ein Jaspis und ein Karneol aussah. Und über dem Thron wölbte sich ein
Regenbogen, der wie ein Smaragd aussah." In Kappel thront der erhöhte Christus in

---

[2] Hecht: Die frühmittelalterliche Wandmalerei, S. 330 Anm. 42.

---

[1] Richard Schmidt: Neuentdeckte Bilder in den Kirchen in Kappel u. Zell. In: Württemberg, Monatsschrift 8, 1930, S. 373.

frontaler Haltung auf einem Regenbogen, von dessen Farben sich blau und rot erhalten haben. Das Haupt Christi, mit dichtem braunem Haar und Bart, ist von einem Nimbus umgeben. Sein Antlitz erscheint streng, es zeigt nicht jene Milde, wie sie z. B. der Thronende am Königsportal in Chartres ausstrahlt (1145–1155).[2] Die rechte Hand ist zum Segensgestus erhoben, in der linken hält er, auf das Knie gestützt, das Buch des Gerichts. Sein dunkelroter Mantel ist über die linke Schulter gelegt, die rechte Seite bedeckt ein hellblaues Gewand, der Mantelsaum fällt an den Seiten herab und endet unten in Zipfeln. Die nackten Füße sind aus einer Sicht von oben gemalt und scheinen nach unten zu hängen. Der Thronende ist umrahmt von der Gloriole einer Mandorla mit „spitzen“ Enden und ehemals wohl azurblauem Äther vor dunkelrotem Hintergrund. Um ihn schweben die vier Lebewesen nach der Apokalypse 4, 6–7:„Und in der Mitte, rings um den Thron, waren vier Lebewesen ... Das erste Lebewesen glich einem Löwen, das zweite einem Stier, das dritte sah aus wie ein Mensch, das vierte glich einem fliegenden Adler.“ Die Lebewesen sind in die Zwickel zwischen Mandorla und Bildrahmen komponiert und Christus zugewandt. Schriftbänder, die sie tragen, deren Inschriften erloschen sind, enthielten sicherlich die Namen der vier Evangelisten. Die Beziehung der Lebewesen zu den Evangelisten geht auf antike christliche Schriftsteller zurück;[3] sie sahen in der vierfachen Form der apokalyptischen Wesen ein Abbild der Vierzahl der Evangelien und der Evangelisten. Nach dem Kirchenlehrer Hieronymus gilt die Beziehung: Mensch – Matthäus, Löwe – Markus, Stier – Lukas, Adler – Johannes. In Kappel sind die vier Lebewesen nach dem „kosmischen Viereck“ angeordnet: oben Mensch und Adler, unten Stier und Löwe.

Die beiden Apostel im Chorschluß, anschließend an das Fenster der Ostseite, und das Fragment einer Apostelfigur an der Kante von Chorschluß und -südwand sind große, schlanke Gestalten in stehender Haltung; Paulus, durch urkirchliche Anerkennung zur Apostelwürde erhoben, mit dem Schwert, mit dem er nach der Überlieferung hingerichtet wurde, als seinem Attribut, und Johannes mit einem Buch, dem Evangelienbuch. Die Apostel werden auch in den folgenden Jahrhunderten oft mit einem Buch dargestellt. „In der christlichen Welt des Mittelalters war das Objekt Buch nicht einfach ein Gebrauchsgegenstand, es hatte als solches Zeichenwert als Zeugnis des Heilsversprechens, hatte Symbolwert kaum minder als das Kreuz ... Das Buch war die sinnliche Form der Glaubensquelle, es enthielt nicht nur den Text des Evangeliums, es war das Evangelium.“[4] Die Mäntel der Apostel sind rot, die Gewänder hellblau. Sie sind barfuß dargestellt zum Zeichen ihrer Demut. Die Füße sind seltsam nach außen gerichtet, sie wirken wie an das Gewand „angeheftet“. Die beiden Apostel stehen, um ihnen einen besonderen Rang zu verleihen, unter rundbogigen Arkaden, die auf dünnen Säulen mit attischer Basis und Knospenkapitell ruhen. Nach Otto Pächt geht das Motiv der Arkade über einer Figur auf die Spätantike zurück. „Die enge Verbindung, die die menschliche

[2] Abbildung in: Willibald Sauerländer: Gotische Skulptur in Frankreich 1140–1270. München 1970, Taf. I.

[3] Nach LCI 1, Sp. 696.

[4] Pächt: Buchmalerei des Mittelalters, S. 10/11.

Gestalt damals mit der sie umschließenden Arkade einging, ist durch alle ihre mittelalterlichen Derivate in Plastik und Malerei in Kraft geblieben.“[5]

Die theologische Aussage der Maiestas Domini im Kreise der Apostel hat Willibald Sauerländer erklärt: „Jede Darstellung aus der Apokalypse wies für das mittelalterliche Verständnis auf das Ende der irdischen Zeit, die im Neuen Testament angekündigte Wiederkunft des Herrn und damit auf die allen Menschen bevorstehende Stunde des Gerichts.“[6] Die Wiedergabe der Apostel um den thronenden Christus hat er auf Mt 19, 28 zurückgeführt: „Wenn die Welt neu geschaffen wird und der Menschensohn sich auf den Thron der Herrlichkeit setzt, werdet ihr, die ihr mir nachgefolgt seid, auf zwölf Thronen sitzen und die zwölf Stämme Israels richten.“ In Kappel wich der Maler der jüngeren Apostel von der Darstellung der älteren Apostelreihe, die sitzend dargestellt sind[7], ab. Der Hinweis des Zyklus auf das kommende Ende der Zeit auf Erden und die Wiederkunft Christi ist unübersehbar.

Den oberen Abschluß der Bemalung des Chorschlusses bildet ein perspektivischer Fries mit stehenden, vorn offenen Würfeln[8], den unteren eine Wellenranke mit Blättern.

Für die Datierung der jüngeren Malerei läßt sich als Vergleichsbeispiel das Wandbild eines jugendlichen Königs in der Kirche in Lohne, Westfalen[9], aus dem dritten Viertel des 13. Jahrhunderts heranziehen. Die zipfeligen Säume der Mäntel erscheinen ähnlich. Die Bilder in Kappel dürften in der Zeit zwischen 1250 und 1280 entstanden sein.

Eine in unserem Gebiet einzigartige Wandmalerei enthält die im Jahre 1252 gegründete und 1274 oder 1278 vollendete Klarissenkirche des ehemaligen Klosters zur hl. Caecilia in ***Pfullingen*** (Lkr. Reutlingen). Die Kirche ist benannt nach dem Frauenorden der Klara, der ersten Jüngerin des hl. Franz von Assisi. Im Jahre 1539 wurde die Kirche teilweise zerstört, seit 1579 ist sie profaniert. Die hohen Wände des ungewölbten Raumes, erbaut aus Bruchsteinen, wurden verputzt und einheitlich mit grauer Farbe und einer weißen Fugenmalerei überzogen. Dies geschah, wie die Restaurierung ergeben hat, während des Baues der Kirche, also wohl bald nach 1270.

Gleichzeitig malte man auf die Wandflächen zwischen den Fenstern der Süd- und Nordwand in braunroten und weißen Linien, die auf die Fugen abgestimmt wurden,
fensterartige Darstellungen. Sie sind gotischen Maßwerkfenstern nachempfunden, aber *12*
durch Stilisierung in eine freie Ornamentik umgesetzt. Sie haben zwei Bahnen, Maßwerk von Drei-, Vier- und Sechspässen sowie in den oberen Abschlüssen der Bahnen vorspringende Nasen. Von realen Maßwerkfenstern unterscheiden sie sich dadurch, daß sie oben nicht in Spitzbögen enden, sondern in Wimpergen, die mit stilisierten Krabben und mit einer Kreuzblume besetzt sind, ferner dadurch, daß auch die Außenstege solche

[5] Wie Anm. 4, S. 149.
[6] Das Königsportal in Chartres, S. 30.
[7] Abbildung: Wie Anm. 1, Abb. 1.
[8] Vgl. Michler: Gotische Ausmalungssysteme, S. 42/43.
[9] Abbildung in: Prop KG 6, Abb. XXVII.

12 *Pfullingen, ehem. Klarissenklosterkirche zur hl. Cäcilia. Als Ornamente gemalte „Maßwerkfenster“. Nach 1270.*

13 *Pfullingen, ehem. Klarissenkloster-kirche zur hl. Cäcilia. Stilisierte Fiale mit Kreuz. Nach 1270.*

Krabben tragen. Die beiden Fensterbahnen sind in der Mitte durch Maßwerk und Ziergiebel mit Kreuzblumen in Lilienform unterbrochen. An die gebauten Fenster sind an den Kanten ihrer Gewände ebenfalls stilisierte Krabben gemalt. Die gemalten Fenster dienten allein einem dekorativen Zweck. Sie sollten nicht reale Fenster „ersetzen“ und kostspielige Steinmetz- und Glaserarbeit ersparen; denn sie wurden, wie ausgeführt, unmittelbar zwischen gebaute Fenster gemalt.

Die gleiche dekorative Funktion hat die gemalte Fensterrose an der Südwand, von der wegen einer eingezogenen Decke nur noch die Hälfte zu sehen ist; sie ist bekrönt durch eine weiße Lilie. Man wird an die Fensterrose im Südquerhaus von Notre-Dame, Paris (1258 ff.) und deren innere „Blütenblätter“ erinnert. Ein weiteres Beispiel einer gemalten Maßwerkrosette findet sich im Chor der Franziskanerkirche St. Maria von Luzern.[1]

An der fensterlosen Westseite der Pfullinger Kirche ist in der Mitte ein dreibahniges „Fenster“ mit denselben dekorativen Merkmalen wie an der Nord- und Südwand gemalt. Man könnte es als einen Ersatz für ein großes Westfenster ansehen, etwa von der Art der großen Ostfenster in den Chören der Zisterzienserklöster Heiligkreuztal (Lkr. Biberach) und Bebenhausen (Stadt Tübingen), die wenige Jahrzehnte später dort eingebaut wurden. Links und rechts neben dem Fenster findet sich ein anderes Motiv: stilisierte Fialen, die nicht von Kreuzblumen bekrönt sind, sondern von Kreuzen in eigen- 13
willigen ornamentalen Formen. Die vier gleichlangen Kreuzteile sind aus vier gegeneinander gestellten Dreipässen gebildet, die in Doppellinien gemalt sind und an ihren Enden in kleine stilisierte Krabben auslaufen; die Zwischenräume innen sind mit Vierblattmustern ausgefüllt. Umgeben sind die Fialen mit krabbengeschmückten Gehäusen, die mit einer Art von Wimpergen überfangen sind. Die Kreuze auf den Fialen an der Hochwand wirken wie monumentale Prozessionskreuze. In eingeschränkter Weise vergleichbar ist das Wandbild eines „Kreuzkleinods“ in der Apsis der Kirche von Frauenmark bei Parchin Bez. Schwerin, das allerdings im wesentlichen von geraden Linien bestimmt ist[2] (drittes Viertel des 13. Jahrhunderts). Man kann aber die Kreuze auf den Fialen in Pfullingen nicht wie jenes in Frauenmark als „Zeichen des Menschensohnes am Himmel“ (Mt 24, 30), das bei seinem Kommen erscheinen wird, interpretieren.[3] Dagegen spricht, daß sie doppelt und in Gehäusen erscheinen und neben dem gemalten Fenster nicht markant genug sind.

Die gleiche monochrome Graufassung mit weißer Fugenmalerei hatte die frühere Kirche des ehemaligen Dominikanerinnenklosters in ***Offenhausen*** (Gem. Gomadingen, Lkr. Reutlingen), das kurz nach 1258 gegründet wurde. Es wurde während der Reformation aufgehoben. Von der Malerei, die wohl in etwa derselben Zeit wie jene in Pfullingen entstanden ist, sind nur noch Bruchstücke zu sehen.

---

1 Nach Michler: Gotische Ausmalungssysteme, S. 34.
2 Abbildung in: Nickel: Mittelalterliche Wandmalerei in der DDR, Abb. 63.
3 ebd., S. 247.

II Das gleiche Motiv der Maiestas Domini[1] wie in Kappel enthält die Kirche, ehemals St. Johannes der Täufer, in ***Seeburg*** (Stadt Bad Urach, Lkr. Reutlingen). Die Kirche besitzt noch eine spätromanische Apsis, deren Kalotte das Wandbild trägt. Dort war der übliche Platz für das Motiv bis zur Gotik, welche die Chorgewölbe durch Rippen aufteilte. Christus erscheint wie in Kappel in frontaler Haltung, sein Haupt mit hellblondem, in der Mitte gescheiteltem, strähnigem Haar ist umstrahlt von einem großen Kreuznimbus[2], seine rechte Hand ist zum Segensgestus erhoben, in der linken hält er die Weltkugel als Zeichen der Herrschaft über die Schöpfung. Er sitzt anders als in Kappel auf einem Thronsessel. Die Füße sind wie dort bei den Aposteln auffallend stark nach außen gestellt. Er ist umrahmt von einer Mandorla vor dunkelrotem Hintergrund. Ihn umgeben die vier Lebewesen; sie halten Schriftbänder, die fast ganz erloschen sind. Nur das Band des Adlers trägt noch einige Buchstaben, die zu „SANCT" zu ergänzen sind. Die Ansicht, sie seien zu ANO für die Angabe einer Jahreszahl zu vervollständigen[3], trifft nicht zu; die Schriftbänder waren nicht zur Aufnahme der Jahreszahl der Entstehung des Wandbildes bestimmt, sondern für die Evangelistennamen, hier mit dem Zusatz SANCT(VS). Auf dem anderen Teil des Bandes wird „JOHANNES" gestanden haben. Bei der Anordnung der vier Lebewesen hat sich der Maler nicht wie jener in Kappel vom „kosmischen Viereck": oben Mensch und Adler, unten Stier und Löwe, leiten lassen. Das Bild des thronenden Christus wirkt in seiner Schlichtheit und Klarheit eindringlich, das ruhige, milde Antlitz und die Segenshand mit den übergroßen, erhobenen Fingern strahlen große Würde aus. Die Figuren der vier Wesen erscheinen dagegen steif und naiv; trotz ihrer weit ausgebreiteten Flügel „schweben" sie nicht. Nach unten ist das Wandbild durch ein Zackenband mit abgerundeten Zackenspitzen abgeschlossen. Für seine Datierung kommt wohl das letzte Viertel des 13. Jahrhunderts in Betracht. Der Gewandstil des Thronenden läßt kein Merkmal des Zackenstils mehr erkennen; andererseits kam die Darstellung der Maiestas Domini nach 1300 nur noch selten vor. Das Ornament von Zweigen mit Blättern in der Leibung des Chorbogens gehört der gleichen Zeit an.

Erstmals in unserem Gebiet erscheint das häufig wiederkehrende Motiv eines monumentalen hl. Christophorus mit dem Jesuskind in der Kirche, ehemals St. Bartholomäus, von ***Setzingen*** (Alb-Donau-Kreis). Die Kirche, eine romanische Chorturmanlage, stammt aus dem 12. Jahrhundert; sie wurde mehrfach erweitert. Vom Christophorus-Bild an der Chornordwand ist nur der Kopf und die Brust des Heiligen sowie der Kopf des Jesuskindes erhalten. Beide Figuren sind frontal dargestellt, blondes Haar rahmt beide Gesichter. Das Bild geht zurück auf die Legende um einen Riesen Reprobus, der

---

1 Nicht Deesis. So: Dehio, S. 449.

2 Der Nimbus hat sich dunkel verfärbt.

3 So: H.-D. Ingenhoff: Spätromanische Wandmalereien in der Apsis der Johanneskirche zu Seeburg. In: Nachrichtenblatt der Denkmalpflege in Bad.-Württ. 4, 1961, S. 66.

Christus und seit dem Ende des 13. Jahrhunderts das Jesuskind trug.[1] Die Legende erzählt[2], Christophorus sei von Natur aus zum Fasten und Beten unfähig gewesen. Auf den Rat eines Eremiten habe er deshalb Gott mit seiner Kraft gedient und Pilger über einen reißenden Fluß getragen. Christus habe diesen Dienst angenommen und sich in Gestalt eines Kindes übersetzen lassen. Als es zu einer auch für den Riesen gewaltigen Last geworden sei, habe er in dem Kinde Christus erkannt, der ihn auf den Namen „Christophorus" (Christus-Träger) getauft habe. Darauf sei er zu Predigt und Martyrium ausgezogen. Das Setzinger Bild geht ikonographisch wohl auf den strengen frontalen Christophorus-Typus in Reichenau-Mittelzell im Münster St. Maria und St. Markus an der Nordwand des Mönchschores[3] (13. Jahrhundert) zurück. Wie dieser ist auch der Setzinger Riese bartlos. Die Figur war wesentlich größer als ein Mensch, auch um die schutzkräftige Wirkung weit sichtbar zu machen. Die Menschen jener Zeit glaubten nämlich, es könne dem, der nach der täglichen Frühmesse einen Christophorus gesehen hatte, am selben Tag kein Unfall zustoßen. Ein Bild des Heiligen war wohl in jeder Kirche vorhanden. Er gehörte zu den Vierzehn Nothelfern. Das Bild in Setzingen ist auch wegen der seltsamen Musterung am Gewande des Riesen bemerkenswert: Linien, die sich schräg kreuzen, die aber in den Schnittpunkten nicht durchgezogen sind. Auffällig ist auch die Umrahmung des Bildes mit einem Fries, der in Abständen ein wiederkehrendes Kreuzornament mit gleichlangen Armen und Blüten enthält. Der dargestellte Menschen-(Riesen-)typ dürfte noch dem 13. Jahrhundert angehören; nach der Datierung des Motivs des Jesuskindes ist das Bild aber an das Ende des Jahrhunderts zu setzen.

---

1 LCI 5, Sp. 497/498.

2 Die „Legenda aurea" (Goldene Legende) des Jacobus von Vorago (gest. 1298).
Sie wurde rasch verbreitet und bildete eine legendarische Hauptquelle der mittelalterlichen Maler. Die Christophorus-Legende ist abgedruckt in: Legenda aurea, S. 498–503.

3 Abbildung in: Henk/Braus: Insel Reichenau, Heidelberg 1980, S. 29.

DAS 14. JAHRHUNDERT

Die erste Jahrhunderthälfte

An den Anfang des Jahrhunderts kann man die Wandbilder in der ehemaligen Katharinenkapelle, jetzt Sakristei, der Marienkirche in ***Reutlingen*** setzen. Die Kapelle wurde an die Südseite des Chores angebaut, gleichzeitig mit dem Um- und Ausbau des Chores, der um 1250 in spätromanisch-frühgotischem „Übergangsstil" begonnen worden war; er wurde nach hochgotischen Formen umgebaut. Diese Baumaßnahmen waren bald nach 1280 fertiggestellt. Für die Datierung der Wandbilder gibt eine Inschrift an der Ostwand der Kapelle einen guten Anhalt. In leoninischen Versen sind dort folgende Worte aufgemalt:

„WERNERVS · VICEPLEBAN · (VS) T · (EMPLI) RVTELING · (ENSIS)
PROCVRATOR · ISTIVS · SACRISTIE ✠
VT · BREVI · D ⟩ ICAM   WERNER (VS) · NOMEN · HAB ⟩ EBAT
ISTAM · BASIL ⟩ ICAM   QVI · DEPINGI · FACI ⟩ EBAT
ET · NON · HVC · INTRET · NISI · PRO · SE · QVILIPET · ORET · ✠ ·"

(„Werner, stellvertretender Leutpriester zu Reutlingen und Pfleger dieser Sakristei, hat diese Basilika ausmalen lassen und bittet jeden, der hier eintritt, um ein Gebet.")
Danach hat Werner, der zweite Pfarrer von Reutlingen und Verwalter der Sakristei, die Basilika ausmalen lassen. Unter Basilika wird man kaum die Kapelle verstehen können. Es ist vielmehr anzunehmen, daß Pfarrer Werner den zu seiner Zeit vollendeten Teil der Kirche, nämlich den Chor und das Langhaus, das bis etwa 1310 fertiggestellt wurde, hat ausmalen lassen. Da die Inschrift in der Katharinenkapelle angebracht wurde, kann man annehmen, daß sich der Text auch auf sie bezog. In einer Marchtaler Urkunde vom Jahre 1312 wird ein „Pfaffe Wernher seelige" als Stifter von 1 Pfd. Heller für das Reutlinger Siechenhaus, also als bereits Verstorbener, genannt. Dieser Geistliche ist wohl mit dem in der Sakristei erwähnten Vicepleban Werner gleichzusetzen. Danach wird man die Wandmalereien in der Kapelle in das erste Jahrzehnt des 14. Jahrhunderts setzen dürfen.[1]

Im Bogenfeld der Westwand erscheint erstmals in unserem Gebiet eine isolierte, aus den Leben-Jesu- und Passionsdarstellungen gelöste Veranschaulichung der Kreuzigung *III*
Christi. Sie gehört zu dem auf fünf Figuren reduzierten Typus des Kreuzigungsbildes.

---

[1] Nach Paul Keppler: Die Wandmalereien in der alten Sakristei der Marienkirche Reutlingen. In: Reutlinger Geschichtsblätter 5, 1894, S. 54 ff.

Christus ist als Sterbender dargestellt; der zusammengesunkene, ausgebogene Körper und das nach unten geneigte Haupt lassen die Todesqualen ahnen. Er hängt an einem Kreuz, das aus rohen Stämmen mit Astansätzen gefügt ist. Sein dichtes, gelocktes Haar fällt auf die Schultern und die Brust. Die Arme sind äußerst mager, die Finger gespreizt. Ein Lendentuch bedeckt den Körper bis zu den Knien. Über seinem Haupte erscheinen am düsteren Himmel Sonne und Mond. Als große Gestalten stehen nach traditioneller Auffassung je seitlich des Kreuzes Maria, die vor der Brust die Hände ringt, und Johannes, der in einer alten Trauergeste die rechte Hand an die Wange legt, während er mit der linken auf den Gekreuzigten weist. Ihre Gesten drücken Schmerz und Trauer aus, aber sie bleiben verhalten, ohne Heftigkeit. Zwischen Maria und Johannes stehen – gleichfalls jeder an einer Seite des Kreuzes – Longinus, der Christus die Lanze in die Seite stößt, und Stephaton, der ihm den Schwamm zum Trinken hinhält. In den beiden Ecken des Bogenfeldes sind – wesentlich kleiner als die übrigen Figuren – zwei weibliche Heilige in mit Säulen und Giebeln angedeuteten Architekturen untergebracht; sie tragen Kronen auf dem Haupt und in der rechten Hand einen Palmzweig, in der linken ein brennendes Lämpchen. Die Heilige rechts ist durch eine Inschrift über ihr am Rand des Bogenfeldes als Katharina benannt. Die übrige Inschrift über den ganzen Rand in Majuskeln lautet:

„✠ HIC · NOSTROS · ACTVS · LVIT · AVCTOR · HOSTIA · FACTVS ·
HIC · STANS · CONFRACTVM · MORTIS · LACRIMIS · DEFLE · ISTVM · ✠"

(„Hier sühnt unsere Taten der Herr, zum Opfer geworden;
hier stehend beweine ihn, den der Tod gemartert".)
Mit diesen Worten ist formuliert, was auch das Kreuzigungsbild ausdrückt: es will die heilsgeschichtliche Bedeutung des Opfertodes Christi am Kreuz vergegenwärtigen und zum Miterleben und Mitleiden auffordern, es hat die Merkmale eines Andachtsbildes. Das Bild ist gerahmt von einer fortlaufenden Wellenranke mit je drei Blättern an den Einrollungen der Nebenstiele. Es ist durch den späteren Einbruch einer Tür an seinen unteren Teilen beschädigt worden. Die monumentale Auffassung des Gekreuzigten wird dadurch, daß Maria und Johannes die gleiche Körpergröße haben wie er, wieder aufgehoben. Christus ist nach der im ausgehenden 13. und frühen 14. Jahrhundert entstandenen Form gestaltet: Der Kopf ist herabgesunken, die Arme bilden fast eine durchgehende gebogene Linie, der Körper ist zur linken Hälfte, die über den Stamm des Kreuzes herausragt, durchgebogen, die Knie sind nach der anderen Seite gerichtet, das Lendentuch ist lang. Bei Johannes fällt der weit nach außen gestellte linke Fuß auf, der wie bei den Aposteln in Kappel an das Gewand angesetzt erscheint. Das Bild ist unräumlich und flächenhaft, der blaugraue Hintergrund ist ohne Andeutung einer Landschaft.

An der Nordwand sind auf die Felder der drei Joche Wandbilder mit Szenen aus der Legende um die hl. Katharina von Alexandrien gemalt, die im Jahre 306/307 unter dem Kaiser Maxentius den Märtyrertod erlitt.[2] Das Bild links zeigt eine gedrängte Versamm-

[2] Nach der „Legenda aurea". Die Katharinen-Legende ist abgedruckt in: Legenda aurea, S. 920–924.

lung von Gestalten. Rechts sitzt der Kaiser auf einem erhöhten Thron, in der Hand ein *IV*
Lilienzepter. Neben ihm stehen Soldaten mit Schwertern und Hellebarden. Dann folgt eine Gruppe von disputierenden Gelehrten mit hin und her bewegten Köpfen, die der Kaiser hatte kommen lassen, um sie Katharina gegenüberzustellen; sie hätten sie widerlegen sollen, wurden aber von ihr zum christlichen Glauben bekehrt. Links neben der Gruppe steht Katharina mit langem, gelocktem Haar, ihre Redegeste zeigt, daß sie sich an der Diskussion beteiligt. Von ihr geht ein Spruchband aus, auf dem aber nur noch wenige Buchstaben erkennbar sind. Das Bild schließt nach oben waagerecht ab; dort ist in einem Randstreifen der Rest einer Inschrift erkennbar: „... NOS · ORATORES · SVPERATOS" („... die überwundenen Redner [Gelehrten]"). Im verbliebenen Spitzbogenfeld schwebt ein Engel mit ausgebreiteten Flügeln; er hält ein Spruchband, auf dem nur noch die Buchstaben „CON" deutlich auszumachen sind. In die Wand des mittleren Joches ist ein Portal eingebrochen, der Maler hat dies berücksichtigt. Hier sind zwei Szenen aus der Legende erzählt: Links stehen die Gelehrten in Flammen, wie es der Kaiser *V*
wegen ihres Übertritts zum Christentum befohlen hatte, über ihnen steht Katharina und ermutigt sie zu diesem Martyrium. In der anderen Szene rechts kniet Katharina betend auf dem Boden, vor ihr steht ein Gerüst mit einem Rad, das Speichen aus Schwertern hat und von einem Engel zur Hälfte zerstört worden ist; die Schwerter fallen herab und jagen einen Mann in die Flucht, ein anderer ist vor Schreck zu Boden gefallen. Im Spitzbogen schwebt wiederum ein Engel, hier mit einer Krone als Lohn für das Martyrium. Im dritten Joch kniet Katharina unter einem Baum wieder betend auf dem Boden. Der *VI*
Henker rechts im Bild packt sie mit der einen Hand am Haar, mit der anderen erhebt er das Schwert hoch über ihr Haupt; hinter ihm steht vor einem angedeuteten Haus sein Gehilfe mit der leeren Schwertscheide und einem weiteren Schwert im Arm. Links im Bild sitzt der Kaiser wieder auf seinem Thron und erhebt befehlend die rechte Hand; hinter ihm redet eine Gestalt auf ihn ein. Von der Inschrift über dem Bild ist noch zu lesen: „... VR · ET · LAC · PRO · SANGVINE · DATVM" („Und Milch floß anstelle von Blut"); sie bezieht sich auf die Legende, daß nach der Enthauptung der Katharina aus ihrem Körper nicht Blut, sondern Milch geflossen sei. In dem Spitzbogen schwebt ein trauernder Engel, der aber nicht mehr deutlich zu erkennen ist. Unter den Bildern der Katharinenlegende verläuft als Ornament eine durchlaufende Wellenranke von der Art wie beim Kreuzigungsbild. Auch um die Bogenzwickel über den Bildern sind Wellenranken und gereihte Blätter gemalt. Die Szenen der Katharinen-Legende lassen eine beachtliche Fähigkeit des Malers zum Erzählen in Bildern erkennen. Der Betrachter kann die erregende Dramatik des grausamen Geschehens nachempfinden. Die Bilderfolge ist auch hier ohne Tiefenräume angelegt; immerhin ist Landschaft durch herzförmige Bäume angedeutet, die aber mehr der Ausfüllung von Zwischenräumen dienen.

Unter das Bild, das die Enthauptung der Katharina darstellt, ist folgendes Spruchband gemalt: „S. LAVRENCIVS · HIC · IN · CRATICVLA · CRE(MATVR)" („Hier wird der hl. Laurentius auf dem Roste verbrannt"). Das Bild darunter ist schwer zu erfassen. An den verbliebenen Umrissen ist aber zu erkennen, daß es das Martyrium des hl. Laurentius darstellt, der auf dem Rost liegt. Sein Haupt ist von einem Heiligenschein umgeben. Über ihm vollziehen zwei Schergen die grausige Untat, sie drücken den Heiligen „mit eisernen Gabeln auf den Rost", unter dem glühende Kohlen liegen (Legenda aurea).

Der obere Teil dieses Laurentiusbildes ist – wie Herbert Kopp mitgeteilt hat[3] – mit der darüber dargestellten Katharinen-Szene übermalt worden. Die Übermalung hat sich bei einer Restaurierung des Inneren der Sakristei im Jahre 1955 gezeigt. Das Schriftband über dem Laurentius-Bild müßte danach bei der Ausmalung mit dem Katharinen-Zyklus über die verbliebene Laurentius-Darstellung gesetzt worden sein; dafür spricht auch die Gleichartigkeit der gemalten Buchstaben mit denjenigen auf den Schriftbändern über den Katharinen-Szenen.

Auf die Südwand der Sakristei sind zwischen die Fenster die – neben den Hauptpatronen: Maria, Petrus und Paulus – verehrten weiteren Patrone der Kirche gemalt: Mar-
VII / VIII tinus, Nicolaus, Conradus, Augustinus, Cosmas und Damianus. Sie stehen in Gehäusen mit seitlichen Säulchen, krabbenbesetzten Wimpergen und Kreuzblumen. Die Gehäuse sind Tabernakeln der gotischen Monumentalskulptur, in denen zwischen freistehenden Stützen lebensgroße Figuren stehen, nachempfunden. Die ersten vier Patrone sind frontal und in bischöflicher Tracht dargestellt, die beiden letzteren seitlich. Auf einer Schriftrolle, die Cosmas hält, steht: „GRATIS · ACCIPITE · GRATIS · DATE“ (ungenaue Wiedergabe von Mt 10,8: „Umsonst habt ihr empfangen, umsonst gebet!“), auf der des Damianus: „SANAT · EGROS · A · LANGVORIBVS“ („Er heilt die Kranken von ihren Gebrechen“).

An der Ostwand ist rechts neben einer Nische ein Wandbild von drei Frauengestalten mit Heiligenschein zu erkennen, die in einer Inschrift über ihnen als Maria Magdalena, Katharina und Margareta benannt sind.

Die hl. Katharina ist allein in der Kapelle dreimal auf Wandbildern dargestellt: innerhalb der Bilderfolge ihres Martyriums, in Gemeinschaft mit den Heiligen Maria Magdalena und Margareta sowie als Nebenfigur im Kreuzigungsbild. Dies ist wohl darauf zurückzuführen, daß sie zu den „Vierzehn Nothelfern“ und den „Virgines capitales“ (herausragenden heiligen Jungfrauen) gehörte; sie war eine Volksheilige geworden.

Die Farben stehen in braunen und rötlichen Tönen der Gewänder vor einem dunkelblaugrauen und grünlichen Hintergrund; die Linien der Umriß- und Binnenzeichnungen in roten und ockerfarbenen Tönen haben eine vorherrschende Funktion.

Mit der Jahrhundertwende war auch eine Wende vom „Zackenstil“ mit seinen scharfbrüchigen Gewandfalten zu einem neuen Stil eingetreten: Die Gestalten erscheinen nunmehr in weichfließende Gewänder gehüllt, als edle Idealtypen sind sie schlank und von hohem Wuchs, oft in graziöser Haltung, der Kopf ist klein, Frauen haben langes, gelocktes Haar. Der neue „Weichfließende Stil“ hatte „vereinzelt schon am Ende des 13. Jahrhunderts, umfassend dann zu Beginn des 14. Jahrhunderts“[4] eingesetzt. Er war von Frankreich, besonders von Paris, einer „Produktionsstätte reicher, vorzüglich illuminierter Handschriften“[5], und England ausgegangen. In der Reutlinger Kapelle nähert sich die Darstellung der Gestalten dem Figurentyp des neuen Stils. Sie sind sehr schlank und hochgewachsen und haben kleine Köpfe, die Frauen, auch Maria, haben langes, blon-

---

[3] Die Anfänge der Stadt Reutlingen. Reutlingen o. J (1961), S. 65 f.

[4] Johann-Christian Klamt: Deutsche Malerei. In: Prop KG 6, S. 262.

[5] ebd., S. 261, 262.

des, gelocktes Haar. Von den Gewändern haben dagegen nur die der Kirchenpatrone an der Nordwand einige Faltenschwünge des „Weichfließenden Stils" übernommen.

Von derselben Werkstatt, welche die Katharinenkapelle der Reutlinger Marienkirche ausgemalt hat, dürften zwei Apostel-Halbfiguren in der Kirche, ehemals St. Stephanus, in ***Sondelfingen*** (Stadt Reutlingen) stammen; die Kirche dient jetzt als Aussegnungshalle. Sie geht auf das 13. Jahrhundert zurück, der ältere, noch bestehende Teil auf das 12. Jahrhundert. Die Halbfiguren befinden sich an der Ostwand auf einer Malschicht, die von späteren Putzschichten und Malereien überdeckt worden ist; sie sind gleichsam in einem „Fenster" freigelegt worden. Dargestellt ist der Apostel Matthias nach einem Schriftband mit den Majuskeln MAT(TH)I(AS), das er in der Hand hält; er hat blondes, lockiges Haar und trägt einen hellroten Mantel. Der andere Apostel ist nicht durch ein Schriftband benannt; er hat graues Haar und einen übertrieben gedreht und symmetrisch gemalten Bart; auch er trägt einen roten Mantel. Für das neben Matthias gemalte Schriftband mit dem Namen ANDREA(S) ist die Figur nicht freigelegt. Der Stil der Köpfe ist mit dem der Kirchenpatrone in der Katharinenkapelle der Reutlinger Marienkirche vergleichbar; die Geste, mit der Matthias das Schriftband hält, gleicht der des hl. Cosmas in der Kapelle. Dasselbe gilt von den Schriftzeichen. Die beiden Apostel dürften danach auch in das erste Jahrzehnt des 14. Jahrhunderts zu datieren sein.

Etwa auch in das erste Jahrzehnt nach der Jahrhundertwende sind die Wandmalereien in der Friedhofskapelle St. Afra in ***Schelklingen*** (Alb-Donau-Kreis) zu datieren. Die Kapelle, ein rechteckiger Bau mit eingezogenem, langrechteckigem Chor, wurde um 1300 erbaut. Der Chor wurde ringsum ausgemalt. Hierfür hatten die geistlichen Auftraggeber dem Maler ein vielseitiges Programm aufgegeben. Die Bilder sind mit Ausnahme des linken Teils der Nordwand in zwei Streifen angeordnet. Dargestellt ist das Leben Jesu, beschränkt auf die Ankunft der Drei Magier oder Könige vor Maria und dem neugeborenen Kinde sowie auf die Passion und Auferstehung, ferner eine Reihe von Heiligen-Martyrien und symbolische Bilder. Schon bei einer ersten Betrachtung zeigt sich eine auffallende Komposition. Während die Ankunft der Könige vor Maria mit dem Kinde in einem großen Bild den ganzen linken Teil der oberen Nordwand einnimmt, ziehen sich die Bilder der Passion in halb so großem Format um den rechten Teil der Nordwand sowie die Ost- und Südwand im oberen von zwei übereinanderliegenden Streifen. In der unteren Reihe sind Heiligen-Martyrien und sonstige Bilder dargestellt.

Das erste Bild aus dem Leben Jesu, die Ankunft der Könige vor Maria und dem Jesus- *14/15* kind, ist eine figurenreiche Darstellung und ikonographisch interessant. Es wandelt den Bildtypus ab, der sich im 13. Jahrhundert für die Ankunft der Könige in der Weise entwickelt hatte: Der erste König kniet vor der thronenden Maria mit dem Kinde, der zweite zeigt dem dritten zurückschauend den Stern.[1] Maria sitzt nicht wie in dem Bild-

[1] LCI 1, Sp. 543.

14 *Schelklingen, Friedhofskirche St. Afra. Ankunft der Drei Könige. Erstes Jahrzehnt 14. Jahrhundert.*

15 *Schelklingen, Friedhofskirche St. Afra. Maria im Wochenbett mit dem Kind und einem der Drei Könige. Erstes Jahrzehnt 14. Jahrhundert.*

typus auf einem Thron oder Sessel, sondern liegt im Wochenbett auf einer gemusterten Matratze und hält ihr Kind dem ersten König entgegen. Das Motiv der Maria als Wöchnerin im Bett geht auf byzantinische Darstellungen der Geburt Jesu zurück; es wurde von der Frauenmystik in den Klöstern des alemannischen Bereichs besonders gefördert. Es erscheint einige Jahrzehnte später als Relief im Tympanon des Südostportals der Frauenkirche in Esslingen (um 1350)[2] und des Nordwestportals des Ulmer Münsters (1356)[3]. In Schelklingen hat der erste König seine Krone abgelegt, er steht vor dem Wochenbett und bringt als Gabe einen großen, von Goldstücken überquellenden Becher dar. Der zweite und dritte König – auch darin ist der Bildtypus abgewandelt – sitzen noch auf ihren Pferden, während das Pferd des ersten von seinem Reitknecht gehalten wird, der mit einer hocherhobenen Reitpeitsche knallt. Hinter Maria steht Josef mit Judenhut, er hält einen Wanderstab in den Händen. Über der Gruppe dürfen Esel und Ochs nicht fehlen, die aus einem Stallfenster hereinsehen. Ein Engel in Halbfigur weist auf ein Brot (?) in seiner Hand, vielleicht eine Anspielung auf Betlehem als „domus panis" nach der „interpretierenden Übersetzung des Stadtnamens"[4] bei dem Kirchenlehrer Gregor I. Auch der Mittelgrund ist mit Leben erfüllt: Eine jugendliche kniende Gestalt mit Kapuze und langem Gewand hält einen bellenden Hund am Halsband, während dahinter Ziegen an Bäumen hochspringen und von ihren Blättern fressen. Es handelt sich dabei wohl um eine realistische Ausmalung der Szene, wie sie gegen 1300 überall einsetzte, nicht um „höllische Ziegen, die Sünden und Verderben des Heidentums"[5], auch nicht um einen „Propheten, der einen Hund schleppt", symbolisch für „Isaias, der die der Erlösung widerstrebenden Juden dem Heiland zuführt"[6]. Das große Bild über die Ankunft der Könige bei Maria und dem Kind soll stellvertretend für die ganze Kindheits- und Jugendgeschichte Jesu stehen. Die Veranschaulichung eines ganzen Lebensabschnitts Jesu durch eine einzige Darstellung war vielfach verbreitet.

Vor dem Zyklus der Passion und Auferstehung Christi hat der Wandmaler eine Darstellung eingeschoben, die vielleicht nicht mehr vollständig ist. Wiedergegeben ist der frontale Kopf eines jugendlichen Menschen mit langem, lockigem Haar. Er hat mög- *15*
licherweise zu einer stehenden Gestalt gehört, deren Körper durch den Einbruch des Fensters unterhalb des Kopfes zerstört worden sein könnte. Eine Deutung des Fragments erscheint nicht möglich.[7]

Die anschließende Bilderfolge der Passion und Auferstehung Christi stellt den ersten in unserem Gebiet fast vollständig erhaltenen Zyklus dieser Art dar. Er will offenbar den

---

[2] Abbildung in: Paul Hartmann: Die gotische Monumental-Plastik in Schwaben. München 1910, Taf. 10.

[3] Abbildung in: Reinhard Wortmann: Das Ulmer Münster. Stuttgart 1972, S. 108.

[4] LCI 4, Sp. 208.

[5] So: Wilhelm Lederer: St. Afra in Schelklingen (Schelklinger Hefte 5), 2. Aufl. 1982, S. 10.

[6] So: Die Kunst- und Altertumsdenkmale im Königreich Württemberg. Donaukreis 1, Oberamt Blaubeuren, 1914, S. 108.

[7] Sicherlich nicht der Kopf des Malers. So: Wie Anm. 4, S. 10; mitten in dem Zyklus über das Leben Jesu wäre ein Selbstporträt des Malers nicht angebracht gewesen.

„exemplarischen Charakter des Lebens Jesu in den Vordergrund“ stellen und im Sinne der franziskanischen und dominikanischen Frömmigkeit „für Nachvollzug einzelner Geschehnisse im Geiste der Nachfolge Christi“ werben.[8] Dieser Sinn wird durch die enge optische Verbindung mit den Darstellungen von Heiligen-Martyrien in der unteren Bildreihe deutlich.

Der Passionszyklus beginnt mit der Ölbergszene. Sie ist nach dem Bildschema gemalt, das sich vom 14. Jahrhundert an herausgebildet hatte[9]: Christus kniet vor einem Felsen im Mittelgrund, im Vordergrund hocken drei schlafende Jünger, über dem Felsen erscheint ein Engel mit einem Kelch als Symbol des Erlösungsleidens. Bemerkenswert sind die herzförmigen Bäume, wie sie auch auf den Bildern der Katharinenlegende in der Kapelle der Reutlinger Marienkirche zu finden sind. Die Szene des Verrats durch Judas und der Gefangennahme Christi fehlt; sie ist wahrscheinlich durch den Einbruch oder die Vergrößerung des Nordostfensters zerstört worden. Die anschließende Verurteilung durch Pilatus mit dessen Handwaschung gehörte zum festen Bestand der Passionszyklen, ebenso die Geißelung und – an der Ostseite – die Dornenkrönung. Das Bild von der Kreuztragung weicht von dem üblichen Typus ab: Christus ist niedergesunken und die Schergen laden ihm das Kreuz wieder auf. Die Szene der Entkleidung Christi enthält die Besonderheit, daß zwei Juden, einer mit Judenhut, das Spottschild: „INRI“ bereits vorbereitet haben und ihm entgegenhalten. Das Kreuzigungsbild entspricht dem auf fünf Figuren reduzierten Typus, der Gekreuzigte ist nach der gleichen Form gemalt, die sich etwa seit der Jahrhundertwende herausgebildet hatte und in unserem Gebiet erstmals in der Reutlinger Katharinenkapelle gestaltet wurde; hinzu kommt, was dort nicht zu sehen ist, daß die Füße übereinandergelegt und mit nur einem Nagel durchbohrt sind, ein Typus, der sich allgemein erst im 13. Jahrhundert durchsetzte, nachdem vorher die Füße nebeneinander am Stamm des Kreuzes oder auf dem Suppedaneum befestigt dargestellt worden waren.[10] Rechts steht Maria, die sich vor Schmerz an Johannes lehnt, links wohl Maria Magdalena und Longinus, der kniend Christus die Lanze in die Seite stößt und mit der anderen Hand auf seine Augen weist, die vom Blut Christi wieder gesund geworden sind.[11] Das Bild der Kreuzabnahme entspricht dem traditionellen Typus. Josef von Arimathäa nimmt den vom Kreuz herabgleitenden Leichnam in seinen Armen auf. Neben ihm stehen Maria, die den rechten Arm ihres toten Sohnes ergreift, und Maria Magdalena. Ein seltsames Motiv hat sich der Maler für Nikodemus ausgedacht, der seinen Oberkörper durch die Sprossen der Leiter, die ans Kreuz gelehnt ist, geschoben hat und ein Bein Christi ergreift. Die Grablegung folgt nicht dem einfachen Typus mit drei Figuren, der bis zum 13. Jahrhundert vorherrschte; Christus liegt ausgestreckt auf dem bildparallel gestellten Sarkophag, Josef von Arimathäa und Nikodemus an den Grab-Enden ordnen das Grabtuch, hinter dem Grab stehen Maria, die sich zu dem Haupte Christi beugt, Maria Magdalena, „die andere Maria“ (Mt 27, 61) und viel-

[8] LCI 3, Sp. 68.
[9] LCI 3, Sp. 347.
[10] LCI 1, Sp. 552, 553.
[11] Legenda aurea, S. 236.

leicht Johannes. Die Auferstehung Christi an der Südwand folgt einem traditionellen Typus. Christus, frontal dargestellt, ist im Begriff, dem etwas schräggestellten Sarkophag in realistischer Weise zu entsteigen, seine rechte Hand hat er zum Segensgestus erhoben, in der linken hält er einen Kreuzstab mit wehender Fahne. Vor der Sarkophagwand liegen zwei schlafende Wächter, in Bedeutungsperspektive klein dargestellt. Zum Jesus-Zyklus gehört noch das Bild „Noli me tangere" (Joh 20, 14–17), das der Maler in der unteren Reihe der Südwand untergebracht hat. Der Ort ist mit einem Baum als Garten gekennzeichnet; Christus spricht die Worte, während Maria Magdalena mit langem, offenem Haar, das bis auf den Boden reicht, vor ihm kniet. Wie schon in Willmandingen enthält dieser umfangreiche Zyklus keinerlei Darstellung über das öffentliche Leben Jesu, also seine Wundertaten und Gleichnisse. Die Bevorzugung von Jugendgeschichte und Passion war ein Kennzeichen der Mystik.[12]

Die Reihe der Heiligen-Martyrien in den unteren Bildstreifen beginnt an der Nordwand mit dem hl. Erasmus von Formio, Bischof in Antiochien, nach der Legende gestorben im Jahre 303 in Formio. Er gehört seit etwa 1300 zu den Vierzehn Nothelfern. Auf dem rechten der beiden Bilder wird er gefangengenommen. Er ist als Bischof mit Mitra und Kasel dargestellt. Zwei Schergen stoßen ihm Pfriemen in die Fingerspitzen. Die Vermutung, hier sei der hl. Erzbischof Petrus von Alexandrien gemeint[13], dürfte nicht zutreffen, weil es von diesem Heiligen keine Darstellungen eines solchen Martyriums gibt. Der Hintergrund zeigt eine Baumreihe mit herzförmigem Blätterdach und hängenden Weintrauben, die wohl den christlichen Glauben an das Leben im Jenseits symbolisieren sollen.[14] Auf dem linken Bild liegt der hl. Erasmus auf einer Schicht von Baumstämmen, ein Henkersknecht dreht ihm mit einer Winde die Eingeweide aus dem Leibe. An der Ostwand ist eine Szene aus der Legende der hl. Katharina dargestellt. Sie sitzt auf dem Rade, das bei ihrer Hinrichtung von einem Engel zerschlagen worden war, Teile des Rades fliegen einem Schergen an Kopf und Leib; der Sitz des Kaisers bricht zusammen, er reißt erschrocken die Arme hoch. Das nächste Bild zeigt einen hl. Bischof mit Pontifikalien und Stab, wohl Narzissus[15] von Gerona, der nach der Legende nach Augsburg ging und dort die hl. Afra bekehrte; er wird von einem Schergen, der ihm seinen Bischofsstab entreißt, gestellt. Neben dem Bild ist das Martyrium der hl. Afra, der Patronin der Kapelle, dargestellt. Sie liegt gefesselt auf einem brennenden Scheiterhaufen; ein Scherge facht mit einem Blasebalg das Feuer an. Auf dem letzten Bild der Ostseite ist das Martyrium des hl. Hippolyt, des Soldaten, wiedergegeben. Er wird von zwei Pferden (Apfelschimmeln) zerissen; sie sind nach entgegengesetzten Seiten aufgestellt, zwischen ihnen und an sie gebunden hängt der Heilige mit dem Kopf nach unten, Schergen treiben die Pferde an. An der Südwand schließlich sitzt der hl. Apostel Bartholomäus mit seinen Attributen, der abgezogenen Haut auf dem Arm und dem Schindmesser, in dieser Weise predigend.

---

[12] LCI 3, Sp. 74.

[13] Wie Anm. 4, S. 11.

[14] LCI 4, Sp. 495.

[15] Wie Anm. 4, S. 13.

16 Schelklingen, Friedhofskirche St. Afra. Schmerzensmann.
Erstes Jahrzehnt 14. Jahrhundert.

Die übrigen Bilder haben symbolhafte und allegorische Bedeutung für die christliche Heilslehre: Petrus mit dem Himmelsschlüssel; das „irdische Paradies" (Gen 2, 8–15) mit dem Baum des Lebens, in dem Garten Adam und Eva; die Hölle mit dem Satan in Tiergestalt, der von Christus besiegt und – wie es in der Antike üblich war – gefesselt ist[16], und zwar an eine Säule, gleichwohl aber die schreienden „neuen" Verdammten aufnimmt, während andere hinter ihm im Fegefeuer Qualen erleiden.

Die zwölf sitzenden Apostel sollen ursprünglich stehende Figuren gewesen sein, die verfälscht worden sind.[17] In der Mitte ist Christus mit Kreuznimbus zu erkennen, die Kindergestalt auf seinem Arm ist die Seele Marias, das Bildthema also der Marientod.

Ikonographisch von besonderem Interesse ist die Darstellung des Schmerzensman-
16 nes inmitten der arma Christi, eines der ältesten monumentalen Bilder dieses Motivs überhaupt.[18] Der Bildgedanke beruht auf der Passionsmeditation; sein Sinn ist, den geopferten Christus und die Wiederholung des Opfers in der Eucharistie zu zeigen. Das Bild in Schelklingen folgt der seit dem 12. Jahrhundert üblichen Form: Christus erscheint in halber Figur mit geneigtem Haupt und vor der Brust übereinander gelegten Händen auf einer Wolkenkrause. Neben ihm steht das Kreuz, über dessen Querarm tropaion-

[16] Nach Hecht: Die frühmittelalterliche Wandmalerei, S. 330, Anm. 46.
[17] Wie Anm. 4, S. 16.
[18] LCI 1, Sp. 185.

ähnlich Stricke hängen, mit denen er gefesselt wurde; sie sollen „Trophäen“ vom Feinde sein. Den Begriff des antiken tropaion hatten die Kirchenväter auf das Kreuz Christi übertragen.[19] Das Motiv von am Kreuz hängenden Marterwerkzeugen ist sehr selten; in unserem Gebiet wird es nur noch einmal um 1500 vorkommen. Neben dem Kreuz erscheinen weitere arma Christi: Lanze, Dornenkrone, Schwamm mit Stab, Geißelsäule, Hände, die Stöcke halten, und eine Leiter, wohl mit Füßen der Schergen. Das Bild ist von starker Ausdruckskraft, es zieht den Betrachter in seinen Bann, er kann sich in stiller Andacht in Leiden und Opfer Christi versenken; diese imago pietatis oder das Erbärmdebild – so lautete u. a. die mittelalterliche Bezeichnung für den Schmerzensmann – hat die Merkmale eines Andachtsbildes. Vergleichbar ist der um 1300 entstandene Schmerzensmann an der Chorostwand der Kirche in Oberwälden (Lkr. Göppingen)[20], der aber in ganzer Figur stehend dargestellt ist. Neben dem Haupt Christi, ihn anbetend, erscheint die hl. Afra in Halbfigur, unter ihr das individuelle Attribut: ein geschichteter Holzstoß.

Das anschließende Bild bedarf einer Interpretation. Ein Schiff mit Vertretern der Stände als Insassen ist auf der Fahrt durch die Fährnisse des Lebens. An seinem hohen Schiffsschnabel wird es von einem grinsenden Teufel, einer bedrohlich großen Gestalt, *17*
erfaßt. Einige Insassen sind aus dem Schiff gesprungen und drohen in den Fluten des Meeres unterzugehen. Im Schiff aber steht, von gleicher Größe wie der Teufel, eine betende jugendliche Gestalt in der Tracht eines Diakons. Es könnte sich um eine Allegorie der Fides handeln, die dem als Teufel verkörperten Unglauben gegenübersteht. Sie wird die den teuflischen Mächten ausgelieferten Menschen zur göttlichen Gnade führen, auch wenn der Teufel noch so hämisch auf sie zeigt. An das Bild hat sich vermutlich eine weitere, nicht mehr bestehende Darstellung mit der sicheren Ankunft des Schiffes im Hafen der Heilsgewißheit angeschlossen.

Sonderbar ist der Fries von langgestreckten Dämonen mit wolfsartigen Köpfen und heraushängenden Zungen an der Ostwand unter den Martyrien-Bildern. Diese Widersacher Gottes sind – optisch faßbar – von Christus und denen, die ihm nachgefolgt sind, besiegt worden und „unterlegen“.

Nicht fehlen durfte in der Kapelle eine riesige Figur des hl. Christophorus gegenüber *18*
der Eingangstür. Er ist wie der Setzinger Christophorus streng frontal mit erhobenem Haupte in feierlicher Haltung dargestellt; eine schwere Last drückt ihn noch nicht. Auf der linken Hand hält er das Jesuskind, in der rechten einen Baumstamm, der Eichenblätter getrieben hat. Der Heilige gehört zu dem Christophorus-Typus, der auch im Münster St. Maria und St. Markus in Reichenau-Mittelzell an der Nordwand des Mönchschores vertreten ist.[21] Wie dort trägt der Heilige ein reichgemustertes Gewand unter einem hellen Schulterkragen. Das Jesuskind wendet sich, anders als in Setzingen, im Dreiviertelprofil seinem Träger zu. Gerahmt ist das Bild von einem Wellband, das ein frühes Beispiel für sein Vorkommen ist. Leider ist die Christophorus-Figur im unteren Teil zerstört.

---

[19] LCI 4, Sp. 361.

[20] Abbildung in: Hummel: Wandmalereien im Kreis Göppingen, Abb. 7.

[21] Abbildung in: Henk/Braus: Insel Reichenau. Heidelberg 1980, S. 29.

*18 Schelklingen, Friedhofskirche St. Afra.
Hl. Christophorus.
Erstes Jahrzehnt 14. Jahrhundert.*

*17 Schelklingen, Friedhofskirche St. Afra.
Allegorie der Fides gegenüber dem als Teufel verkörperten Unglauben.
Erstes Jahrzehnt 14. Jahrhundert.*

Die Kapelle St. Afra in Schelklingen ist mit ihrer fast vollständig erhaltenen Ausmalung ein seltenes, noch vorhandenes Beispiel für das Aussehen kleiner mittelalterlicher Kirchen. Die Wandbilder, im 19. Jahrhundert stark übergangen, sollen nach der Restaurierung von 1971 bis 1974 den ursprünglichen Zustand wiedergeben.[22] Ihre Farbigkeit haben sie jedoch fast ganz verloren, aber an ihren Umriß- und Binnenzeichnungen sind ihre Inhalte noch durchweg zu erkennen. Der neu aufgekommene Figuren- und Gewandstil hat sich bei ihnen noch nicht voll durchgesetzt. Der Maler war ein sehr begabter und phantasiereicher Erzähler in Bildern. Er könnte zu den wandernden Künstlern gehört und ein volles Musterbuch mit Einzelfiguren und Bildprogrammen für seine Wandbilder in Schelklingen mitgebracht haben.

Dagegen kommt der neue Stil in der um 1300 entstandenen Chorturmkirche, ehemals St. Gallus, von ***Feldstetten*** (Stadt Laichingen, Alb-Donau-Kreis) in vollem Umfang zum Ausdruck. Die Wandbilder in dem mit Kreuzrippen gewölbten Chor stammen aus dem Anfang des 14. Jahrhunderts, wohl auch aus dem ersten Jahrzehnt. Sie sind auf die drei spitzbogigen Wandfelder gemalt. Die ursprünglich drei kleinen Fenster wurden im 15. Jahrhundert erweitert, dadurch wurden die Bilder teilweise zerstört. Die Felder sind in zwei Zonen aufgeteilt, der Trennungsstreifen verläuft ringsum in gleicher Höhe.

19 Feldstetten, Kirche ehem. St. Gallus. Kreuzigung Christi, Apostel. Erstes Jahrzehnt 14. Jahrhundert.

[22] So: Wie Anm. 4, S. 4.

20 *Feldstetten,*
Kirche ehem. St. Gallus.
Höllenszene.
Erstes Jahrzehnt
14. Jahrhundert.

In den oberen spitzbogigen Teilen sind dargestellt: an der Ostwand eine Kreuzigungsgruppe, an der Südwand der Drachenkampf des hl. Georg, eines der Vierzehn
19 Nothelfer, an der Nordwand eine Deesis. Die Kreuzigungsgruppe folgt dem dreifigurigen Typus mit Maria und Johannes. Über dem schönen jugendlichen Haupt Christi ist am Kreuz der abgekürzte Titulus „i.n.r.i" (Mt 27,37) angebracht. Der größte Teil des Bildes ist durch die Erweiterung des Ostfensters zerstört. Auch das Georgsbild ist teilweise vernichtet. Der Heilige galoppiert auf seinem Pferd mit eingelegter Lanze und einem Schild, der ein Kreuzzeichen trägt, gegen den Drachen. Dieser, in der Statur eines Wolfes, scheint flüchten zu wollen, ist aber von der Lanze schon getroffen. Die Prinzessin, die ihm geopfert werden sollte, fehlt auf dem Bild.

In den zweiten Zonen der Ost- und Südwand stehen die Apostel nebeneinander aufgereiht. Mitten zwischen sie ist Christus mit dem Kreuznimbus getreten; er steht an der Südwand in der Ecke zur Ostseite, seine rechte Hand ist zum Segensgestus erhoben, in der linken trägt er das Evangelienbuch. Rechts neben ihm steht Paulus, der sein Attribut, ein Schwert, geschultert trägt und durch eine Inschrift gekennzeichnet ist. Links von Christus, an der Ostseite, dürfte Petrus dargestellt sein; sein Attribut, der Schlüssel, ist nicht mehr erkennbar. Auch bei den anderen Aposteln, ausgenommen Matthias mit einem Beil, sind die Attribute, also die Marterwerkzeuge, mit denen sie hingerichtet worden sein sollen, nicht mehr vorhanden. Eine Arkadenstellung wie in Kappel ist den Figuren nicht beigegeben. Diese Gestalten entsprechen ganz dem neuen Stil: sie sind schlank, groß und schmalschultrig mit kleinen Köpfen, sie stehen da in leichter S-Schwingung, ihre Gewänder fallen in weichen Falten herab. Ein „eleganter“ Typus ist hier dargestellt, und alle Gestalten sind sich von Kopf bis Fuß ähnlich. Die unorganisch nach außen angesetzten Füße, die schon bei den Aposteln in Kappel und bei Johannes in der Reutlinger Katharinenkapelle zu sehen waren, finden sich auch hier wieder.

Die Himmelsvision der Deesis mit dem thronenden Christus in der Mandorla sowie Maria und Johannes dem Täufer als Fürbitter war in der byzantinischen Kunst entwickelt und durch die ottonische Kunst nach Norden vermittelt worden. Sie ist in Feldstetten Teil eines Weltgerichtsbildes. Christus thront wie auf dem Bild der Maiestas Domini in Kappel auf einem Regenbogen innerhalb einer Mandorla. Neben ihm blasen zwei Engel mit Posaunen das Weltgericht ein. Um Johannes herum steigen Tote aus den Gräbern. In der unteren Zone sind Paradies und Hölle untergebracht. Merkwürdig ist die Höllenszene. Der größere der beiden Teufel, der offenbar, von Christus 20
besiegt, gefesselt ist, mit tierähnlichem Kopf, Hörnern und einem kurzen Rüssel hat eine menschenartige Fratze am Oberschenkel, die nach unten gerichtet ist, ein Motiv, das sich auch bei anderen Teufelsdarstellungen findet. Die beiden Teufel wirken keineswegs bedrohlich, eher etwas komisch. Um sie herum bewegen sich kleine Gestalten, wohl Personifikationen von Lastern, vielleicht von Neid, Geiz, Habgier, Unkeuschheit usw. Eine dieser Gestalten, die mit dem Maul der zusätzlichen, nach unten gerichteten Fratze des großen Teufels Kontakt aufnimmt, wobei Münzen hin- und hergehen, könnte die Personifikation von Geldgier und Habsucht darstellen. Die Verdammten wie auch die Seligen vor der Himmelspforte nehmen nach dem Ausdruck ihrer Gesichter und nach ihren Gesten die Ereignisse ohne Gemütsbewegung hin. Sie sind wieder in ihre irdischen Leiber zurückgekehrt. Die Vorstellung von dem „Auferstehungsleib“, der im wesentlichen mit dem irdischen Leib identisch sei, wurde von den Kirchenvätern in die kirchliche Lehre aufgenommen; sie ist im Apostolischen Glaubensbekenntnis mit den Worten von der „Auferstehung des Fleisches“ festgeschrieben worden.

Die Farben sind im wesentlichen rostrot, der Hintergrund graublau. Die Falten der Gewänder und manche Umrißlinien sind offenbar mit breitem Pinsel nachgezogen worden; dadurch scheint die ursprüngliche Fassung der Figuren verfälscht zu sein. Die Ausmalung des Chores stellt eine bescheidene Leistung dar.

Von hohem künstlerischem Rang sind dagegen die Wandbilder in der ehemaligen Abteikirche des früheren Zisterzienserinnenklosters ***Heiligkreuztal*** (Gem. Altheim,

21 Heiligkreuztal, ehem. Zisterzienserinnenkloster. Johannes d. T. Zweites Jahrzehnt 14. Jahrhundert.

Lkr. Biberach).[1] Das Kloster wurde 1233 in den Zisterzienserorden aufgenommen. Für die Kirche wurde im frühen 14. Jahrhundert ein Neubau in Form einer Pfeilerbasilika errichtet; 1319 wurde sie geweiht.

Am östlichen Ende des nördlichen Seitenschiffes wurde in einer ursprünglich rundbogigen Nische eine Kreuzigungsgruppe aufgedeckt. Die Darstellung des Gekreuzigten ist durch einen späteren Kamineinbau für die östlich anschließende Sakristei verlorengegangen, abgesehen von seinen Armen. Neben dem Kreuz stehen links Maria, rechts Johannes der Evangelist, außen neben Maria Johannes der Täufer, neben Johannes Ev. ein Bischof mit Nimbus. Maria hebt die linke Hand vor die Brust, mit der rechten nimmt sie ihren blauen Mantel zusammen, Johannes der Täufer hält in der linken Hand eine
21 Rundscheibe mit dem Bild des Lammes hoch, auf das er mit der rechten hinweist, eine

[1] Dazu ausführlich: Georg Sigmund Graf Adelmann v. Adelmannsfelden: Hochgotische Wandmalereien in Heiligkreuztal. In: Heilige Kunst 12/13, 1957–1958, S. 5–23.

I. Kappel, Kirche ehem. St. Peter und Paul. Maiestas Domini. 1250–1280.

II. Seeburg, Kirche ehem. St. Johannes d. T. Maiestas Domini. Letztes Viertel 13. Jahrhundert.

III. Reutlingen, Marienkirche. Kreuzigung Christi mit Maria und Johannes sowie Longinus und Stephaton, rechts Katharina. Erstes Jahrzehnt 14. Jahrhundert.

IV. Reutlingen, Marienkirche. Katharina vor dem Kaiser Maxentius und den Gelehrten. Erstes Jahrzehnt 14. Jahrhundert.

V. Reutlingen, Marienkirche. Flammentod der zum Christentum übergetretenen Gelehrten – Katharina vor dem zerstörten Rad. Erstes Jahrzehnt 14. Jahrhundert.

VI. Reutlingen, Marienkirche. Martyriums der hl. Katharina. Erstes Jahrzehnt 14. Jahrhundert.

VII. *Reutlingen, Marienkirche. Der hl. Nicolaus. Erstes Jahrzehnt 14. Jahrhundert.*

VIII. *Reutlingen, Marienkirche. Der hl. Damianus. Erstes Jahrzehnt 14. Jahrhundert.*

IX. *Ennabeuren, Kirche ehem. St. Cosmas und Damian. Aus der Kindheit Jesu. 1320–1330.*

X. *Ennabeuren, Kirche ehem. St. Cosmas und Damian. Aus der Kindheit Jesu. 1320–1330.*

XI. Ennabeuren, Kirche ehem. St. Cosmas und Damian. Aus der Passion Jesu. 1320–1330.

XII. *Apfelstetten, Kirche ehem. St. Barbara. Aus der Passion Christi. 1340–1350.*

symbolische Veranschaulichung seiner Worte, auf Jesus bezogen: „Seht das Lamm Gottes, das die Sünde der Welt hinwegnimmt“ (Joh 1, 29) und „Seht, das Lamm Gottes“
(Joh 1, 36). Johannes Ev. neigt schmerzlich sein Haupt; bei ihm erscheint abermals das 22
Motiv des anorganisch nach außen angesetzten Fußes. Der heilige Bischof könnte Nikolaus von Myra sein[2], der wie hier bis zum 14. Jahrhundert ohne individuelles Attribut in pontifikalem Meßornat mit Mitra, Stab und Buch erscheint; die Krümme seines Stabes ist aus der Achse verlagert und führt zum Stab zurück, sie ist auf der Außenseite mit einer Reihe kleiner Buckel verziert, in der Einrollung trägt sie einen Wolfs- oder Hundekopf. Der Bischof könnte auch den hl. Martin von Tours[3] darstellen, der meist als Bischof in Pontifikalien, ein Buch in den Händen, wiedergegeben ist.

Über dem Rundbogen der Nische stehen zwei Ordensheilige, nach den beigefügten Inschriften S. B(EN)EDICTVS, der Begründer des ältesten westlichen Mönchsordens, und S. BERNHARD(VS), der Gründer des Zisterzienserordens. Der erste ist in schwarzem Habit dargestellt, der zweite in wohl ursprünglich weißer Kukulle, beide jugendlich, mit Buch und Krummstab, wobei die Krümme wie bei dem heiligen Bischof unter dem Kreuz gebildet ist. Zwischen diesen Äbten, über der Mitte der Nische,
erscheint das edle Haupt Christi frontal und im Kreuznimbus. Es entspricht der im 13. 23
und 14. Jahrhundert allgemeinen Ansicht vom Aussehen Christi: Die Augen sind durchdringend, das Haar ist in der Mitte gescheitelt und fällt in Locken auf die Schultern herab, der kurze Kinnbart (teilweise zerstört) war wohl zweigeteilt. Als „vera icon“ will es das Antlitz Christi veranschaulichen. Graf Adelmann hat überzeugend die künstlerische und stilistische Herkunft der Wandbilder nachgewiesen.[4] Danach muß für sie die gleiche Schule angenommen werden wie für die Glasbilder in dem großen Chorfenster der Abteikirche, wo besonders das Haupt Christi „eine fast wörtliche Entsprechung bei der thronenden Christusgestalt im Maßwerk des . . . Fensters“ findet.[5] Beide Werke hat er als dem gleichen Künstler zugehörig erkannt und auf Hans Wentzel hingewiesen, der Konstanz als das Zentrum dieses Kunstkreises lokalisiert hat.[6] In dem Wandbild hat er ein Altarretabel mit dem Charakter eines Andachtsbildes gesehen. Als Entstehungszeit hat er „um 1300“ angesetzt. Man wird aber wohl eher das zweite Jahrzehnt des 14. Jahrhunderts annehmen müssen; denn nach dem Weihedatum 1319 war die Kirche noch im zweiten Jahrzehnt im Bau; an dem großen Chorfenster, das im obersten Teil im Maßwerk die erwähnte Entsprechung des Christushauptes trägt, wurde nach Hans Wentzel[7] sogar noch 1320 gearbeitet.

In der Nähe dieses Altarretabels ist im nördlichen Seitenschiff an den zweiten Pfeiler (vom Chor aus) ein Bild der hl. Dorothea von Cäsarea mit dem Jesuskind gemalt. Es stammt wohl aus der gleichen Zeit wie das Altarretabel. Das Motiv geht auf die Legende zurück, bei ihrer Hinrichtung habe ein Knabe dem sie verspottenden Gerichtsschreiber

2 Wie Anm. 1, S. 7.
3 ebd.
4 Wie Anm. 1, S. 10 ff.
5 Abbildung: Wie Anm. 1, Abb. 7.
6 Hans Wentzel: Das Mutziger Kreuzigungsfenster, S. 159–179.
7 Wie Anm. 6, S. 174.

trotz der Winterszeit in einem Körbchen Äpfel und Rosen gebracht, worauf der Schreiber bekehrt worden sei. Auf dem Bild greift die Heilige nach einer Blüte an einem Rosenzweig, den das Kind, hier als Jesuskind aufgefaßt, ihr mit hochgestrecktem Arme reicht.[8] Mit der anderen Hand faßt sie das Kind, dem sie ihr Haupt zuneigt und das ein Körbchen trägt, zärtlich am Kinn. Von ihrem Kopf fallen braunblonde Locken am Rücken herab. Die beiden Gestalten stehen vor einem azurblauen Hintergrund und unter einem gemalten Spitzbogen mit seitlichen Nasen und Krabben, der Bogen mündet in je einen Pfeiler mit Fiale. Graf Adelmann hat auf Ähnlichkeiten mit Figuren in dem großen Chorfenster hingewiesen und ausgeführt, das Motiv sei eine Neuschöpfung der Mystik und in Deutschland sehr verbreitet worden. Er hat es als das früheste Beispiel seiner Darstellung bezeichnet.[9] Ein Wandbild mit dem gleichen Thema in der Kirche von Malta (Kärnten) wird jedoch als älter angesehen und auf das Ende des 13. Jahrhunderts datiert.[10]

Das Wandbild am östlichen Ende des südlichen Seitenschiffes erscheint mit dem der hl. Dorothea verwandt. Hinter dem Chorbogen an der Nordwand sieht man vor braunrotem Hintergrund zwei helle krabbenbesetzte Wimperge, die in Kreuzblumen gipfeln und vor hellblauem Grund seitliche Nasen einschließen; sie sind von kleinen Fialen begleitet. Auf diese Architekturdarstellung hat offensichtlich das Chorfenster der Kirche eingewirkt. Unter den Wimpergen stehen zwei große schlanke Frauen nach rechts gewandt, eine dritte kniet, auch nach rechts gerichtet, vor ihnen. Rechts oberhalb der Frauen sind die Reste einer Heiligenfigur zu erkennen. Hier ist wohl eine Szene aus der Jungfrauenlegende um den hl. Nikolaus (von Myra) dargestellt. Die Legende besagt, Nikolaus habe drei mittellose Jungfrauen vor der Schande (Prostitution) bewahrt, indem er für ihre Heiratsausstattung nachts drei goldene Kugeln in ihr Zimmer geworfen habe. Die Frauen in Heiligkreuztal sind nicht als arme Menschen wiedergegeben, sondern wie auch auf späteren Bildern dieses Themas sogar mit Kronen. Eine goldene Kugel meint man in der Hand der linken Jungfrau zu erkennen. Der Ansicht von Graf Adelmann, es handle sich bei dem Bild vielleicht um eine Szene aus dem Leben der hl. Barbara[11], wird man angesichts dreier Frauen und einer Heiligenfigur nicht zustimmen können. Die Darstellung war wohl das Retabel eines Altars für den hl. Nikolaus, der als einer der populärsten mittelalterlichen Heiligen zu den Vierzehn Nothelfern gehört. Neben dem Bild ist ein gemaltes Wappen mit einer Hirschstange über einer Krone zu sehen; es handelt sich um ein Wappen der Herren von Hornstein-Hertenstein, vermutlich der Stifter des Bildes[12] und vielleicht auch des Nikolausaltares. Über dem Wappen ist ein Helm mit Helmzier gemalt. Das Wappen befindet sich in einem Dreieckschild, der Helm ist wohl ein Kübelhelm, der allgemein mit dem Dreieckschild verbunden wurde.[13] Er hatte gegen

---

[8] Nicht: „... reicht die Heilige dem Jesuskind einen Rosenzweig." So: Wie Anm. 1, S. 14.

[9] Wie Anm. 1, S. 14.

[10] Walter Frodl: Die romanische Wandmalerei in Kärnten. Klagenfurt 1942, S. 56; Abbildung S. 72.

[11] Wie Anm. 1, S. 20.

[12] ebd.

[13] Wappenfibel, Handbuch der Heraldik, 17. Aufl. Neustadt a. d. Aisch 1981, S. 78.

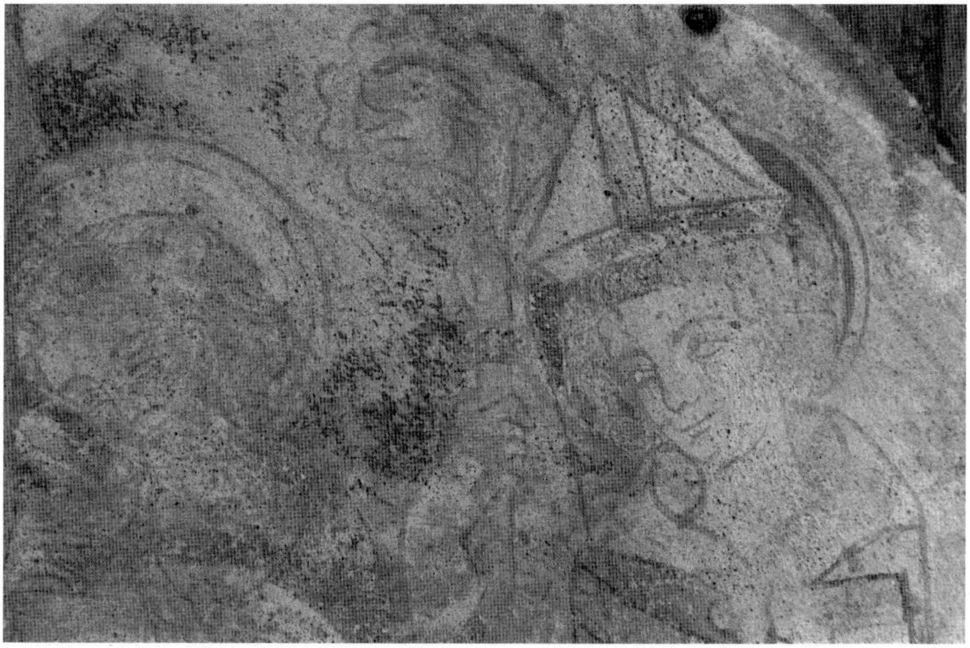

22 *Heiligkreuztal, ehem. Zisterzienserinnenkloster. Johannes Ev. und ein hl. Bischof. Zweites Jahrzehnt 14. Jahrhundert.*

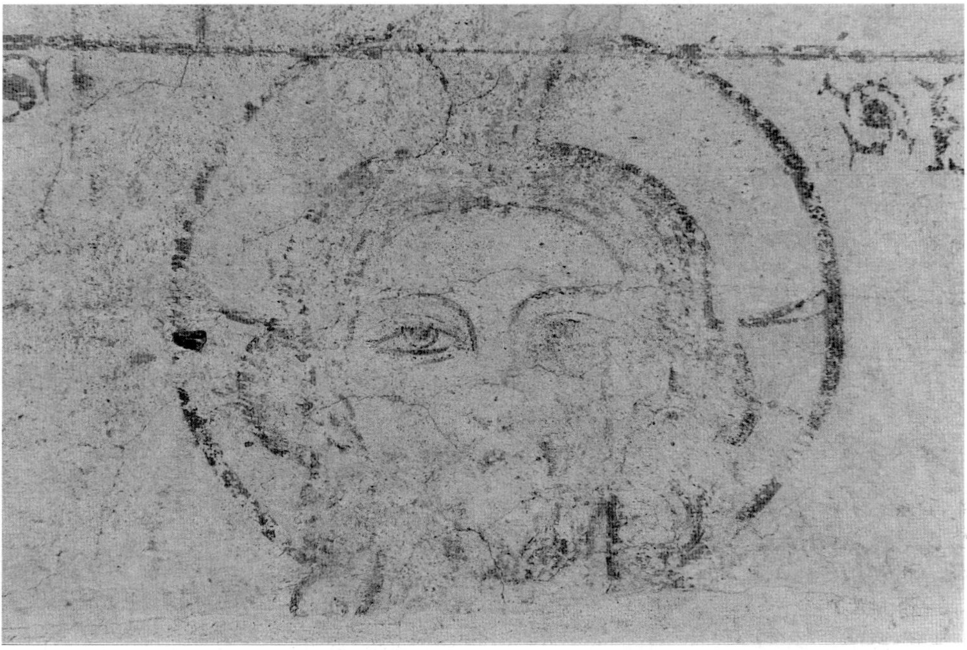

23 *Heiligkreuztal, ehem. Zisterzienserinnenkloster. Antlitz Christi. Zweites Jahrzehnt 14. Jahrhundert.*

Ende des 13. Jahrhunderts den Topfhelm abgelöst und blieb bis zum Ende des 14. Jahrhunderts im Gebrauch.[14] Da der Figurenstil und die Architekturmalerei im Bild der Jungfrauenlegende mit Stil und Architekturdarstellung im Bild der hl. Dorothea eng verwandt sind, liegt es nahe, eine etwa gleichzeitige Entstehung des Bildes anzunehmen (um 1320). Es ist nicht ersichtlich, warum, wie Graf Adelmann meint[15], die Form des Helmes eine Entstehungszeit in der zweiten Hälfte des 14. Jahrhunderts erkennen lassen soll.

Am westlichen Ende des südlichen Seitenschiffes sind Reste eines Bilderzyklus freigelegt, der das Leben Jesu darstellte. Erkennbar sind nur noch zwei Bilder in ihren linearen Vorzeichnungen[16]: Verkündigung an Maria und Begegnung von Maria und Elisabet. Das zweite Bild ist ikonographisch deshalb bemerkenswert, weil hier die ungeborenen Kinder im Mutterleib sichtbar dargestellt sind. Nach Graf Adelmann[17] soll es sich wohl um das früheste Beispiel dieses Typus (frühes 14. Jahrhundert) handeln, das Motiv soll in den Frauenklöstern Südwestdeutschlands entstanden sein.

Ein schwierig zu deutendes Wandbild befindet sich im ehemaligen Kapitelsaal, jetzt Hauskapelle, neben dem Rundbogenportal. Es ist im oberen Teil stark zerstört. In der
24 Mitte des Bildes kniet eine Nonne; sie blickt auf zu einer männlichen Gestalt mit großem Nimbus. Die Gestalt segnet sie; in der linken Hand hält sie senkrecht einen dünnen Stab und gleichzeitig einen Spaten, nach dem die Nonne greift. Das Gewand der Gestalt war einst wohl blau bis violett. Links neben ihr steht eine andere Gestalt in weißer Kukulle. An die kniende Nonne schließt nach rechts ein Baum an. Auf ihn folgt eine weitere Gestalt mit Nimbus in schwarzem Habit; sie ist jugendlich, trägt ein Brustkreuz, einen Stab mit offener Krümme und ein Buch. Rechts außen sitzt König David auf einem Sessel und spielt die Harfe, die nach oben in einen Wolfs- oder Hundekopf ausläuft. Das Bild vergegenwärtigt einen feierlichen Augenblick. Man hat es verschieden gedeutet.[18] Einmal als Darstellung der Gründungslegende Heiligkreuztals: Vor einem segnenden Abt mit einem Spaten in der Hand knie die erste Äbtissin, daneben folgten eine mit einem Brustkreuz geschmückte Ordensfrau und König David, links zwei weitere Gestalten. Oder die Szene zeige den Auferstandenen als Gärtner, vor ihm Maria Magdalena, eine Heilige, König David und gegenüber vielleicht einen Engel. Diesen Deutungen soll hier ein anderer Versuch angeschlossen werden. Die Darstellung könnte ein Sinnbild für die Gründung des Klosters Heiligkreuztal sein. Die Gestalt mit großem Nimbus, vor der die Nonne kniet, könnte Christus sein, der die erste Äbtissin segnet und ihr den Äbtissin-Stab (der obere Teil ist zerstört) und einen Spaten verleiht als Symbole für das künftige Klosterleben. Die jugendliche Gestalt in schwarzem Habit könnte der hl. Benedikt von Nursia sein, jene in weißer Kukulle der hl. Bernhard von Clairvaux. Beide sind – wie ausgeführt – auch an dem Altarretabel im nördlichen Seitenschiff der Abteikirche als jugendliche Gestalten dargestellt. Der königliche Sänger David war als Autor des

[14] Carl Alex v. Volborth: Das Wappen. Limburg 1977, S. 24.
[15] Wie Anm. 1, S. 20.
[16] Abbildung: Wie Anm. 1, Abb. 10.
[17] Wie Anm. 1, S. 18, 20.
[18] Schnell, Kunstführer Nr. 1629: Heiligkreuztal. 1987, S. 18.

24 Heiligkreuztal, ehem. Zisterzienserinnenkloster. Sinnbild für die Gründung d. Klosters Heiligkreuztal (?). Zweites Jahrzehnt 14. Jahrhundert.

Psalteriums, des beliebten Gebetbuches der Kirche, ein oft gemaltes Motiv. Sollte die Ähnlichkeit der Christus und die Äbtissin zeigenden Szene mit dem Motiv der Begegnung von Christus als Gärtner und Maria Magdalena dazu dienen, den Konvent, der sich täglich im Kapitelsaal versammelte, an Maria Magdalena als Büßerin und Vorbild zu erinnern?[19] Auffallend sind die vielfältig und schönlinig ausgeführten Gewandsäume bei den beiden Figuren im linken Teil des Bildes; hier hat sich der „Weichfließende Gewandstil" voll durchgesetzt. Die schon mehrfach festgestellte seltsame Art, nackte Füße unorganisch nach außen gestellt zu malen, findet sich auch hier wieder. Der Wolfs- oder Hundekopf am oberen Teil von Davids Harfe ist der gleiche wie bei den Abtstäben der Heiligen am Altarretabel in der Abteikirche. Das Bild ist wohl etwa um 1320 entstanden. Man könnte vielleicht denselben Maler aus dem Konstanzer Kunstkreis annehmen, der auch das Altarretabel geschaffen hat. Mit sicherer Hand hat er die Vorzeichnung gesetzt; die Komposition und auch der trotz Zerstörung immer noch starke Ausdruck der Figuren erweisen ihn als Künstler von hohem Rang.

---

[19] Vergl. für die Wandbilder im Chor: Christian Altgraf zu Salm: Die Wand- und Gewölbemalereien des Meisters von Meßkirch in Heiligkreuztal. In: Heilige Kunst 1956, S. 43.

25 Königseggwald, Kirche St. Georg. Kreuzigung Christi. Um 1320.

Dem Konstanzer Kunstkreis wird man auch die Darstellung der Kreuzigungsgruppe
in der Kirche St. Georg zu ***Königseggwald*** (Lkr. Ravensburg) zurechnen dürfen. Die
dreischiffige Kirche wurde 1488–1490 erbaut; dabei wurden in erheblichem Umfang
Mauerteile des Vorgängerbaus, einer romanischen Anlage, übernommen. Die Kreuzi-
25 gungsgruppe befindet sich an einem alten Mauerteil an der Stirnseite des südlichen Sei-
tenschiffes. Christus, Maria und Johannes haben eine starke Ähnlichkeit mit den ent-
sprechenden Glasbildern im Mutziger Kreuzigungsfenster.[1] Christus ist wie dort und

[1] Abbildungen in: Hans Wentzel: Das Mutziger Kreuzigungsfenster, Taf. 55, 56, 57, 58.

auch wie in der Reutlinger Katharinenkapelle gestaltet. Auffallend sind die extrem dünnen Arme hier und in Reutlingen. Die besondere Ähnlichkeit mit den Mutziger Scheiben zeigt sich in der klagenden Gebärde von Maria, die ihre Hände dicht unter dem Kopf vor der Brust mit den Innenflächen zusammenlegt, und bei Johannes, der seinen Kopf wie in den Scheiben stark aus der Körperlinie knickt und seine linke Hand trauernd und hilflos an die Wange legt. Der Typ der dreifigurigen Kreuzigungsgruppe ist hier erweitert durch Heiligengestalten, von denen ursprünglich wohl je eine an den Außenseiten stand, die aber bis auf wenige Fragmente einer Figur (hl. Katharina mit dem Rad?) zerstört sind. Die Farben sind verblaßt, die Nimben dunkel verfärbt; Maria hatte wohl ein blaues Gewand und einen roten Mantel, bei Johannes waren die Farben umgekehrt. Die Friese, die das Bild oben und unten begrenzen, sind noch zum Teil erhalten, es handelt sich um ein Zickzackband (Deutsches Band) mit Punkten in den offenen Feldern, vergleichbar mit dem Ornamentband in St. Martin zu Bregenz an der rechten Seitenwand des Chores.[2] Man wird das Wandbild, das stilistisch den Mutziger Scheiben nahesteht, die um 1310 angesetzt werden[3], auf die Zeit um 1320 datieren können.

Eine mit dem Altarretabel in der ehemaligen Abteikirche und mit dem Bild im früheren Kapitelsaal von Heiligkreuztal verwandte Ausmalung findet sich im Schiff der Hünensteinkapelle bei ***Trochtelfingen*** (Lkr. Reutlingen). Die Kapelle, 3 km südlich der Stadt, wurde 1322 erstmals in einem Ablaßbrief erwähnt. Dort bestand eine Brüderniederlassung von Begharden. 1422 wurde sie neu instand gesetzt, die bisherigen Mauern belassen. Sie besteht aus einem fast quadratischen Schiff und einem kleineren, ebenfalls fast quadratischen Chor. Von den beiden Zyklen, die einst auf die vier Wände des Schiffes in zwei Streifen übereinander gemalt waren, sind nur noch schwache rötliche Konturenzeichnungen erhalten. Der obere Zyklus enthält Beispiele aus der Geschichte des Alten Testaments, der untere stellte ursprünglich die Passion Christi dar, von der als einziges Bild die Grablegung erhalten ist.

Die alttestamentliche Bilderreihe beginnt an der Südseite mit dem Schöpfergott in einer runden Aureole (die kleinere Figur ist eine Korrektur der größeren), umgeben von einem anbetenden Engelschor als dem Symbol des Lichtes (Gen 1, 1–5)[1]. Es folgt die Erschaffung der ersten Menschen als Mann und Frau (Gen 1, 26–27; 2, 21–22) und Gottes Segen über sie (Gen 1, 28). An der Westseite links von der Tür schließen sich der Fall der Menschen und ihre Vertreibung aus dem Garten Eden an (Gen 3). Das Bild rechts neben der Tür ist ikonographisch von besonderem Interesse. Es zeigt Adam und Eva bei der Arbeit, wie ihnen verheißen worden war. Eva sitzt am Spinnrocken und spinnt, sie trägt als Kopfputz ein Gebende mit Schapel. Neben ihr steht eine Wiege, die mit Kugeln an den vier Ecken verziert ist, mit ihrem Kind. Dahinter bearbeitet Adam den Ackerbo-

---

[2] Abbildung in: Michler: Gotische Ausmalungssysteme, Abb. 5 c.
[3] Wie Anm. 1, S. 175.

---

[1] LCI 4, Sp. 108.

26 Trochtelfingen, Hünensteinkapelle, ehem. St. Maria und Nikolaus. Abrahams Opfer und David und Goliat. Um 1320.

den mit einer Hacke; hierbei ist das Hintereinander in der Darstellung nicht gelungen, denn ein Fuß von Adam ist unter die Wiege geraten. Die Nordseite zeigt links, nur schwach zu erkennen, Kain und Abel (Gen 4), rechts Mose vor dem brennenden Dornbusch (Ex 3, 1–4), die einzige Darstellung dieses Motivs in unserem Gebiet. Darunter ist ein Rest des Frieses zu erkennen, der die beiden Zyklen trennt. Er besteht aus perspektivisch gemalten Würfeln, die helle Seitenflächen und dunkelgrüne obere Flächen haben; sie stehen, jeweils voneinander entfernt, auf einem dunkelgrünen Band. Der Fries erinnert an jenen mit vorn offenen Würfeln über der Maiestas-Domini-Darstellung in Kappel. An der Ostseite scheint links vom Chorbogen Gottes Bund mit Abraham und dessen Wanderung nach Kanaan dargestellt zu sein (Gen 15, 12); Abraham trägt einen Judenhut. Am besten erhalten sind die Bilder rechts vom Chorbogen: Abrahams Opfer
26 (Gen 22) und David und Goliat (1 Sam 17, 40). Besonders diese Bilder lassen die geübte Hand des Malers beim Auftragen der Vorzeichnung auf dem Wandputz erkennen.

Das Bild des unteren Streifens, das die Grablegung Christi zum Thema hat, unterhalb des Schöpfergottes im oberen Zyklus, ist nur noch schwach zu erkennen. Man sieht, wie sich Maria, mit Gebende und Schapel, nach dem Toten beugt, hinter dem Sarkophag wohl Johannes und Maria Magdalena. Hervorzuheben sind die pfeilerartigen, von Rundbögen durchbrochenen, oben flach abgeschnittenen Seitenstützen am Sarkophag; sie gleichen dem Türmchen links von dem Bild des Opfers Abrahams, das allerdings ein „Satteldach" hat. Der Sarkophag und die Seitenstützen sind perspektivisch gemalt.

Die Figuren der Zyklen sind edle Menschentypen. Die Gewänder wird man dem „Weichfließenden Stil“ zurechnen können. Denkbar ist, daß der Maler wie jener in Heiligkreuztal auch dem Konstanzer Kunstkreis angehörte. Eine Datierung um 1320 läßt sich wohl vertreten. Damit stimmt allerdings auf den ersten Blick der Kopfputz der Eva nicht überein; denn Gebende mit Schapel trugen verheiratete Frauen im 12. und 13. Jahrhundert. Man könnte sich aber vorstellen, daß der Maler die Urmutter Eva nicht mit einer zeitgenössischen Bekleidung des 14. Jahrhunderts darstellen wollte und deshalb auf eine Mode der vorangehenden Jahrhunderte zurückgriff. Das gleiche gilt für Maria bei der Grablegung Christi.

Mehrere Motive, die in Frauenklöstern beliebt waren, finden sich in der Kirche, ehemals St. Cosmas und Damian, in ***Ennabeuren*** (Gem. Heroldstadt, Alb-Donau-Kreis). Die ursprünglich romanische Kirche wurde im 13. Jahrhundert erbaut und um 1320 verändert. An der Nordwand sind Reste von Zyklen aus der Kindheit und Passion Jesu in zwei Streifen übereinander erhalten.

Das erste Bild aus der Kindheit erinnert an ein Fragment in der früheren Abteikirche des Frauenklosters Heiligkreuztal: ebenso wie dort ist das Motiv des im Mutterleib sichtbaren Kindes bei der Begegnung von Maria und Elisabet dargestellt (Lk 1, 41). Beim nächsten Bild, das Maria als Wöchnerin im Bett mit dem Kinde zeigt, denkt man an die *IX*
Darstellung mit dem gleichen Thema in St. Afra zu Schelklingen. Maria hält das nackte Kind in liebender Geste nahe vor sich auf dem Arm. Das Motiv, der Gedanken- und Gefühlswelt der Frauenmystik nahestehend, zeigt die innige Verbundenheit von Mutter und Kind. Maria liegt auf einer gemusterten Matratze unter einer ehemals wohl purpurroten, überhängenden Bettdecke. Hinter dem Bett steht Josef mit dem grünenden Stab Aarons (Num 17, 23), dem Symbol der jungfräulichen Mutterschaft Mariens. Nach dieser Familienidylle erscheint Maria im nächsten Bild voll hoheitlicher Würde: sie sitzt auf einem thronartigen Sessel und hält wiederum das nackte Kind vor sich hin, wahrscheinlich den anbetenden Hirten entgegen. Der Kopf Mariens ist leider zerstört, lange blonde Locken fallen über ihre Schultern. Von der Anbetung der Könige ist nur ein Kopf mit Krone erhalten. Die Darbringung Jesu im Tempel gehört zu dem im 12. Jahrhundert auf- *X*
gekommenen Typus, der das Kind als formale und seelische Mitte auf dem Altar stehend zeigt, neben ihm Simeon und Maria, hinter dieser die Prophetin Hanna (Lk 2, 38) mit erhobener Hand. Das Kind auf dem Altar galt als Vorzeichen seines späteren Todes am Kreuz und als Gleichnis des eucharistischen Opfers.[1] Ein Vergleichsbeispiel ist das Relief über dem rechten Eingang des Königsportals in Chartres.[2] Während von den bisherigen Bildern eine fast lyrische Stimmung ausgeht, stellt das nächste extreme Grausamkeit dar: Beim betlehemitischen Kindermord befiehlt der König Herodes seinen Soldaten, daneben hat ein Gewappneter ein Kind auf sein Schwert aufgespießt und hält es hoch empor. Zwei zum Himmel erhobene Hände (der übrige Teil ist zerstört) zeugen von der ohnmächtigen Klage und auch dem Gebet einer Mutter, der niemand hilft.

---

[1] Nach Sauerländer: Das Königsportal in Chartres, S. 37.

[2] Abbildung: ebd., Abb. 18.

Die Passion Christi beginnt in der unteren Reihe mit dem Verrat des Judas; die Szene enthält das in unserem Raum einzige Motiv von Judas mit einem Doppelgesicht: von hinten an Jesus herantretend küßt er ihn mit dem ihm zugewandten Gesicht, mit dem häßlichen, nach rückwärts gerichteten ruft er die Soldaten herbei. Er ist in drastischer Weise als übler Bösewicht charakterisiert. Auf dem dreifigurigen Kreuzigungsbild ist
XI Christus in der für das frühe 14. Jahrhundert typischen Form gestaltet, wie sie schon in der Katharinenkapelle der Reutlinger Marienkirche und in St. Afra zu Schelklingen zu finden war. Johannes und Maria haben Entsprechungen in Reutlingen, Maria trägt als Mater Dolorosa ein Schwert im Herzen (Lk 2, 35). Ergreifend ist die Szene der Kreuzabnahme: Maria drückt liebevoll das Haupt ihres toten Sohnes an die Wange.

Die Bilder der Kindheitsgeschichte werden von einem perspektivisch empfundenen aufrecht stehenden Wellband getrennt. Es unterscheidet sich von jenem am Christophorus-Bild in Schelklingen dadurch, daß ein Stab durch die Windungen gesteckt ist. Die Darstellungen der Passion sind durch „gemauerte" Pfeiler gerahmt; sie erinnern an das große Ostfenster in Heiligkreuztal, wo die Heiligenfiguren zwischen „aufgemauerten" Architekturpfeilern stehen. Von außergewöhnlicher Schönheit sind die Friese. Über den oberen Zyklus zieht sich eine Wellenranke mit Rosen- und Lilienblüten, zwischen den Zyklen eine Ranke mit Weinlaub und Trauben, Sinnbilder Mariens, dazwischen Vögel und auch ein Hund. Die Farben der Figuren und Friese sowie die graublauen Hintergründe haben sich teilweise erhalten, so daß man sich noch eine lebendige Vorstellung von der ursprünglichen Malerei machen kann. Der Maler war ein Meister mit Liebe für das Detail und Freude an Ornamentik; er hatte sicherlich Erfahrungen aus anderen Regionen, vielleicht stammte auch er aus dem Konstanzer Kunstkreis. Die Zyklen werden in das Jahrzehnt 1320–1330 zu datieren sein: Anhalt hierfür ist der ins frühe 14. Jahrhundert gehörende Figurenstil sowie der Umbau der Kirche um 1320, im Anschluß daran könnte sie auch ausgemalt worden sein.

Etwa in die gleiche Zeit kann man die geringen Reste von Wandbildern in der früheren, jetzt profanierten Kirche St. Ulrich in ***Wolfegg*** (Lkr. Ravensburg) datieren. Der ursprüngliche Bau wurde durch einen Rechteckchor und einen im 15. Jahrhundert errichteten polygonalen Chor erweitert.

An der Südwand des ehemaligen Rechteckchors hat sich ein kleiner Rest der Grablegung Christi aus einem Passionszyklus erhalten. Es handelte sich wohl nicht um das Bild einer „Beweinung"[1]; bei dieser hält Maria das Haupt oder den Oberkörper Christi auf dem Schoß. Hier dagegen neigt sie sich, offenbar hinter dem Sarkophag stehend, mit ihrem Kopf zum Haupte Christi. Von seinem Haupt mit Kreuznimbus ist nur noch der Teil bis zu den Augen zu sehen, vom Kopf Mariens nur noch der obere Teil mit dem Nimbus. Am Kopf Christi steht eine Gestalt, die offenbar sein Haupt hält, vermutlich

---

[1] So: Konrad Rumbaur: Gotische Malereien in Scheune entdeckt. In: Reutlinger General-Anzeiger v. 1. 2. 1986.

Josef von Arimathäa oder Nikodemus, wohl nicht Johannes[2]; dieser wäre mit einem Nimbus versehen worden, außerdem erscheint er üblicherweise hinter dem Sarkophag.

An der Nordwand des früheren Schiffes sind etwa aus der gleichen Zeit Fragmente aus der Jungfrauenlegende um den hl. Nikolaus von Myra zu sehen. Die Jungfrauen stehen in einer Reihe hintereinander. Der Heilige, mit Mitra, hat an zwei von ihnen bereits Kugeln verteilt, der dritten übergibt er gerade eine weitere. Nikolaus reicht sie durch ein Fenster eines als Türmchen angedeuteten Hauses; die Jungfrau empfängt die Kugel mit der rechten Hand, die linke erhebt sie wohl zum Dank. Hinter ihr steht die zweite Jungfrau, die ihr Geschenk mit beiden Händen festhält, während es die dritte in der rechten Hand vor sich herzeigt. Der Vater kniet mit geneigtem Kopf dahinter. Anschließend folgt eine Heilige mit einem Kreuzstab in der Hand: die hl. Barbara oder die hl. Margareta von Antiochien oder die hl. Dorothea. Die Figurenreihe ist nach oben abgeschlossen durch einen Fries von Wellenranken, der demjenigen über dem Grablegungsbild ähnlich ist. Auffällig ist der seltsame Gesichtsschnitt der Figuren in der Jungfrauenlegende: von den Augenbrauen verläuft eine durchgehende gerundete Linie zur Nasenkontur, und der Kopfumriß geht in rundem Bogen unter das Kinn, so daß die Köpfe rundlich erscheinen.

Die Malerei aus dem Passionszyklus läßt sich wegen der Geringfügigkeit der Reste nicht beurteilen, jene der Jungfrauenlegende ist von schlichter Qualität.

Eine auffallende Mischung verschiedener Themen enthält die Ausmalung des Chores der Kirche St. Michael in ***Veringendorf*** (Stadt Veringenstadt, Lkr. Sigmaringen). Die Kirche geht auf eine dreischiffige Basilika mit drei Apsiden aus dem 11. Jahrhundert zurück; von ihr stehen u. a. noch der Triumphbogen und das anschließende Tonnengewölbe des Chores. Um 1300 wurde die mittlere Chorapsis abgebrochen und der Chor nach Osten verlängert mit einem rippenlosen Kreuzgewölbe und einem geraden Abschluß. Die Malereien befinden sich am Kreuzgewölbe, am Tonnengewölbe und an den Wänden des Chores in zwei Reihen.

Das Kreuzgewölbe wird von einer großen Maiestas Domini vor hellblauem, stern- *27*
übersätem Himmel beherrscht. Der thronende Christus in der Mandorla ist nach dem traditionellen Schema gestaltet. Er unterscheidet sich von jenem in Kappel dadurch, daß er das Buch des Gerichts in der linken Hand hochhält, nicht auf das Knie stützt; der Thronende in Seeburg hält in der Linken die Weltkugel. Die vier Lebewesen sind als Evangelistensymbole auf Schriftbändern in Majuskelschrift benannt. Sie haben eigene runde Gloriolen mit rotem Hintergrund; geordnet sind sie nicht wie in Kappel nach dem „kosmischen Viereck“, vielmehr in der Reihenfolge wie in Seeburg. Das eindrucksvolle Bild konnte sicherlich dem mittelalterlichen Betrachter als Abbild einer Himmelsvision erscheinen und ihn die Wiederkunft Christi und das nahe Weltgericht ahnen lassen.

---

[2] So: Wie Anm. 1.

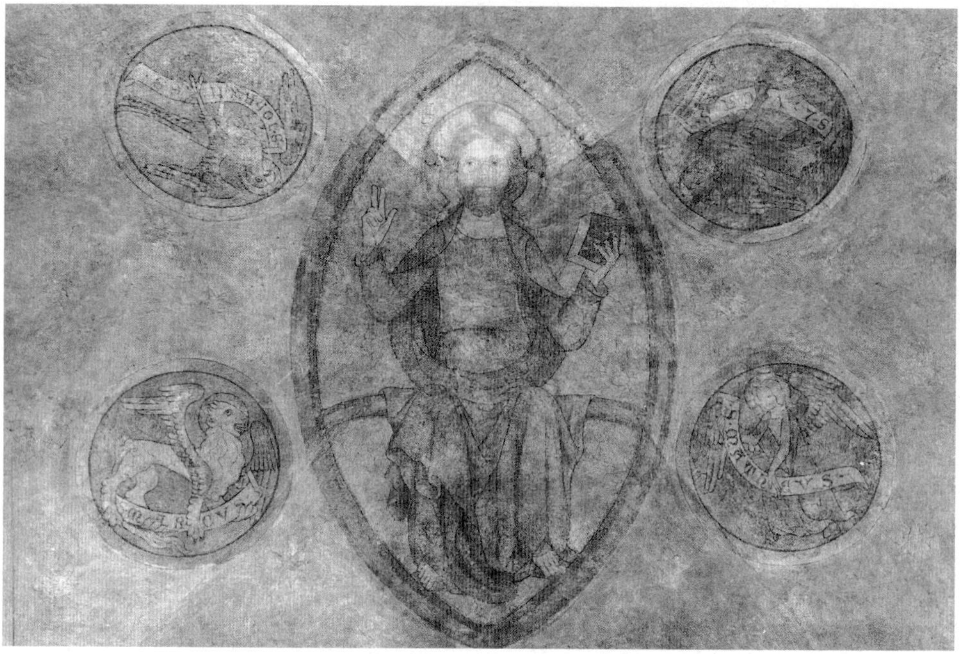

27 *Veringendorf, Kirche St. Michael. Maiestas Domini.*
Um 1320.

28 *Veringendorf, Kirche St. Michael. Tugenden und Laster.*
Um 1320.

Die Malerei am Tonnengewölbe, vor dem Kreuzgewölbe, also an hervorragender Stelle, ist ikonographisch seltsam. Das Gewölbe ist in der Mitte längsgeteilt. Auf der nördlichen Seite ist die Ankunft der Drei Könige bei Maria und dem neugeborenen Jesuskind in einem großen Bilde (fragmentiert) dargestellt. Das Bild steht offensichtlich wie in Schelklingen für die ganze Kindheits- und Jugendgeschichte Jesu. Maria liegt nicht wie dort und in Ennabeuren in einem Wochenbett, sie sitzt vielmehr auf einem thronartigen Sessel. Als Vergleichsbeispiel für dieses Motiv aus der zeitgenössischen Skulptur kann man das Relief über dem nördlichen Langhausportal des Heilig-Kreuz-Münsters in Schwäbisch Gmünd nennen (etwa 1310–15)[1]; etwas später (1356) erscheint das Motiv im Tympanon des Nordwestportals des Ulmer Münsters.[2]

Das Bild in Veringendorf ist unvermittelt einer Aufreihung von Symbolen für Tugen- *28*
den und Laster, die in einzelnen kleinen Feldern untergebracht sind, gegenübergestellt. Über ihnen erscheint mit mahnenden und segnenden Gesten Christus in Halbfigur auf einer Mondsichel. Darunter versucht ein spindeldürrer abscheulicher Teufel in menschenartiger Gestalt (mit einer weiteren Gesichtsfratze im Genitalbereich) eine Frau zu verführen, die aber mit gefalteten Händen dem widerstehen will – oder betet sie ihn an als „Frau Welt"? Weitere Personifikationen von Lastern in monströsen Mensch-Tier-Figuren sollen darstellen: die Eitelkeit (ein weibliches Wesen mit einem Spiegel in der Hand und dem Körper einer Gans), die Unzucht (zwei sich umschlingende halb menschliche, halb tierische Gestalten), die Hoffart. Die Figuren in den übrigen Feldern sind zerstört.

Die zwölf Apostel an der Nordwand des Chores in der oberen Reihe sind teilweise mit Namen benannt. Jeder steht in einem eigenen Feld. Sie tragen alle ihre individuellen Attribute, d. h. die Marterwerkzeuge, mit denen sie nach Legenden hingerichtet worden sein sollen. Erstmals wurden Apostel mit solchen Marterwerkzeugen 1210–1215 als Skulpturen an den Gewänden des mittleren Südportals der Kathedrale von Chartres dargestellt, nachdem sie ursprünglich mit Schriftrolle, Buch und Kreuz gestaltet worden waren. Die Apostel in Veringendorf sind in auffallender Weise phantasiearm wiedergegeben; als „Versatz"-Figuren sind jeweils die übernächsten untereinander austauschbar, und es wechselt lediglich die nach rechts oder links gewandte Haltung, ebenso wechseln auch die Farben des Gewandes und des Mantels, rot und grün. Sie erinnern an die gleiche monotone Apostelreihe in Feldstetten.

An die Apostel schließt ein Bild mit Christus als Gärtner und Maria Magdalena, eine in Veringendorf verehrte Heilige, an: „Noli me tangere"; der Ort ist mit einem Baum in der für den Zeitstil üblichen Form mit kugelartiger Krone als Garten gekennzeichnet. Die Szene könnte die Zeit Jesu nach der Auferstehung repräsentieren.

Die obere Reihe an der Nordwand schließt mit einem Bild der hl. Katharina in eleganter Haltung mit Rad und Schwert; sie wurde in Veringendorf auch besonders verehrt.

---

[1] Abbildung in: Richard Schmidt: Schwäbisch Gmünd, o. O. o. J., Abb. 24.

[2] Abbildung in: Reinhard Wortmann: Das Ulmer Münster. Stuttgart 1972, S. 108.

Die Ostseite zeigt in der oberen Reihe links vom Fenster eine Darstellung des „Gnadenstuhls“. Der thronende Gottvater hält das Kreuz mit dem wesentlich kleineren gekreuzigten Sohne vor sich hin, von oben schwebt die Heiliggeist-Taube heran. Mit diesen Bildgedanken hat die christliche Lehre von der Dreifaltigkeit Gottes ihre bedeutendste Veranschaulichung erhalten. Der Begriff „Gnadenstuhl“ stammt von Luther aus der Übersetzung von Hebr 9,5 „thronum gratiae“.[3]

Das Bild rechts vom Fenster stellt die Auferweckung des Lazarus von Betanien dar (Joh 11, 43–44). Christus steht vor dem Sarkophag mit gegen Lazarus erhobenen Händen; dieser, in Tücher gehüllt, hat sich im Grab erhoben, dahinter drei Frauen. Mit der Wundertat an Lazarus beginnt manchmal der Zyklus der Passion Christi, wie z. B. jener von Giotto in der Arenakapelle zu Padua (1304/05). Hier sind aber noch zwei andere Bilder dazwischengeschoben. Am Beginn der Südwand ist die Salbung Jesu durch Maria von Betanien (Joh 12, 1 ff.) dargestellt. Maria kniet vor Jesus und trocknet seine Füße mit ihrem Haar. Jesus erhebt die rechte Hand mit den an Judas gerichteten Worten: „Laß sie, damit sie es für den Tag meines Begräbnisses tue“ (Joh 12, 7). Mit Maria von Betanien, der Schwester des Lazarus, hat die christliche Überlieferung seit dem Kirchenlehrer Gregor d. Gr. Maria Magdalena gleichgesetzt. Man kann also wohl annehmen, daß dieses Bild Maria Magdalena meint. Die Darstellung von der Auferweckung des Lazarus ist die einzige in unserem Gebiet aus dem öffentlichen Leben Jesu, das sie wohl repräsentieren soll.

Es folgt die von Heiligkreuztal und Wolfegg bekannte Szene aus der Jungfrauenlegende um den hl. Nikolaus von Myra, der in Veringendorf auch besonders verehrt wurde.

Die anschließenden drei Passionsbilder vom Einzug in Jerusalem, dem Abendmahl und der Fußwaschung stehen offenbar für die gesamte Passion. Es fällt auf, daß die Kreuzigung fehlt; vielleicht sollte das Triumphkreuz zusammen mit den Passionsbildern gesehen werden. Der Einzug in Jerusalem ist in herkömmlicher Weise gemalt wie in Willmandingen. Das Abendmahlsbild ist nach dem Schema eines länglich-rechteckigen Tisches komponiert, hinter welchem Christus und die Jünger sitzen mit Ausnahme von Judas, der allein vor dem Tische hockt und von Christus wohl den Bissen erhält (Joh 13, 26).

29/30 Die untere Reihe an der Südwand beginnt von rechts mit eindrucksvollen Bildern über die sechs Werke der Barmherzigkeit. Das Thema geht zurück auf Jesu Worte (Mt 25, 35–36): „Denn ich war hungrig, und ihr habt mir zu essen gegeben, ich war durstig, und ihr habt mir zu trinken gegeben; ich war fremd und obdachlos, und ihr habt mich aufgenommen; ich war nackt und ihr habt mir Kleider gegeben; ich war krank, und ihr habt mich besucht; ich war im Gefängnis, und ihr seid zu mir gekommen.“ Die Bilder stellen die Werke dar: den Armen bekleiden, dem Durstigen zu trinken und dem Hungrigen zu essen geben, den Fremden beherbergen, den Kranken und Gefangenen besuchen. Bei dem letzteren Bild sind kostümgeschichtlich die Gugel, die Zaddelärmel

[3] LCI 1, Sp. 535.

29 *Veringendorf, Kirche St. Michael. Die sechs Werke der Barmherzigkeit. Um 1320.*

30 *Veringendorf, Kirche St. Michael. Die sechs Werke der Barmherzigkeit. Um 1320.*

und die Schnabelschuhe von Interesse. Vielleicht war noch ein siebentes Bild der Werke dargestellt, Begraben der Toten, das schon in der antiken Literatur den neutestamentlichen Werken hinzugefügt worden war. Die Bilder sollen das Gebot der Nächstenliebe veranschaulichen und den Gläubigen zur Nachfolge auffordern.

Es folgen der Mönch Hermann der Lahme von Reichenau vor der thronenden Maria mit dem Kind. Auf dem jetzt leeren und langen Schriftband stand wohl früher das „Salve Regina".[4]

Abschließend zeigen die Ost- und Nordseite die Martyrien der Heiligen Erasmus[5], Sebastian, Johannes d. T. und Katharina.

Die Sockelzone ist teilweise durch gemalte Wandvorhänge geschmückt; sie haben senkrechte, farbige Muster und sind mit „Ringen an Stangen" aufgehängt. Die Vorhangbemalung, die einer alten Tradition entspricht, erinnert an die gemalten Wandbehänge in Bronnweiler.

Der Maler beherrschte vollendet den „Weichfließenden Stil" seiner Zeit, seine Gestalten sind in ihrer Haltung, ihren Gebärden und Gewändern nach dem Schema der Malerei der ersten Jahrhunderthälfte gebildet. Auch dieser Maler könnte aus dem Konstanzer Kunstkreis gekommen sein. Die Gestalten sind hauptsächlich von der zeichnerischen Linie bestimmt. Die Umrißlinien sind nahezu vollständig vorhanden, während die Binnenzeichnungen der Gesichter fast gänzlich fehlen; der Restaurator scheint die Umrißlinien zu stark nachgezogen zu haben. Die Farben sind verblaßt, die vorhandenen dürften Grundierungen sein. Die Malerei ist auf rauhen Putz aufgetragen. Das Gewölbe und die Wände scheinen stark geschwärzt zu sein. Die Entstehungszeit könnte man nach dem Figurenstil etwa um 1320 ansetzen. Die Bilderreihen und die Darstellungen im Gewölbe sind von Friesen aus Blattornamenten umzogen, offenbar mit Schablonen gemalt und stark „aufgefrischt".

Von derselben Werkstatt, die in Veringendorf gearbeitet hat, könnten die Bilder im Chorgewölbe der Kirche St. Martin in ***Trochtelfingen*** (Lkr. Reutlingen) stammen. Der
31 Chor wurde nach dem Stadtbrand von 1320 neu erbaut. Die Maiestas Domini, in die Kappen des Kreuzrippengewölbes komponiert, ist jener in Veringendorf ähnlich. Der thronende Christus zeigt hier aber anders als dort seine Seitenwunde, die durch das schlitzartig geöffnete Gewand sichtbar werden soll. Er trägt hier jedoch, wie in Seeburg, die Weltkugel in der linken Hand und zwei Schwerter gehen von seinem Munde aus. Die vier Wesen und Evangelistensymbole erscheinen wie in Veringendorf in runden Aureolen. Neu hinzu treten neben dem Thronenden und der ihn umstrahlenden Man-

---

[4] Der Text dieses Gebetes ist abgedruckt in: Baum: Gotische Bildwerke Schwabens. S. 50, Anm. 1.

[5] Wohl nicht: „Abt Ernst von Zwiefalten". So: Franz Gluitz: Dorf und Stadt Veringen. Veringenstadt 1972, S. 16. Das Martyrium dieses Heiligen wurde nicht mit einer Winde dargestellt (LCI 6, Sp. 168).

31 Trochtelfingen, Kirche St. Martin. Maiestas Domini. Um 1330.

dorla Sonne und Mond zu seiner weiteren Verherrlichung. Die Darstellung Christi mit zwei aus seinem Munde gehenden Schwertern sollte den mittelalterlichen Menschen noch stärker, als es die Maiestas Domini ohnehin schon tat, auf das kommende Weltgericht hinweisen. Die Trochtelfinger Gewölbebilder sind durch ein Lamm Gottes mit Kreuzfahne in einer runden Aureole ergänzt. Es soll ein Symbol für das Leiden, den Tod und Sieg Christi sein. Man könnte annehmen, daß die Gewölbemalerei alsbald nach dem Neubau der Kirche, also wohl um 1330, geschaffen worden ist.

Nachdem das Schiff der Hünensteinkapelle bei ***Trochtelfingen*** um 1320 ausgemalt worden war, erhielt der Chor wohl gegen 1330 an der Ostseite eine Darstellung der Maiestas Domini mit der Gottesmutter und Johannes d. T. als Fürbittern, also eine Verbindung von Maiestas und Deesis. Der thronende Christus ist von einer Mandorla mit *32*
abgerundeten Enden umgeben, die vier Wesen als namentlich benannte Evangelistensymbole von runden Aureolen. Christus erscheint hier wie in der Kirche St. Martin mit einem für die Seitenwunde schlitzartig geöffneten Gewand. Von den bisher erörterten Maiestas-Darstellungen unterscheidet sich die der Hünensteinkapelle grundlegend: hier ist die apokalyptische Vision nicht mehr als Illusion einer Himmelserscheinung gestaltet, der großartige Bildgedanke ist vielmehr verflacht und in ein dekoratives Bild umgeformt. So sind die fünf Aureolen seitlich durch Türmchen, die an jene in der Marienkirche von

32 Trochtelfingen, Hünensteinkapelle, ehem. St. Maria und Nikolaus. Maiestas Domini und Deesis. Um 1330.

Bronnweiler erinnern, begrenzt. Die Türmchen haben spitze, über die Schäfte hinausragende Helme und hohe „Fenster". In die Zwickel zwischen den Aureolen sind Blattmuster und Vierpässe gemalt. Die beiden Fürbittenden knien unter Rundbogenarkaden mit seitlichen Nasen.

Türmchen mit den gleichen eigenartigen Merkmalen finden sich auch auf Wandbildern, die aus der ehemaligen Kapelle St. Bernhard in ***Münzdorf*** (Stadt Hayingen, Lkr. Reutlingen) stammen. Die kleine rechteckige Dorfkapelle ist ein Bau des 13. Jahrhunderts ohne Chor; sie ist seit langem profaniert. Die Wandbilder wurden abgenommen, sie sind jetzt im Heimatmuseum Münsingen in getrennten Teilen aufgestellt.

Von der Ostwand in einer oberen Reihe stammen neun Apostel, je ein weiterer von der Süd- und Nordwand. Sie sind den Aposteln in Veringendorf unverkennbar ähnlich. Anders als jene stehen sie zur Kennzeichnung ihres Ranges zwischen Türmchen der erwähnten Art und unter giebelartigen Architekturen.

Von der Ostwand sind aus einem unteren Bildstreifen einzelne Teile von Konturen zu erkennnen, dabei wohl die einer gekrönten Heiligen und das Wappen der Gundelfinger: auf dem schräggestellten Dreieckschild ein von einem Band durchzogenes Zickzackornament, auf einer Schild-Ecke ein Kübelhelm mit grotesker Helmzier. Vom unteren Bildstreifen der Ostwand stammt auch ein St. Georg, der auf einem Schimmel mit gesenkter Lanze galoppiert. Der Kopf des Pferdes ist zu klein; vom rechten Teil des Bildes, vermutlich einst mit Drachen, Prinzessin und Burg, ist nur ein Turm übriggeblieben.

Nach den Weltgerichtsbildern von Willmandingen und Feldstetten wurde das gleiche Thema in Münzdorf erstmals in unserem Gebiet in monumentaler Weise gestaltet. Das Bild von der Südwand vermittelt noch heute einen starken Eindruck. Christus erscheint
in überragender Größe frontal mit entblößtem Oberkörper in rotem Gewand auf einer *33*
durch Wellenlinien stilisierten Wolke nach den Worten des Evangeliums (Mt 24, 30): „Et tunc parebit signum Filii hominis in caelo" („Danach wird das Zeichen des Menschensohnes am Himmel erscheinen"). Es fällt auf, daß Christus nicht von einer Mandorla umgeben ist. Er erhebt beide Arme zum Zeichen, daß nun das Weltgericht begonnen hat. Von seinem Munde gehen zwei Schwerter aus als Sinnbilder seiner Macht, Recht zu sprechen. Neben seinem Haupt erscheinen Leidenswerkzeuge als Legitimation seines Richtertums und zwei Engel, von denen einer wohl Rollen (Bücher des Lebens) hält nach Apk 20, 12: „Et iudicati sunt mortui ex his, quae scripta erant in libris secundum opera ipsorum" („Die Toten werden nach ihren Werken gerichtet, nach dem, was in den Büchern aufgeschrieben war"). Zu Christi Füßen knien Maria und Johannes d. T. als Fürbittende, an sie schließen sich zu beiden Seiten die Apostel mit dem Evangelienbuch in den Händen als Gerichtsbeisitzer an nach den Worten Jesu an die Apostel (Mt 19,28): „Amen dico vobis, quod vos, qui secuti estis me, in regeneratione cum sederit filius hominis in sede maiestatis suae, sedebitis et vos super sedes duodecim, iudicantes duodecim tribus Israel" („Amen, ich sage euch: Wenn die Welt neu geschaffen wird und

33 Münzdorf, Kapelle St. Bernhard (profaniert). Weltgericht. 1330–1340.

34 Münzdorf, Kapelle St. Bernhard (profaniert). Schutzmantelmaria. 1330–1340.

der Menschensohn sich auf den Thron der Herrlichkeit setzt, werdet ihr, die ihr mir nachgefolgt seid, auf zwölf Thronen sitzen und die zwölf Stämme Israels richten“). In der Zone darunter ist der Zug der Seligen vom Zug der Verdammten durch eine Mauer getrennt. Die Seligen ziehen in zwei Reihen und dicht hintereinander betend auf das Himmelstor zu, angeführt von Mitra-Trägern und gekrönten Gestalten. Die Köpfe jeder Reihe haben die gleiche Höhe, und die zweite Reihe erscheint dadurch hinter der ersten, daß sie um eine Kopfhöhe über der ersten gezeichnet ist. Hier herrscht feierliche Ruhe. Anders bei den teilweise schreienden Verdammten, unter denen, offenbar in sozialkritischer Anspielung, auch zwei Ritter mit Schwertern abgeführt werden. Bemerkenswert ist, daß die Seligen wie die Verdammten wieder ihre Gewänder aus ihren Lebenszeiten auf den „Auferstehungsleibern“ tragen. Wahrscheinlich schloß sich nach unten eine weitere Zone mit den Auferstehenden an.

Von der Nordwand stammen einige Fragmente aus der Passion Christi mit Ölbergszene, Judaskuß, Gefangennahme und Malchus-Szene, Christus gefesselt, wohl vor Pilatus.

Besonders eindrucksvoll ist eine Schutzmantelmadonna, früher auf der Empore. Sie hat das bekleidete Jesuskind auf dem Arm, das nach dem Apfel in ihrer Hand als dem Symbol der Erlösung von der Sünde greift. Zwei Engel halten den Mantel auf, unter den sich Menschen ohne Kennzeichnung ihres Standes geflüchtet haben. Die Vorstellung von der Schutzmantelmaria hat ihren Ursprung in dem Bericht von Caesarius von Heisterbach über die Vision eines Zisterziensermönchs, der im Himmel keinen seiner Ordensbrüder entdecken konnte, worauf Maria ihren Mantel öffnete, unter dem sie die Zisterzienser barg. Für die Verbreitung des Bildes war der Gedanke wichtig, Maria als „Mater omnium“ berge alle Menschen zum Schutz vor Unglück auf Erden unter ihrem Mantel.[1] Um eine solche „Mater-omnium“-Darstellung handelt es sich in Münzdorf. In den unteren Ecken sind die Wappen der Geschlechter von Kirchberg und Gundelfingen zu sehen. Das Bild ist an den Seiten gerahmt durch zwei Ornamentstreifen aus übereinanderliegenden Achtecken, in die kreuzförmig verbundene dunkle Punkte gemalt sind, eine Variation der Vierpässe im Maiestas-Domini-Bild an der Ostseite der Hünensteinkapelle bei Trochtelfingen. *34*

Die Bilderstreifen an der Ostwand sind getrennt durch einen Fries aus fünfteiligen Blättern, von denen jedes durch zwei halbrunde Bögen mit dem nächsten verbunden ist, so daß zwischen den Blättern ein Kreis entsteht. Das Ornament – ein altes Motiv – findet sich auch in der Buchmalerei, so z. B. als Bordüre um eine Kreuzigungsdarstellung zum Canon missae, einem Sakramentar von der Reichenau, Ende des 10. Jahrhunderts[2], und auf einem Fragment eines Lectionarium officii Mariae Himmelfahrt (um Mitte 13. Jh.).[3] Über dem Weltenrichter zieht sich eine Wellenranke mit Blättern entlang.

Die Malerei in der Kapelle entspricht in den Figuren und Gewändern dem „Weichfließenden Stil“. Die Farben und auch die Binnenzeichnungen der Gesichter sind überwiegend vergangen oder abgerieben, erhalten sind die (wohl allzusehr nachgezogenen) Umrißlinien. Die Bilder sind jenen im Chor von St. Michael zu Veringendorf und im Chor der Hünensteinkapelle bei Trochtelfingen so ähnlich, daß man sie wohl derselben Werkstatt zuschreiben kann. Man könnte sie deshalb auch in die Zeit um 1330 oder vielleicht in das Jahrzehnt 1330–40 datieren. Es ist erstaunlich, daß in der kleinen Kapelle von Münzdorf in einem armen Albdorf eine so beachtliche Malerei entstehen konnte.

Abermals läßt sich vielleicht eine Ausmalung der Werkstatt zuschreiben, die in Veringendorf, Trochtelfingen und Münzdorf gearbeitet hat: in der Kapelle St. Mauritius von ***Schemmerhofen*** (Ortsteil Langenschemmern, Lkr. Biberach). Die Kapelle wurde im Jahre 1303 erstmals urkundlich erwähnt.

---

1 Nach LCI 4, Sp. 129.

2 Abbildung in: Pächt: Buchmalerei des Mittelalters, Farbtafel XVII.

3 Abbildung in: Die Zeit der Staufer. Ausstellungskatalog Bd. II, Stuttgart 1977, Abb. 511.

35 Schemmerhofen, Kapelle St. Mauritius. Abendmahl und Fußwaschung. 1330–1340.

Das Programm in zwei Bildreihen beginnt an der Nordseite (über der Empore). Im ersten Bild ist die Erschaffung der Frau dargestellt (Gen 2, 21), im zweiten ihre Zuführung zu dem „Menschen“ (Gen 2, 22). Die Bilder sind durch ein Türmchen mit spitzem Helm getrennt. Es folgen in einigem Abstand Bilder aus dem Neuen Testament. Die beiden ersten sind schwierig zu deuten. Unter den Gestalten, die offenbar in Gruppen dargestellt sind, scheint jeweils ein Apostel zu sein, wie man aus dem Evangelienbuch, das auch die Apostel an der Ostseite tragen, schließen kann. Auf dem zweiten Bild, vom ersten wiederum durch ein Türmchen getrennt, ist nach den Redegesten eine Disputation im Gange. Hier könnten Szenen wiedergegeben sein, in denen die Apostel als Begleiter Christi erscheinen, vielleicht auch als Verkünder des Evangeliums wie auf der „Aposteltafel“ im Baseler Münster.[1] In größerem Abstand, auf dem Darstellungen offenbar zerstört worden sind, beginnen Bilder aus der Passion Jesu: das Abendmahl (teils
35 zerstört) und die Fußwaschung. Jesus beugt sich vor und faßt nach dem Fuß von Petrus, der nach dem herkömmlichen Portrait-Typus als solcher zu erkennen ist. Er sitzt auf einem Stuhl und greift nach seinem Kopf, wohl nach Joh 13, 8–9: „Jesus erwiderte ihm (Petrus): Wenn ich dich nicht wasche, hast du keinen Anteil an mir. Da sagte Simon

[1] Abbildung in: LCI 1, Sp. 157/158, Abb. 4.

Petrus zu ihm: Herr, dann nicht nur meine Füße, sondern auch die Hände und das
Haupt." Der Passionszyklus wird in der zweiten Reihe fortgesetzt mit der Ölbergszene
(über der Empore; stark zerstört). Auffällig ist, daß der Kelch als Symbol des Erlösungs-
leidens unmittelbar vor dem knienden Jesus erscheint, nicht wie sonst üblich auf dem
Felsen vor ihm oder in der Hand eines Engels. Auf den folgenden (noch vorhandenen)
Bildern ist Jesus vor Pilatus, die Kreuztragung (zum größten Teil zerstört), die Entklei-
dung, kombiniert mit Kreuzaufrichtung, und die Kreuzigung (fast ganz zerstört) darge-
stellt. Die Entkleidungsszene zeigt ein seltenes Motiv: Ein Scherge reißt Jesus brutal am
Haar. Vom Kreuzigungsbild ist nur ein Schächer erhalten; er ist gebunden, und seine
Arme sind über den Querbalken gelegt. Von den weiteren noch vorhandenen Bildern,
Grablegung und Auferstehung Christi, sind nur noch die oberen Teile vorhanden.

Die Ostseite hat ein eigenes Programm. In der oberen Reihe sind die Apostel wieder- *36*
gegeben. Jeder steht in einem eigenen Raum, vom nächsten durch Türmchen getrennt.
Die zweite Reihe enthält links ein Bild, das sonst in unserem Gebiet nicht vorkommt:
Neben einem Liebespaar – der Jüngling legt seinen Arm um das Mädchen – und einer
weiteren jungen Frau erscheint der Tod als Schnitter mit der Sense, dargestellt als grin-
sendes Skelett mit Krone. Das Motiv geht auf die in Apk 14, 14 erwähnte Sichel beim
Gericht zurück; seit aber das Korn vom 13. Jahrhundert an mit dem Halm gemäht
wurde, ersetzte man die Sichel in der Hand des Todes durch die Sense.[2] Über der
Gruppe zieht sich ein Spruchband hin, auf das wohl der Jüngling hinweist (?), dessen
Inschrift erloschen ist; sie wird eine Warnung vor unbußfertigem Tod enthalten haben.
Das dargestellte Thema ist eine „Memento-mori"-Mahnung, eine Allegorie der Ver-
gänglichkeit, der auch der junge Mensch ausgesetzt ist. Auf der rechten Seite stehen
Kreuzzugsritter, offenbar bei der Eidesleistung, vielleicht vor der Abreise; sie tragen *37*
Panzerhemd, Waffenrock, Schwert und Schild, das ein weißes Kreuz auf schwarzem
Grunde zeigt, es dürfte sich also um Ritter des Johanniterordens handeln. Ihre Bezie-
hung zum Patron der Kapelle, dem hl. Mauritius von Agaunum, ist unverkennbar: der
Heilige war nach der mittelalterlichen Vorstellung nicht nur der Anführer einer römi-
schen Legion, sondern auch Helfer der Kreuzzugsritter.[3] Daneben erscheint ein Bild des
Schmerzensmannes mit arma Christi.

An der Nordwand sind zwei Reiterbilder erhalten: oben St. Georg, der wie in Münz-
dorf mit gesenkter Lanze galoppiert (stark zerstört); unten der hl. Martin, der, auf einem
dunklen, schreitenden Pferde sitzend, seinen Mantel für den nackten Bettler zerteilt.

Unter der zweiten Bilderreihe zieht sich ein schmalerer Streifen entlang, in den in
Abständen runde Medaillons mit Bildern gemalt sind. Sie sind fast alle zerstört. Zu
erkennen ist noch an der Nordseite ein Mann, der sich an einem Baum zu schaffen *38*
macht, an der Ostseite ein Mann beim Holzhacken (?). Hier waren Kalenderbilder dar-
gestellt mit der Wiedergabe von Monatsarbeiten. Sie sollten den Kreislauf des Jahres in
seinem Bezug zur christlichen Heilsgeschichte veranschaulichen. Solche Kalenderbilder

---

[2] LCI 4, Sp. 329.
[3] LCI 7, Sp. 611.

36 Schemmerhofen, Kapelle St. Mauritius. Apostel. Der Tod als Schnitter. 1330–1340.

zeigen fast immer den Bauern bei jahreszeitlichen Arbeiten. Unter dem Streifen ist zum Teil noch ein gemalter Wandbehang vorhanden, der sich ehemals wohl um alle Seiten erstreckte.

Nicht nur der Figurenstil, sondern auch Ornamentbänder weisen darauf hin, daß hier die Ausmalung von der Werkstatt stammen könnte, die in Veringendorf, im Chor der Hünensteinkapelle bei Trochtelfingen und in Münzdorf gearbeitet hat. Die Apostel an der Ostseite sind jenen aus Münzdorf von Kopf bis Fuß ähnlich, auch in ihrer Stellung in eigenen Räumen zwischen Türmchen. Das Ornamentband zwischen der oberen und mittleren Bilderreihe stimmt mit jenem in Münzdorf überein: fünfteilige Blätter, von denen jedes durch zwei halbrunde Bögen mit den nächsten verbunden ist, so daß zwischen den Blättern ein Kreis entsteht. Schließlich ist auch das auffällige, sonst nicht vorkommende Ornament von kreuzförmig verbundenen dunklen Punkten, das in Münzdorf die Schutzmantelmadonna umgibt und auch im Chor der Hünensteinkapelle zu

37 Schemmerhofen, Kapelle St. Mauritius. Kreuzzugsritter. Schmerzensmann. 1330–1340.

38 Schemmerhofen, Kapelle St. Mauritius. Kalenderbild: Mann beim Holzhacken (?). 1330–1340.

finden ist, über der Apostelreihe an der Ostseite angewandt. Die Malereien sind von beachtlicher Qualität. Man kann sie wohl wie jene in Münzdorf in das Jahrzehnt 1330–40 datieren.

Die gleichen eigentümlich in Wellenlinien stilisierten Wolken wie unter Christus als Weltenrichter in Münzdorf findet man auf dem Fragment eines Kreuzigungsbildes an der Südwand der Kirche, ehemals St. Nikolaus, des nahegelegenen Albdorfes ***Ödenwaldstetten*** (Gem. Hohenstein, Lkr. Reutlingen). Die Saalkirche stammt zum Teil aus dem 13./14. Jahrhundert. Christus, von dem nur noch das Haupt (ohne Binnenzeichnung), der Oberkörper und die Arme zu sehen sind, muß einst in edler Gestalt gemalt gewesen sein. Ihn umfliegen Engel in Halbfiguren auf Wolken, um sein Blut in Kelchen aufzufangen oder ihn anzubeten. Er ist an ein Kreuz geheftet, das als Baum des Lebens aufgefaßt ist: aus den Enden des Querbalkens treiben Äste mit Blättern. Das Motiv des Lebensbaumes, an dem Christus den Tod überwunden hat, ist in unserem Gebiet sonst nicht zu finden. Links steht Maria mit klagend erhobenen Händen. Da auch der Fries einer Wellenranke unter dem Kreuzigungsbild mit jenem in Münzdorf über dem Weltenrichter übereinstimmt, könnte man wiederum die gleiche Werkstatt vermuten. Jedenfalls kann man die Malerei wie die von Münzdorf in das Jahrzehnt 1330–40 datieren. Das gilt auch für die ganz wenigen Reste von drei Jüngern eines Abendmahlsbildes und einer Schutzmantelmadonna an der Nordwand.

Nachdem die Kirche, ehemals St. Johannes d. T., in ***Seeburg*** (Stadt Bad Urach, Lkr. Reutlingen) im letzten Viertel des 13. Jahrhunderts im Apsisgewölbe mit einem monumentalen Maiestas-Domini-Bild ausgemalt worden war, erhielt sie ein halbes Jahrhundert später unterhalb dieser Darstellung rings um die Chorwand einen Zyklus aus der Lebensgeschichte des Kirchenpatrons, Johannes des Täufers. Hiervon sind nur noch zwei Bilder in Fragmenten erhalten. Auf dem Bild links steht Johannes, zum Mann herangewachsen, als Asket in der Wüste mit langem Haar und Bart und übergroßen Händen bei einer Bußpredigt vor dem Volk. An einen Baum vor ihm scheint eine Axt gelegt zu sein nach seinem Wort: „Schon ist die Axt an die Wurzel der Bäume gelegt"
39 (Mt 3, 10), dahinter ein Fels. Das Bild rechts zeigt die Tafel des Herodes Antipas. Hinter einer Tischplatte mit Kelchen und Schalen sitzen der bekrönte Herodes und Herodias. Salome, die Tochter der Herodias, überbringt ihrer Mutter das Haupt des hingerichteten Johannes auf einer Schale (Mk 6, 28). Um Herodias treibt sich ein kleiner nackter Dämon in menschenartiger Gestalt auf dem Tisch herum und greift nach ihrem Kopf. Er soll die böse wirkende geistige Macht veranschaulichen, die Herodias zu ihrer Untat getrieben hatte und die sie weiter mit Gewissensqualen plagen wird. Der Zyklus ist eingerahmt oben von dem Zackenband, das unterhalb der Maiestas-Domini-Darstellung verläuft, unten von einem Zickzackstreifen mit stilisierten Blättern in den Feldern. Von den Farben ist hauptsächlich Gelb und Braun des strähnig gezeichneten Haares und Bartes von Johannes erhalten, außerdem die braune Färbung des felsigen Steines, die rotbraunen Konturen und ein blasses Grün als Grund für das Zickzackornament. Man wird den Zyklus etwa in das Jahrzehnt 1330–40 datieren können.

39 Seeburg, Kirche ehem. St. Johannes d. T. Salome überreicht das Haupt des Johannes. Ein Dämon plagt Herodias. 1330–1340.

In der Kapelle St. Peter und Paul in ***Berkach*** (Stadt Ehingen, Alb-Donau-Kreis) findet sich eine Darstellung des Themas wieder, das im alten Chor in Kappel gestaltet ist: die apokalyptische Himmelsvision der Maiestas Domini mit den Aposteln, die auf die Wiederkunft Christi und das kommende Weltgericht hinweist. Erweitert ist die Darstellung durch Bilder aus der Passion und Auferstehung Christi. Die Kapelle ist ein rechtekkiger Bau aus dem 14. mit Änderungen im 15. Jahrhundert; der Chorbogen wurde Anfang des 16. Jahrhunderts hinzugefügt. Die Malereien befinden sich an der Nord- und Ostseite des Chores; das erste Bild der Nordseite ist durch den Einbau des Chorbogens in das Langhaus gerückt.

Das Programm beginnt mit der Passion Christi und geht dann zu der Darstellung seiner Wiederkunft über. Der Verrat des Judas ist nach einem verbreiteten Typus mit der Gefangennahme und der Malchus-Szene kombiniert. In die Mitte des Bildes ist der Vorgang mit Malchus gerückt mit besonderer Betonung der Hand Jesu, die nach dessen Ohr

40 *Berkach, Kapelle St. Peter und Paul. Kreuzigung Christi mit Maria und Johannes. 1330–1340.*

greift, um es zu heilen. Die weiteren Bilder der Passion und Auferstehung Christi folgen dem allgemein gebräuchlichen Kompositionsschema und Figurenkanon. Bemerkenswert ist das Bild der Geißelung Jesu: der Schönheit des Antlitzes Jesu ist eine absichtliche Häßlichkeit in den Gesichtern der Peiniger gegenübergestellt. Die Kreuzigungsgruppe
40 ist eng verwandt mit dem Bild im nördlichen Seitenschiff der Reutlinger Marienkirche (1340–50).

An der Ostseite beherrschte das Bild Christi in der Mandorla in Halbfigur mit den vier lebenden Wesen, an seiner Seite die Apostel, vor der Aufstellung des barocken Altars optisch den Chorraum. Auf das kommende Weltgericht sollte auch das Bild des Erzengels Michael als Seelenwäger in der unteren Reihe der Ostwand hinweisen. Die Waagschale mit den zwei Seelen in ihr wiegt schwerer, vergeblich versuchen zwei kleine Dämonen, die Schale mit dem „bösen Teil" der Seelen durch Haken an Stangen nach unten zu ziehen, zwei weitere Dämonen hocken oben auf dem Waagarm. Das Motiv erinnert an die ähnliche Darstellung in Willmandingen.

Bei den drei weiblichen Heiligen neben Michael dürfte es sich um die Virgines capitales handeln, die auf zahlreichen Darstellungen im Mittelalter erscheinen: die Heiligen Barbara, Margareta von Antiochien und Katharina von Alexandrien. Sie wurden vielerorts verehrt und zählten zu den Vierzehn Nothelfern.

Die Farben der Wandbilder sind vergangen, erhalten haben sich eine gelbbraune Grundierung und die Umrißlinien sowie Binnenzeichnungen, ferner Friese in Form von Wellenranken mit Blättern an der Ostseite. Der Figuren- und Gewandstil weist auf eine Entstehung der Malerei in der ersten Hälfte des 14. Jahrhunderts, vielleicht in der Zeit 1330–40.[1]

Die Kirche, ehemals St. Maria, in ***Lonsee*** (Alb-Donau- Kreis) geht in das 12. Jahrhundert zurück. An der Nordwand wurden Reste eines ursprünglich wohl umfangreichen Passionszyklus aufgedeckt, von dem nur noch Fragmente weniger Bilder in schwachen Umrissen, dazu aber eine reiche Ornamentik, erhalten sind. Das erste erkennbare Bild in der oberen Reihe zeigt wohl Judas Ischariot mit einer Schar von Männern, die gekommen sind, um Jesus festzunehmen. Von Judas ist nur noch der Kopf zu sehen, die Männer tragen eigentümliche scheibenartige Judenhüte mit einer Erhöhung in der Mitte.

41 Lonsee, Kirche ehem. St. Maria. Grablegung und Höllenfahrt Christi. Um 1330/40.

[1] Nicht: „... aus dem 15. Jh.“. So: Siegfried Mall u. a.: Berkach und seine Kapelle Sankt Peter und Paul. Berkach 1983, S. 7.

Es folgt die Darstellung des Judaskusses, wie in Berkach verbunden mit der Gefangennahme und der Malchus-Szene. Das anschließende Bild zeigte wohl die Vorführung Jesu vor Kajaphas. In der unteren Reihe sind Bilder der Kreuztragung, der Kreuzabnahme,
41 der Grablegung, der Höllenfahrt Christi, der Frauen am leeren Grab und des ungläubigen Thomas zu erkennen. Eine Eigentümlichkeit des Malers ist es, die einzelnen Szenen jeweils in eigenen, durch Architekturgebilde abgegrenzten Räumen unterzubringen. Die Räume werden seitlich von Türmchen mit „gemauerter" Basis, hohen Seiten mit seltsamen roten Streifen und spitzen Helmen begrenzt, über die Räume spannen sich flache Bögen. Nach oben ist der Zyklus von einem Fries paralleler senkrechter Streifen in roter Farbe abgeschlossen, zwischen den Reihen und nach unten verlaufen Ornamentbänder von roten kleinen Spitzbögen. Besonders auffallend ist das breite Band von roten und hellen Rauten über den Arkaden der unteren Reihe. Diese ganze Ornamentik legt die Vermutung nahe, daß auf den Maler die Glasmalerei stark eingewirkt hat, vielleicht war er auch Glasmaler. Für die Vermutung sprechen die Architekturgebilde sowie die Muster von Rauten und kleinen Spitzbögen. Die erhaltene, für den ganzen Zyklus bestimmende Farbe ist zinnoberrot. Man wird die Wandmalerei nach dem Figurenstil in die erste Hälfte des 14. Jahrhunderts, vielleicht um 1330/40, datieren können.

Fragmente einer Bilderfolge aus dem Leben der hl. Elisabeth von Thüringen enthält die Friedhofskapelle zur hl. Jungfrau Maria in ***Munderkingen*** (Alb-Donau-Kreis). Die Kapelle wurde 1340 erbaut und 1347 mehrmals genannt. 1701–04 wurde sie abgebrochen und neu errichtet; dabei blieben Teile der Nordwand stehen. An ihr befinden sich die Wandbilder. Sie haben Szenen aus der Armen- und Krankenpflege der hl. Elisabeth zum Thema. Die Heilige ist als Witwe mit einem Tuch über dem Kopf in einfachem blauem Kleid und dunklem Mantel dargestellt.

42 Auf dem ersten Bild führt sie einem liegenden Kranken aus einer Schale mit einem Löffel Speisen zum Munde. Hinter ihr erscheint eine Gehilfin. In der nächsten Szene reicht sie einem Lahmen, der sich auf zwei Krücken stützt, eine Schale zum Trinken. Auf dem folgenden Bild scheint sie einem Fremden (die Figur ist im oberen Teil zerstört), der Riemen um die Waden trägt und wohl einen Wanderstab hält, zusammen mit einer Gehilfin Herberge anzubieten. Das letzte Bild, auf dem nur noch ein halbbekleideter Hilfsbedürftiger und die Hand von Elisabeth erhalten ist, könnte die Versorgung des Mannes mit Kleidung dargestellt haben. Es haben sich wohl noch weitere Bilder angeschlossen, so daß ein Zyklus von den sechs Werken der Barmherzigkeit, ausgeübt von der Heiligen, bestand.

Die Verbindung von Zyklen aus der Armen- und Krankenpflege durch Elisabeth mit den von Jesus genannten Werken der Barmherzigkeit (Mt 25, 35–36) geht auf die Schrift über die hl. Elisabeth von Caesarius von Heisterbach zurück. Die Bilder in Munderkingen erinnern an jene in Veringendorf, welche die sechs Werke der Barmherzigkeit darstellen, bei denen aber auch Männer bei der Ausübung der Werke beteiligt sind.

Auffallend sind die turmartigen Scheinarchitekturen, welche die Bilder in Munderkingen trennen. Sie sind zwar im Unterschied zu den Bildern, die rein flächig vor einen blauen Hintergrund gemalt sind, mit einer gewissen Perspektive wiedergegeben, aber

42 Munderkingen, Friedhofskapelle zur hl. Jungfrau Maria. Aus dem Leben der hl. Elisabeth von Thüringen. 1340–1350.

mit ihren großen Öffnungen so zerbrechlich, daß sie nicht mehr wie vorstellbare Gehäuse erscheinen, sondern als reine Phantasiegebilde. Man denkt an die – allerdings fester „gebauten“ – Türmchen in Trochtelfingen (Chor der Hünensteinkapelle), Münzdorf und Schemmerhofen. Die Figuren sind nach dem herkömmlichen Typ gestaltet: groß und schlank, die Gehilfin der Heiligen mit langem, über den Rücken fallendem lokkigem blondem Haar. Man kann die Bilderfolge in das Jahrzehnt nach der Erbauung der Kapelle, also in die Zeit von 1340–50, datieren.

Wohl aus dem gleichen Jahrzehnt stammt der Passionszyklus in der Dorfkirche, ehemals St. Barbara, in ***Apfelstetten*** (Stadt Münsingen, Lkr. Reutlingen). Die kleine Kirche, ursprünglich eine romanische Kapelle aus der Zeit um 1100, wurde etwa zwischen 1340 und 1350 nach Osten verlängert und zu Beginn des 17. Jahrhunderts nochmals nach Osten und auch nach Norden erweitert; die Südwand blieb stehen.[1] An ihr befinden sich die Wandmalereien. Spätere Fenstereinbrüche haben sie teilweise zerstört. Was erhalten ist, besticht durch die bewahrte Farbigkeit, die Schönheit des Rankenfrieses und bei näherer Betrachtung durch die Besonderheit der Bilder.

[1] Nach Arnd Breuning: Die Barbarakirche in Apfelstetten. Vervielfältigte Maschinenschrift. 1973.

Von der Ölbergszene ist nur noch ein schlafender Jünger übriggeblieben. Die Dar-
XII stellung des Verrats durch Judas ist mit der Gefangennahme Jesu und der Malchus-Szene kombiniert. Das Bild ist voller Dramatik. Jesus, das geistige Zentrum, ist auch formal die Mitte. Er steht, groß und schlank, ruhig und würdevoll, obwohl ihn von vorn Judas auf die Wange küßt und umarmt und von hinten ein gewappneter Soldat brutal sein Nakkenhaar erfaßt. Es scheint, als halte er mit sanfter Hand die Faust des Soldaten, die danach greift. Seine nackten Füße wirken – ein wiederkehrendes Motiv – unorganisch an den Gewandsaum angesetzt. Daneben bedroht Petrus mit erhobenem Schwert den Malchus, der kniefällig Jesus um Hilfe bittet. Er ist nach dem traditionellen Portrait-Typus mit rundem Kopf und grauem kurzem Haar und Bart dargestellt. Judas trägt zum Zeichen seiner Würdelosigkeit üble Gesichtszüge und ein gelbes Gewand. Das Bild, das Jesus vor Pilatus zeigt, ist teilweise zerstört. Jesus wird von zwei Schergen festgehalten, von denen der eine ein abstoßendes Gesicht hat. Jesus gegenüber sitzt Pilatus mit Redegeste und übereinandergeschlagenen Beinen. Auf dem fragmentierten Bild der Kreuztragung erinnert der vorausschreitende Scherge mit Zimmermannshammer an das gleiche, sonst seltene Motiv in Berkach. Ungewöhnlich nach seinem Inhalt ist das nächste Bild, das die Annagelung Jesu an das Kreuz und die Kreuzaufrichtung zeigt. Beide Vorgänge, sonst getrennt dargestellt, sind hier zu einer Szene verbunden: Jesus wird von gnomenhaft kleinen Schergen an der rechten Hand und an den übereinandergelegten Füßen an das Kreuz genagelt, während ein weiterer Scherge ihn um die Brust faßt und mit dem Kreuz, um es aufzurichten, in Schräglage hält. Dahinter steht die der Ohnmacht nahe Maria, die ihre Arme schlaff fallen läßt; von hinten umfaßt sie Johannes, um sie zu stützen. Die Themen der Kreuzannagelung und -aufrichtung, in den Evangelien nicht bezeugt, sind „erst aus dem Geiste der hochmittelalterlichen Bildtradition entstanden".[2] Ein Vergleichsbeispiel aus der Skulptur, etwa ein Jahrzehnt jünger, zeigt eine Holzbildgruppe aus einem Altarwerk in der Klosterkirche von Maulbronn.[3] Auf dem Kreuzigungsbild wich der Maler bewußt von dem nach dem Zeitstil herkömmlichen Schema für den Gekreuzigten ab. Er ist nicht als Sterbender dargestellt, mit auf die Brust herabgesunkenem Kopf und stark zur linken Hüfte durchgebogenem Körper, vielmehr als majestätische Gestalt von innerer Größe und Würde, hoheitsvoll, langgestreckt am Kreuz. „Ein überirdischer Friede durchstrahlt diese Gestalt".[4] Maria und Johannes stehen traditionell zu seiten des Gekreuzigten. Von den Schächern ist nur noch einer, der reuige, erhalten. Er ist, ein häufiges Motiv, an das Kreuz angebunden, wobei die Arme über den Querbalken gelegt sind. Seine Seele, ein nacktes Figürchen, wird von einem Engel in Empfang genommen.

Die Bilder wirken noch immer flächig, die Illusion einer Tiefe des Raumes wird nur zaghaft durch überkommene, kugelförmige Bäumchen mit Blättern angestrebt. Der Hintergrund ist dunkelgraublau. Das Gewand Jesu ist dunkelblau-violett, das des Petrus

---

[2] LCI 2, Sp. 601.

[3] Abbildung in: Baum: Gotische Bildwerke Schwabens. Abb. 64.

[4] Arnd Breuning: Wie Anm. 1, S. 61.

hellblau mit violettfarbenem Mantel, Maria hat ein hellblaues Gewand mit ursprünglich wohl rotem Mantel. Kostümgeschichtlich von Interesse sind die abgezackten Gewandsäume der Zaddelmode bei Malchus, Pilatus, den Soldaten und Schergen, auch die Mütze des Zimmermanns sowie die jüdischen Gewänder auf dem Bild der Kreuzannagelung und -aufrichtung.

Ein Fries mit Wellenranken von Akanthusblättern und roten Rosen schließt als schmückendes schönes Band die Malerei nach oben ab, nach unten ein schlichtes Zickzackband und darunter ein gemalter Wandbehang. Die Reste der Inschriften in Majuskelbuchstaben sind nur noch zum Teil zu deuten: „CALIX ISTE ·" über dem Rundbogenfenster, noch zum vorhergehenden Bild der Ölbergszene gehörig, ist der Rest des Satzes: „... SI POSSIBILE EST TRANSEAT A ME CALIX ISTE" (Mt 26, 39: „Wenn es möglich ist, gehe dieser Kelch an mir vorüber"). Über dem Bild des Judasverrats steht der Satz: „✠ · QVEM (OS)CVLATVS · FVE(R)O · ✠" (Mt 26, 48: „Der, den ich küssen werde").

Der Maler in der Barbarakapelle von Apfelstetten war ein erfahrener Künstler. Sein Stil ist mit dem des Malers in Ennabeuren verwandt. Mit ihm verband ihn eine Freude an Ornamentik. Er war zwar dem Zeitstil und den herkömmlichen Bildgedanken verbunden, verstand es aber, sich auch selbständig und unabhängig auszudrücken. Vielleicht war auch er ein wandernder Künstler aus dem Konstanzer Kunstkreis.

Ebenso bedeutende Wandmalereien birgt der Chor der Kirche, ehemals St. Laurentius, in ***Scharenstetten*** (Stadt Dornstadt, Alb-Donau-Kreis). Die romanische Chorturmanlage mit Kreuzrippengewölbe reicht in das 11. Jahrhundert zurück.

An der Nordseite des Chores ist das spitzbogige Feld mit einer Darstellung der Kreuzigung Christi ausgemalt. Sie ist die einzige in unserem Gebiet, die das Thema – im *43*
Gegensatz zu dem vorherrschenden reduzierten dreifigurigen Typus mit Maria und Johannes – als historisches Ereignis nach der Bibel mit einer größeren Zahl von Figuren auffaßt. Das Bild ist mit Christus, den Schächern und 15 weiteren Personen sowie mit umherfliegenden Engeln zu einer belebten Szene in ausgewogener Komposition ausgestaltet. Der Gekreuzigte, an ein T-Kreuz geschlagen, ist nach der Bedeutungsperspektive im Verhältnis zu den anderen Personen übergroß. Als geistige und formale Mitte beherrscht seine Gestalt das Bild. Sie folgt nicht ganz der herkömmlichen Form des Zeitstils: der herabgesunkene Körper ist zwar zur linken Hüfte ausgebogen, die Knie sind nach der anderen Seite gerichtet, das Haupt ist aber noch nicht auf die Brust gesunken. Der Lendenschurz fällt in kurvigen Schwüngen herab. Wie in Ödenwaldstetten umfliegen Engel den Gekreuzigten, um in Kelchen sein Blut aufzufangen oder ihn anzubeten. Unter dem Kreuz stehen Longinus mit der Lanze und Stephaton mit dem Essigschwamm. Die Schächer sind wie in Apfelstetten an das Kreuz angebunden, die Arme sind über den Querbalken gelegt. Im linken Bildteil stehen die Frauen, Maria, von Johannes gestützt, Maria Magdalena mit Salbgefäß und drei weitere Frauen. Die traditionelle Anordnung von Maria und Johannes je an den Seiten des Gekreuzigten ist abgeändert. Im rechten Teil sind die Soldaten versammelt, der nachdenkliche Hauptmann mit Schwert, auf Christus weisend mit den Worten: „Wahrhaftig, dieser Mensch war Gottes

43 Scharenstetten, Kirche ehem. St. Laurentius. Kreuzigung Christi. 1340–1350.

Sohn“ (Mk 15, 39), und die anderen Gewappneten mit Schwertern, Hellebarden und einer Standarte. Sie sind alle äußerst schlank und schmal dargestellt mit übertrieben kurzen, enganliegenden, abgezackten Waffenröcken. Hier scheint die Entwicklung des Figurenstils der schlanken, hochgewachsenen, schmalschultrigen Gestalten einen Höhepunkt erreicht zu haben.

Nur noch geringe Reste sind von einem Bild im unteren Teil der Nordwand erhalten. Dargestellt ist die Überreichung des Kopfes des enthaupteten Johannes d. T. (Mk 6, 28); das Bild wandelt die Szene in phantastischer Weise um: der Enthauptete selbst übergibt ihn auf einer Schüssel der Tochter der Herodias.

Die Ostwand zeigt über dem Fenster das in unserem Bereich einzige Beispiel einer Darstellung der thronenden Madonna. Maria erscheint gekrönt auf hohem Thron, das Kind frontal auf den Knien. Leider sind beide Figuren stark vergangen. Dieser Typ des Marienbildes geht wie andere Grundtypen des Marianischen Devotionsbildes auf die byzantinische Kunst zurück und wurde von der abendländischen Kunst übernommen. Der Thron ist in „umgekehrter Perspektive“ gemalt: er verkürzt sich nicht vom Betrachter nach rückwärts, sondern von der Sicht Mariens her in der Richtung auf den Betrachter. Neben dem Thron steht die hl. Dorothea mit den individuellen Attributen Korb und Rosenzweig; anders als auf ihrem Bild in Heiligkreuztal, wo das Jesuskind die Attribute trägt, hält sie sie hier selbst in der Hand. Die andere Heilige dürfte Maria Magdalena mit dem Salbgefäß sein.

Links vom Fenster der Ostwand erscheint ein Bild des Schmerzensmannes. Er ist wie 44
in Schelklingen mit geneigtem Haupt und vor der Brust übereinandergelegten Armen gestaltet, aber anders als dort ganzfigurig, auf einem kleinen Hügel stehend. Ihn umgeben die arma Christi: Geißelsäule mit Strick, Lanze und Stab für den Schwamm, drei Würfel, Hammer, Gewand, Schwamm, gekreuzte Stäbe zum Aufdrücken der Dornenkrone, Schwert, der Kopf eines Verspottenden, eine Hand. Vergleichbar mit dem Bild ist die Darstellung des gleichen Themas in der Kirche, ehemals St. Nikolaus, in Oberwälden, Lkr. Göppingen[1] (um 1300). Dieses Wandbild zeigt aber den Typ des Schmerzensmannes, der mit erhobenen Händen seine Handwunden vorweist. Das Bild in Scharenstetten steht in innerer Beziehung zu den Darstellungen rechts vom Ostfenster; hier werden die Martyrien des Kirchenpatrons, des hl. Laurentius, und des hl. Bartholomäus gezeigt. Der leidende Heiland und die Märtyrer fordern das Mitleiden der Gläubigen heraus.

Von der ursprünglichen Farbigkeit der Wandmalerei in der Laurentiuskirche zeugen die beiden Figuren im Gewände des Ostfensters, das lange Zeit zugemauert war. Links
steht der Erzengel Michael als Seelenwäger; mit zwei Fingern der linken Hand hält er die XIII
Waage, die rechte Hand stützt er auf den Knauf seines Schwertes. Wie in Willmandingen und in Berkach liegt auf einer Schale der „böse Teil" der Seele, in der anderen hockt betend der „gute Teil"; auch hier wiegt dieser Teil schwerer, wenn auch Dämonen mit Haken an Stangen die Schale mit dem „bösen Teil" herabzuziehen versuchen. Der Engel trägt ein lichtblaues Gewand, der Hintergrund des Bildes ist braunrot.

Ihm gegenüber steht eine Schutzmantelmadonna. Die große schlanke Gestalt mit XIV
Krone, ohne das Jesuskind, breitet ihren Mantel nach beiden Seiten aus. Darunter sind schutzsuchende Menschen versammelt, Mitra-Träger und eine gekrönte Person fehlen nicht, dahinter Frauen und Männer verschiedener Stände. Das Gewand der Maria und der Hintergrund haben dieselben Farben wie der Erzengel. Sie steht unter einem arkadenartigen pflanzlichen Gebilde, aus dem sich eine Lilie – Sinnbild der Jungfräulichkeit Mariens – und Ranken entfalten: eine Umbildung des Spitzbogens mit seitlichen Nasen und Kreuzblume. Diese Maria gehört, anders als jene in Münzdorf, zu dem selteneren Typ der Schutzmantelmadonna ohne das Jesuskind. Da sie hier nicht mit fürbittender Geste vor Gottvater oder Christus dargestellt ist, dürfte die theologische Aussage des Bildes der Gedanke des Erbarmens mit den Menschen sein. Vergleichbar ist das Wandbild der Schutzmantelmaria in der erwähnten Kirche in Oberwälden, Lkr. Göppingen (um 1300).[2] Ein weiteres Vergleichsbeispiel aus der zeitgenössischen Skulptur ist die Schutzmantelmaria vom östlichen Südportal der Heiligkreuzkirche in Schwäbisch Gmünd (nach 1348).[3] Die Maria in Gmünd ist aber nicht so überaus schlank dargestellt wie jene in Scharenstetten.

An der Südwand sind nur noch wenige Reste von Figuren erhalten. Vielleicht waren hier einst Heiligengestalten (Vierzehn Nothelfer?) dargestellt.

---

1 Abbildung in: Hummel: Wandmalereien im Kreis Göppingen, Abb. 7.

2 Abbildung in: Hummel: Wandmalereien im Kreis Göppingen, Abb. 6.

3 Abbildung in: Baum: Gotische Bildwerke Schwabens, Abb. 46.

44 *Scharenstetten, Kirche ehem. St. Laurentius. Schmerzensmann. 1340–1350.*

Die nach Osten gerichtete Innenwand des Chorbogens trägt Fragmente einer Darstellung von Christus als Weltenrichter; zwei Schwerter gehen von seinem Haupte aus wie in Münzdorf und in St. Martin zu Trochtelfingen.

An den oberen Teilen der Leibung des spitzbogigen Chorbogens sind die „drei Lebenden und die drei Toten" einander gegenübergestellt. Die Bilder veranschaulichen eine „Begegnung" der beiden Gruppen. Zu den mittelalterlichen Darstellungen dieser Thematik sind noch der „Totentanz" und der „Triumph des Todes" zu rechnen. Das Motiv der „drei Lebenden und der drei Toten" geht auf französische Gedichte des 13. Jahrhunderts zurück. Ihr wesentlicher Inhalt ist: Drei stolze Adlige haben sich auf der Jagd verirrt, sie kommen zu einem Friedhof, wo ihnen drei „lebende" Verstorbene begegnen. Diese sprechen auf sie ein und ermahnen sie zu einem besseren Lebenswandel, vor allem mit dem Hinweis: „Was ihr seid, das waren wir; was wir sind, werdet ihr sein." Leider sind von den Figuren in der Laurentiuskirche nur noch ganz geringe Reste vorhanden. Zu erkennen ist aber noch, daß sowohl auf der Seite der Lebenden wie der „lebenden" Toten gekrönte Personen stehen, einer der Lebenden trägt zur Andeutung der Jagd einen Falken auf dem Arm. Die drei Lebenden sind also bedeutende Persönlichkeiten in der Welt, die drei Toten waren vom gleichen Stand: eine Konfrontation jetziger und früherer irdischer Mächtiger, die wie alle Menschen der Vergänglichkeit preisgegeben sind. Bemerkenswert ist, daß hier der Maler die originelle Idee hatte, die beiden Gruppen räumlich einander gegenüberzustellen, indem er als Träger der Malerei die gegenüberliegenden Teile der Chorbogenleibung benutzte. Auf allen anderen Bildern des Typus mit stehenden „lebenden" Toten sind die Figuren nebeneinander aufgereiht. Diesen Typus hat Willy Rotzler den französischen genannt[4], weil die frühesten Denkmäler dieser Art so wie die Gedichte aus dem französischen Bereich stammen. Bei dem italienischen Typus sind die Toten nicht als „lebend" dargestellt, sie liegen als Tote in ihren Gräbern.[5] Die Bilder in Scharenstetten stellen eine Abwandlung des französischen Typus dar.

Die Bemalung der Sockelzone mit realistisch gefalteten Wandbehängen ist zum Teil noch gut erhalten.

Der Maler in Scharenstetten war ein Meister, der den Figurenstil der schlanken, hochgewachsenen Gestalten und der fließenden Gewänder perfekt beherrschte. Man wird seine Bilder etwa in das Jahrzehnt 1340–50 datieren können.

Die Kirche, ehemals St. Bartholomäus, von ***Setzingen*** (Alb-Donau-Kreis), in die im 13. Jahrhundert ein Christophorus-Bild gemalt worden war, erhielt wohl in der ersten Hälfte des 14. Jahrhunderts eine geschlossene Ausmalung der Chorostwand. Die Malerei ist in zwei Teile gegliedert. Der obere Teil zeigt in einem Bogenfeld (durch eine Stuckleiste teilweise überschnitten) rechts eine Maiestas Domini und links eine Deesis (?); bei dieser könnte der fehlende Johannes d. T. durch den Einbruch des Ostfensters zerstört worden sein. Während Christus in der Maiestas-Domini-Darstellung auf einem Regenbogen in der Mandorla thront, umgeben von den vier Wesen, sitzt er in dem Deesis-Bild auf einem thronartigen Sessel. Die Bilder sind von einem breiten Ornamentband mit Blüten auf braunrotem Grund gerahmt. Im unteren Teil sind geringe Reste eines Leben-Jesu-Zyklus, beginnend mit der Kindheit, erhalten.[1] Die Bildfragmente sind schwierig und nicht eindeutig zu interpretieren. Man kann aber vielleicht folgende Darstellungen annehmen: Spiel des Jesuskindes – Infantia Christi (?); zwölfjähriger Jesus unter den Schriftgelehrten; Segnung von Kindern durch Jesus (Mt 19, 13–15; Mk 10, 13–16; Lk 18, 15–17). Die Figuren der einzelnen Begebenheiten stehen wie in Lonsee in eigenen abgeschlossenen Räumen, gebildet von spitzbogigen Arkaden. Links sind noch

---

[4] Willy Rotzler: Die drei Lebenden und die drei Toten. Winterthur 1961, S. 73 ff.
[5] ebd., S. 125 ff.

---

[1] Wohl nicht: „Szenen aus der Leidensgeschichte des Herrn." So: Dehio, S. 450.

Reste eines Bildes des Apostels Andreas mit seinem Kreuz zu sehen. Sollten an der Stelle des Zyklus mehrere Malschichten übereinandergelegen haben? Die Bilderfolge ist von Blüten und Ranken auf blaugrauem Grund gerahmt. An der Chornordwand sind noch wenige Reste einer Passion Christi zu sehen, die wohl etwa aus der gleichen Zeit wie die Ausmalung der Ostwand stammt. Auch hier sind die einzelnen Szenen unter Arkaden gestellt.

Vom ersten Bau der Kirche, ehemals Unserer Lieben Frau, in ***Machtolsheim*** (Stadt Laichingen, Alb-Donau-Kreis), 1260 geweiht, sind der Chorturm und ein Teil der Nordwand stehengeblieben. An dieser befinden sich Reste eines Christophorus-Bildes und einer Bilderfolge aus dem Marienleben.

Das Bild des Christophorus gehört zu dem streng frontalen Typus, wie er im Münster von Reichenau-Mittelzell vertreten und in unserem Gebiet bisher in Setzingen und Schelklingen vorgekommen ist. Der Heilige ist wie jener in Setzingen bartlos mit reichem, das Gesicht rahmendem blondem Haar. Anders als dort ist das Jesuskind im Dreiviertelprofil und seinem Träger zugewandt dargestellt; es segnet mit seiner rechten Hand und in der linken trägt es die Weltkugel. Der Halsausschnitt am gelben Gewand des Riesen ist mit einer Bordüre von sich kreuzenden Zickzacklinien, der Gürtel mit einem Ornament von vierblättrigen Blüten verziert. Das Bild ist nur im oberen Teil erhalten.

Der anschließende Zyklus aus dem Marienleben zeigt im ersten Bild die Verkündigungsszene. Der Engel erscheint stehend mit Verkündigungsgestus. Ein Schriftband zeigt in Majuskelschrift seine Grußworte: „AVE MARIA ...“ (Lk 1, 28). Maria erhebt erschrocken die Hände; ihre Worte stehen auf einem anderen Schriftband: „ECCE ANCILLA · DN (DOMINI)...“ (Lk 1, 38). Der Heilige Geist ist über ihr in Gestalt einer Taube. Es fällt auf, daß nach der Komposition des Bildes Maria als „Regina angelorum“ nicht einen stärkeren Akzent erhalten hat als der Engel, beide Figuren erscheinen vielmehr „gleichgewichtig“. Eine Palme und ein Laubbaum sollen eine gewisse Räumlichkeit andeuten. Die Mäntel der beiden Figuren sind hellrot, der Hintergrund azurblau. Von den übrigen Bildern des Marienzyklus ist fast alles zerstört. Nur das letzte Bild ist undeutlich zu erkennen. Es stellt den Tod Mariens dar. Über ihr hält Christus in der Mandorla ihre Seele in Gestalt eines kleinen Menschenkindes im Arm. Der Zyklus ist nach oben durch Rundbögen abgeschlossen, in denen vor rotem Grund einst wohl Tiere dargestellt waren; der Fries erinnert an ein ähnliches Band in Bronnweiler.

Die Leibungen des Chorfensters enthalten geringe Reste von Bildern zweier Heiligengestalten: S. Katharina (teilweise beschriftet) und S. Barbara (mit dem Turm?); über ihnen erscheint die Heiliggeist-Taube. Man kann die Malerei wohl in die Zeit um 1340/50 datieren.

Die Kirche, ehemals St. Andreas, in ***Nellingen*** (Alb-Donau-Kreis) geht auf einen kleinen romanischen Bau zurück. Am Ende des 15. Jahrhunderts wurde sie erweitert, wobei u. a. die Nordwand nach innen verstärkt wurde.[1] An der nördlichen Chorwandhälfte wurde dabei eines von zwei Wandbildern teilweise verdeckt. Dieses Bild stellt die Verkündigung an Maria dar. Vom Engel ist nur noch die Hand mit der Verkündigungsgeste zu sehen; Maria, vor einem rundbogigen Portal stehend, neigt demütig ihr Haupt, über ihr ist der Heilige Geist in Gestalt einer Taube. Das Bild ist dem des gleichen Themas im nahen Machtolsheim sehr ähnlich: die Geste des Engels, das von ihm ausgehende Schriftband, die Haltung von Maria, die Taube sind gleichartig gestaltet. Das anschließende Bild der Begegnung von Maria und Elisabet zeigt beide Frauen bei der Begrüßung in einiger Distanz. Die beiden Darstellungen aus der Zeit vor der Umgestaltung der Kirche sind nur noch in schwachen Resten erhalten. Sie waren sicherlich der Anfang eines Leben-Jesu-Zyklus, von dem weitere Bilder nicht mehr bestehen. Sie sind unten von einem Wellband gerahmt, das schon in St. Afra zu Schelklingen zu finden war. Als Entstehungszeit kann man vielleicht das Jahrzehnt 1340/50 annehmen.

Von der Ausmalung des Chores und des Langhauses der Marienkirche zu ***Reutlingen*** sind nach dem Stadtbrand im Jahre 1726, der auch die Kirche heimsuchte, Wandbilder nur noch in der Westvorhalle und über den östlichen Seitenschiffportalen erhalten. Der Westbau mit Dreiportalanlage und Vorhalle wurde in der Zeit von etwa 1310 an errichtet. Nach einem Chroniktext wurde der Westturm im Jahre 1343 vollendet. Die Wandbilder in der Westvorhalle zeigen einzelne Gestalten von Heiligen ohne szenische Zusammenhänge.

Rechts vom südlichen Nebenportal erscheint eine Darstellung der hl. Katharina in *XV* einem monumentalen, überlebensgroßen Bild. Sie war schon in der Katharinenkapelle etwa vier Jahrzehnte vorher in verschiedenen Szenen gemalt worden. Das Bild erinnert an das der Heiligen in Veringendorf in der oberen Reihe der Nordwand. Wie dort ist sie ein edler Idealtyp mit der gleichen schlanken, hohen Gestalt, kleinem Kopf und über den Rücken fallenden blonden Locken, geschwungener Hüfte und ähnlich anmutigen Gesten, durch die sie Rad und Schwert hält. Der Mantel fällt weich bis zu den Füßen herab und gleitet an der Rückseite auf den Boden; er ist, anders als in Veringendorf, quer vor den Leib gezogen und wird vom rechten Arm festgehalten, so daß sich vor dem Körper Schüsselfalten und unter dem Arm gestufte Röhrenfalten bilden. In der Glasmalerei gibt es eine stilistische Parallele zu der Heiligen im Fenster der Schneiderzunft im nördlichen Seitenschiff des Freiburger Münsters, um 1320/30.[1] Als Vergleichsbeispiel aus der Tafelmalerei soll das Tympanonbild über dem Kreuzgangportal des Sommerrefektoriums im ehemaligen Kloster Bebenhausen, um 1335, „Maria als Thron Salomonis" erwähnt werden.[2] In der zeitgenössischen Skulptur ist mit der Reutlinger Heiligen z. B. die Madonna vom Nordportal des Ostchores des Domes zu Augsburg (1343) vergleich-

---

1 Nach H. Koppenhöfer: Die Andreas-Kirche in Nellingen. 1972, S. 9.

---

1 Abbildung in: Hermann Gombert: Das Münster U. L. Frau Freiburg i. Br. München u. Zürich 1977, S. 52.

2 Abbildung in: Prop KG 6, Abb. 275.

bar: der gleiche schlanke, in der Hüfte eingebogene Körper, die hochgezogene Schulter, der kleine Kopf und auch die ähnlichen Gewandfalten.[3]

Der hl. Christophorus ist gleich zweimal überlebensgroß vertreten: links vom südlichen und rechts vom nördlichen Nebenportal. Jeder Kirchenbesucher sollte einen von beiden sehen können. Sie sind anders als die Fragmente von Christophorus-Bildern in Setzingen, Schelklingen und Machtolsheim in der ganzen Figur erhalten. Sie gehören nicht wie diese dem feierlichen, frontalen und unbewegten Typus an, sie wenden sich vielmehr jeweils dem Portal, gleichsam dem Kirchenbesucher, zu und zeigen Bewegung und Drehung in den Körpern. Wie der Setzinger und Machtolsheimer Heilige tragen sie keinen Bart. Sie sind schlank und hochgewachsen, von weichfließenden Gewändern umhüllt, und die Köpfe sind klein. Während der linke Heilige zum Jesuskind, das segnend seine Hand über ihn hält, aufblickt, neigt der rechte den Kopf unter der linken
XVI Hand des Kindes, und dessen Rechte segnet ihn. Der linke trägt das Kind bis zur Schulter erhoben auf seiner linken Hand, der rechte halb auf der rechten Schulter, halb auf dem Arm. Anders als der Heilige links, der Gewand und Mantel hochgerafft hat und mit nackten Beinen das Wasser mit darin sich tummelnden Fischen durchschreitet, steht der rechte vorerst nachdenklich im Wasser.

Die Heiligen Katharina und Christophorus erinnern sehr stark an Bilder aus der Manessischen Liederhandschrift. Sie ist am Anfang des 14. Jahrhunders in Konstanz oder Zürich entstanden.[4] In dieser durch Miniaturen ergänzten Sammlung deutscher Minnelieder ist der Stil, in dem die hl. Katharina in der Westvorhalle gemalt ist, mehrfach wiederzuerkennen; z. B. in den Bildern zu den Liedern von „Burkhart von Hohenfels" und „von Kürenberg". Auch Motiv und Stil des Christophorus glaubt man im letzteren Bild wiederzufinden, während die Bilder zu den Liedern von „Reinmar von Hagenau" und „Bligger von Steinach" eine gewisse Verwandtschaft mit dem Jesuskind zeigen. Die Farben sind jetzt unklar, ursprünglich mag ein Purpurrot der Gewänder vorherrschend gewesen sein.

XVII Mit der Gestalt des Apostels Paulus, eines Hauptpatrons der Kirche, links vom nördlichen Seitenportal, ist dem Maler eine neue und in unserem Gebiet einmalige Konzeption gelungen. Sie entspricht nicht dem überkommenen Typus einer hochgotischen Stehfigur, sie ist vielmehr eine Weiterentwicklung zu einer realistischer erscheinenden Gestalt. Paulus wird nicht wie z. B. in Feldstetten und Veringendorf in monotoner Haltung gezeigt, wobei er das Schwert in einer Hand hält oder über eine Schulter legt, er steht vielmehr mit gespreizten Beinen, faßt das Schwert mit beiden Händen und blickt gedankenvoll darauf mit geneigtem Haupt. Sein weiter Mantel fällt in weichen Schwüngen herab. Mit diesem Bild könnte sich die Tendenz der zweiten Jahrhunderthälfte, an die Stelle von Idealtypen realistischere Gestalten treten zu lassen, ankündigen.

Über dem Bild erscheint ein ganzfiguriger Schmerzensmann, der zu einem anderen Typus als die entsprechenden Bilder in Schelklingen und Scharenstetten gehört. Sein

---

[3] Abbildung in: Baum: Gotische Bildwerke Schwabens, Abb. 32.

[4] Ewald Jammers: Das königliche Liederbuch des deutschen Minnesangs. Eine Einführung in die sogenannte Manessische Handschrift. Heidelberg 1965, S. 29 ff.

Haupt ist gesenkt, die Hände sind vor dem Leib gefesselt, zwei Kerzen tragende Engel knien neben ihm, es fehlen die arma Christi. Das Bild ist eine schwächere Leistung als die Heiligenfiguren.

An die Seiten des Hauptportals ist je ein hl. Bischof gemalt, wohl zwei der Kirchenpatrone.

Es fällt auf, daß alle diese Figuren in der Westvorhalle frei an der Wand ohne Boden stehen und auch ohne gemalte Baldachine oder sonstige „Gehäuse" auskommen.

Nicht von dem Meister, der diese Bilder schuf, stammen die fast übereinstimmenden dreifigurigen Kreuzigungsdarstellungen an den Innenseiten der Seitenportal-Tympana sowie mehrere Apostelfiguren in Zwickeln zwischen den Wandarkaden in den Seitenschiffen. Diese Bilder sind eine geringere Leistung als die anderen in der Westvorhalle. Die Kreuzigungsbilder folgen in der Darstellung des Gekreuzigten dem Schema, welches die erste Jahrhunderthälfte ausgebildet hatte und z. B. schon in der Katharinenkapelle und in St. Afra zu Schelklingen zu finden war.

Die östlichen Seitenschiffportale führen in das erste Langhausjoch, das ursprünglich für ein Querhaus geplant war und nach Aufgabe des Planes das Aussehen eines „unterdrückten" Querschiffes erhielt. Die inneren Tympana über ihnen tragen Wandbilder. In dem linken der beiden Bogenfelder über dem südlichen Portal erscheint ein Schmerzensmann, der mit jenem in der Westvorhalle fast identisch ist; der Unterschied liegt allein darin, daß die Kerzen tragenden Engel nicht knien, sondern stehen. Im rechten Bogenfeld befindet sich ein Bild der stehenden Maria mit Kind, dem die Heiliggeist-Taube erscheint, zwischen Kerzen tragenden Engeln.

Auf das Tympanon über dem Portal des nördlichen Seitenschiffes ist ein dreifiguriges Kreuzigungsbild gemalt. Es entspricht dem seit der Jahrhundertwende üblichen Schema. *XVIII*
Dem aus dem Pestjahr 1348 stammenden Wandbild in einer Altarnische der oberen Sakristei des Münsters zu Konstanz[5] ist es besonders eng verwandt, wenn auch ein Unterschied nicht zu übersehen ist: die Figuren neben dem Kreuz sind auf dem Konstanzer Bild kleiner, in Reutlingen erscheinen sie wie in der Katharinenkapelle im Vergleich zum Gekreuzigten zu groß. Man kann vermuten, daß der Meister des Reutlinger Bildes das Konstanzer Bild gekannt und vielleicht Skizzen davon in einem Musterbuch bei sich getragen hat. Er könnte wie einige andere, die schon erwähnt wurden, als wandernder Künstler aus dem Konstanzer Künstlerkreis gekommen sein. Ein weiteres Vergleichsbeispiel für das Reutlinger Bild aus der Glasmalerei ist das Kreuzigungsbild im Fenster der Malerzunft im nördlichen Seitenschiff des Freiburger Münsters, um 1320/30.[6]

Man kann die Bilder in der Westvorhalle und über den östlichen Seitenschiffportalen etwa in das Jahrzehnt 1340 bis 1350 datieren.

Die vierfache Wiederholung der Passion Christi in den Kreuzigungsbildern über drei Portalen und in der Katharinenkapelle spiegelt zusammen mit der zweifachen Darstel-

---

[5] Abbildung in: Heribert Reiners: Das Münster U. L. Frau zu Konstanz. Konstanz 1955, Taf. III.

[6] Abbildung: Wie Anm. 1, S. 53.

lung des Schmerzensmannes die religiöse Stimmung der Zeit in der ersten Hälfte des 14. Jahrhunderts, in der die Versenkung in das Leiden Christi und die Mystik das Frömmigkeitsleben der Menschen bestimmte. Für sie war Christus – anders als in den vorangegangenen Jahrhunderten, in denen er in strenger Feierlichkeit verehrt worden war – wie ein geliebter Bruder, der für sie gelitten und gesühnt hatte und zum Mitleiden aufforderte. Es scheint, als drückten die Passionsbilder in der Marienkirche auch das eigene Leiden der Menschen aus in jener Zeit, in der zwischen 1315 und 1318 ganz Europa eine Hungersnot durchleiden mußte und von 1347–1350 die Pest wahrscheinlich ein Drittel der europäischen Bevölkerung dahinraffte.

Aus dem gleichen Jahrzehnt 1340-50 könnte das monumentale Christophorus-Bild in der Friedhofskirche, ehemals Pfarrkirche Unserer Lieben Frau, in ***Balingen*** (Zollernalbkreis) stammen. Der Chor und das einschiffige Langhaus der Kirche wurden in der ersten Hälfte des 14. Jahrhunderts neu gebaut. Das Christophorus-Bild ist auf die Nordwand des Chores gemalt und reicht bis in den Schildbogen hinauf; im unteren Teil ist es zerstört. Es zeigt den bartlosen Riesen frontal und unbewegt wie in Setzingen, Schelklingen und Machtolsheim, und er gehört zu dem Typus, den die Christophorus-Bilder dort vertreten. Seine Haltung ist der des Schelklinger Heiligen ähnlich, ebenso die des Jesuskindes. Es sitzt auf seiner Hand, obwohl es in der Legenda aurea heißt: „Christophorus nahm das Kind auf seine Schulter.“[1] Der Riese hat seinen Mantel hochgerafft und vor dem Leib zu einem Knoten zusammengebunden. Seine Gewandung ist schlichter als die der anderen Heiligen, abgesehen von einer riesigen Agraffe am Halsausschnitt. Von den Farben hat sich ein dunkles Purpurrot des Gewandes, das Hellblau eines anderen Gewandteiles und das Blond der Locken des Riesen erhalten.

In das gleiche Jahrzehnt vor der Jahrhundertmitte kann man vielleicht die Wandbilder an der nördlichen Außenwand der Kapelle St. Ulrich in dem Weiler ***Elmenau*** (Gem. Neukirch, Bodenseekreis) datieren. Erhalten sind nur wenige Reste der Umrißzeichnungen. Von einem großen Christophorus-Bild ist fast nichts mehr zu sehen, nur den großen Stab kann man teilweise erkennen. Dagegen zeigen die beiden anderen Heiligengestalten noch einige Umrisse, an denen man sie deuten kann. Links steht die gekrönte hl. Katharina mit einem kleinen Rad in der linken und einem Schwert in der rechten Hand, rechts der hl. Leonhard von Noblac als Abt mit Tonsur und mit seinem individuellen Attribut der Gefangenenfessel. „Diese sehr verblaßten Figuren verdienen kulturhistorisches Interesse, weil sie zu den ältesten erhaltenen Beispielen von Fassadenmalerei nördlich der Alpen zählen – Ausläufer byzantinischer Traditionen des Südens, Vorläufer der später in Süddeutschland verbreiteten und beliebten ‚Lüftlmalerei‘.“[1]

---

[1] Legenda aurea, S. 500.

---

[1] Jürgen Michler: Die Kapelle S. Ulrich in Elmenau und ihre Wandmalereien. Kulturdenkmale in Bad.-Württ., Kleine Führer, Blatt 54. Stuttgart 1988.

Die zweite Hälfte des 14. Jahrhunderts

An den Anfang der zweiten Hälfte des Jahrhunderts kann man die Wandbilder in der außerhalb des Ortes liegenden ehemaligen Friedhofs- und Wallfahrtskirche, früher St. Cyriacus und Pankratius, zu ***Talheim*** (Stadt Mössingen, Lkr. Tübingen) setzen. Die Chorturmkirche stammt aus der ersten Hälfte des 14. Jahrhunderts. Die Bilder befinden sich an der Leibung des Chorbogens, einige Fragmente in der Südostecke des Chores.

Dargestellt sind am Chorbogen vier Heiligengestalten, je zwei übereinander auf der Süd- und Nordseite. Südlich steht Johannes d. T.; er hält in der rechten Hand eine Rundscheibe mit dem Bild des Lammes, auf das er mit der linken Hand hinweist. Dieses *45* Motiv ist schon in der ehemaligen Abteikirche in Heiligkreuztal erschienen. Es veran-

45 Talheim, Friedhofskirche ehem. St. Cyriacus und Pankratius. Johannes d. T. 1350–1360.

schaulicht die auf Jesus bezogenen Worte des Täufers: „Seht das Lamm Gottes" (Joh 1, 36). Unter Johannes könnte die hl. Barbara dargestellt sein. Sie hält in der mit einem Tuch bedeckten rechten Hand als ihr Attribut einen großen Kelch (oder eine Monstranz), der mit einem Deckel, auf dem ein Kreuz steht, verschlossen ist. Sollte es sich um die hl. Barbara handeln, so könnte der Kelch ihr Kennzeichen als Nothelferin in der Sterbestunde sein. An der Nordseite der Chorbogenleibung ist oben die hl. Agnes mit einem Lamm dargestellt. Das Attribut geht auf die Legende zurück, einige Tage nach ihrem Begräbnis sei sie ihren Eltern mit einem Lamm, das auf ihren Namen (lat. agnus) anspielt, erschienen. Unter ihr steht ein hl. Bischof mit Mitra, Stab und Buch. Über die Figuren wölben sich zur Hervorhebung ihrer Würde gemalte Spitzbögen mit seitlichen Nasen.

In den vier Heiligengestalten scheint sich der Wandel im Figurenstil, der sich schon in der Gestalt des Paulus in der Reutlinger Westvorhalle ankündigte, auszudrücken: die übermäßige unnatürliche Schlankheit der Gestalten der ersten Jahrhunderthälfte mit hohem Wuchs, schmalen Schultern und kleinen Köpfen ist einer realistischeren Proportionierung gewichen, die Köpfe sind größer geworden, die Füße von Johannes sogar zu groß. Von den Farben haben sich im wesentlichen nur die Umriß- und Binnenlinien sowie der blaugrüne Hintergrund erhalten. Die neue Auffassung von der menschlichen Gestalt zeigt sich auch in der zeitgenössischen Skulptur, z. B. in der Marienfigur vom Südportal des Ostchores des Domes in Augsburg (zwischen 1356 und 1370).[1] Die abgefaste Kante des Chorbogens trägt auf rotem Grund eine grüne Blattranke.

Der Chorraum war wohl mit einem Zyklus über das Marienleben oder das Leben Jesu ausgemalt; hiervon ist nur ein kleiner Rest in der Südostecke erhalten: Maria arbeitet am Spinnrocken und Jesus als Knabe hält die Garnhaspel. Hier zeigen sich zum ersten Mal in unserem Gebiet neue Motive in der Darstellung des Lebens Jesu: es werden genrehafte Züge aus dem häuslichen Leben eingebracht.

Die Stadtkirche ***Ravensburg***, eine dreischiffige, flachgedeckte Säulenbasilika mit Rechteckchor, entstand um 1350 als Klosterkirche des Bettelordens der Karmeliter; 1392 wurde sie erneuert und vergrößert. Sie birgt mehrere Fragmente von Wandbildern aus verschiedenen Zeiten, die teilweise in unterschiedlichen Malschichten übereinander liegen und bei der Freilegung nicht klar getrennt wurden. Aus der Zeit des ursprünglichen Baues könnten einige Fragmente links vom Chorbogen stammen. Dargestellt war die Ankunft der Drei Könige bei dem neugeborenen Jesuskind. Zu sehen sind noch die beiden letzten der in Reihe hintereinander reitenden Könige; der erste (zerstört) scheint schon abgestiegen zu sein, während der zweite in herkömmlicher Weise, wie in Schelklingen, dem dritten zurückblickend den Stern zeigt. Seltsamerweise erscheinen die beiden letzten in gestrecktem Galopp, und auch die sie begleitenden Hunde sind in vollem Lauf, obwohl das erste Pferd dicht vor ihnen schon steht. Erhalten sind im wesentlichen

[1] Abbildung in: Baum: Gotische Bildwerke Schwabens, Abb. 37.

braunrote Umrißzeichnungen und ein blaugrauer Hintergrund. Das Bild wird unterbrochen durch den Bogenansatz eines – später abgebrochenen – Lettners. Es ist oben gerahmt von einem bläulich-rostroten Band von Zacken (Deutsches Band), unten von einem ähnlichen Band, dessen Zacken durch Rechtecke getrennt sind, links von einem Wellband. Die beiden letzteren Motive sind auch im Chor von St. Martin in Bregenz zu finden[1], das Wellband auch in St. Afra zu Schelklingen und in der Andreaskirche von Nellingen.

Die frühere Pfarrkirche, heutige Friedhofskirche, St. Peter in ***Nusplingen*** (Zollernalbkreis) reicht in das 11. Jahrhundert zurück. Um 1360 erhielt der Chor unter dem Turm ein Kreuzrippengewölbe. Aus dieser Zeit dürften auch die Fragmente von Wandmalereien im Chor stammen.

46 Nusplingen, Friedhofskirche St. Peter. Evangelistensymbole. Um 1360.

An der Ostwand sind noch Reste einer um zwei Figuren erweiterten Deesis-Darstellung erhalten. Christus sitzt in hellblauem Gewand und purpurrotem Mantel auf einem *XIX* Thron, erhebt seine Hände und weist seine Wundmale vor; die Wunde in der Brust ist durch eine rautenförmige Öffnung im Gewand gekennzeichnet. Dieses Motiv war

[1] Abbildungen: Michler: Gotische Ausmalungssysteme, Abb. 5–8.

schon in St. Martin von Trochtelfingen und im Chor der Hünensteinkapelle bei Trochtelfingen zu finden. Aus dem Munde Christi treten zwei (?) Schwerter. Das überkommene Motiv der unorganisch zur Seite gestellten Füße tritt auch hier wieder auf. Neben Christus knien Maria, ebenfalls in blauem Gewand und rotem Mantel, und Johannes d. T. Hinter diesen steht je eine Gestalt, links wohl der Erzengel Michael, der vielleicht eine Kreuzfahne hält; er trägt ein Gewand, das dekorativ von Rhomben und vierblättrigen Blüten überzogen ist, ein beliebtes Motiv in der Glasmalerei, z. B. im großen Chorfenster der ehemaligen Abteikirche in Heiligkreuztal.[1] Die Figur hinter Johannes d. T. ist fast ganz zerstört.

An der Nordwand des Chores sind in einem einfachen Rahmen zwei Heiligengestalten gemalt. Eine von ihnen übergibt der anderen einen Kreuzstab. Hier könnte die Szene dargestellt sein, wie Jesus dem Kirchenpatron Petrus – er hält wohl im linken Arm den Schlüssel – die Vollmacht überträgt (Mt 16, 18). Dafür spricht, daß Petrus als Attribute außer dem Schlüssel häufig einen Kreuzstab hat. Bei der Szene handelt es sich wohl nicht um die Darstellung des Missionsauftrages[2], dieses Motiv ist erst vom 16. Jahrhundert an aufgetreten.[3] Auch in St. Peter zu Nusplingen haben die Figuren realistische Proportionen; die Tendenz zu einem neuen Figurenstil scheint sich also fortzusetzen.

Im Chorgewölbe waren die vier lebenden Wesen als Evangelistensymbole vor einem sternübersäten, dunkelblauen Himmel wiedergegeben, je zwei auf den nach Süd und Nord gerichteten Gewölbekappen. Eine Maiestas-Domini-Darstellung, zu der die Symbole entsprechend ihrer Herkunft aus den Visionen der Apokalypse gehören, ist nicht mehr vorhanden; es ist aber denkbar, daß eine solche Darstellung in die anderen Gewölbekappen gemalt war. Von den Evangelistensymbolen sind in einer Kappe noch der
46 Adler und der Stier erhalten, zwei eindrucksvolle, urtümliche Wesen. In der gegenüberliegenden Kappe erkennt man schwach den Kopf und einen Flügel des Menschen.

Die Kreuzrippen sind, um das Architektursystem hervorzuheben, mit verschiedenen Ornamenten bemalt: mit ineinandergehenden herzförmigen gelben Ranken, die im Inneren auf rotem Grund Blütenblätter haben, mit einer gelben Wellenranke und Blüten (fast ganz zerstört), mit gelbem Rautenfries auf rotorangefarbenem Grund, mit einem blaugelben und blauroten Wellenband und ineinandergreifenden pfeilspitzenartigen geometrischen Figuren. Mit den herzförmigen Ranken vergleichbare Ornamente finden sich als Randleisten um Wandbilder in der Dorfkirche von Axien, Bez. Cottbus, Anfang 13. Jahrhundert[4], und auf einem Altarflügel aus Worms als Bordüre um ein Bild des hl. Stephanus, Mitte 13. Jahrhundert.[5]

Neben dem Bild an der Nordwand ist eine schöne Akanthusranke an der alten romanischen Sakramentsnische zu sehen.

---

[1] Abbildungen in: Hans Wentzel: CVMA Deutschland I, 1, Abb. 431–469.

[2] So: Herbert Schäfer: St. Peter zu Nusplingen – ein heimatliches Kleinod. In: Mitteilungsblatt d. Gemeinde Nusplingen, Juni 1979.

[3] LCI 3, Sp. 271.

[4] Abbildung in: Nickel: Mittelalterliche Wandmalerei i. d. DDR, Abb. 16, 17.

[5] Abbildung in: Die Zeit der Staufer, Ausstellungskatalog, Bd. II; Abb. 230.

Eine weitere Darstellung der Evangelistensymbole, etwa aus der gleichen Zeit wie jene in Nusplingen (1360–70), hat ein Maler von anderer Art an das Gewölbe im Chor der ehemaligen Stiftskirche St. Mauritius (St.-Moriz-Kirche) in ***Rottenburg*** am Neckar (Lkr. Tübingen) gemalt. Die Kirche ist eine dreischiffige Basilika mit kreuzrippengewölbtem Chor und flachgedecktem Langhaus mit Rundpfeilerarkaden; sie wurde in der ersten Hälfte des 14. Jahrhunderts erbaut. Die Evangelistensymbole stehen isoliert, außerhalb einer Maiestas-Domini-Darstellung, am Gewölbe. Das ist wohl auf die Form der Kappen des Gewölbes zurückzuführen; die Beschränkung auf die vier Symbole scheint aber auch zu zeigen, daß der Gedanke ihrer Herkunft aus dem visionären Bereich (Apk 4, 7) zurücktreten konnte. Der Maler hat die seit dem Kirchenlehrer Hieronymus allgemein geltende Beziehung zwischen den vier Lebewesen und den Evangelistensymbolen, Mensch – Matthäus, Löwe – Markus, nicht beachtet; denn er hat die Inschrift: S · MATHEVS · dem Löwen und · S · MARCHVS · dem Menschen zugeteilt.[1] Der Stil der Symbole unterscheidet sich deutlich von dem in Nusplingen. Die vier Wesen sind „realistischer“, aber „kleinlicher“ und weit entfernt von der Vermittlung einer Vision.

Um die gleiche Zeit dürfte auch das Wandbild links vom Chorbogen entstanden sein, das einst als Retabel eines Katharinenaltars gedient hat. Dieser wurde im Jahre 1365 „im Zusammenhang mit einer Jahrtagsstiftung des Ritters Diemon Kechler, Vogt zu Rottenburg, erstmals urkundlich genannt“.[2] Dargestellt ist eine Kreuzigung Christi mit Maria *XX*
und Johannes, erweitert um die Altarpatronin, die hl. Katharina, und den Kirchenpatron, den hl. Mauritius mit Lanze, Lanzenfahne und Schild. Die Gruppe steht unter einem flachen Spitzbogen, der von einem Wimperg mit Maßwerk und Krabben überhöht wird. Der Raum oberhalb des Wimpergs ist rechteckig von einem breiten Rahmen umgeben, durch den sich ein wellenförmig gebogener Ast mit stilisierten Blättern zieht. In der Ecke zwischen Wimperg und Rahmen ist auf einem Halbrundschild mit Helmzier das Wappen „der Stifterfamilie, der späteren Freiherren Kelcher von Schwandorf“[3] gemalt, dahinter Blendarkaden. Eine Angehörige der Familie kniet klein am Fuß des Kreuzes. Unterhalb des Bildes sind noch schön gemalte Wandteppiche, teilweise mit Rauten und Vierblattblüten, erhalten.

Der Figurenstil des Bildes erinnert an jenen des Kreuzigungsbildes in der Katharinenkapelle der Marienkirche zu Reutlingen und an die hl. Katharina in der dortigen Westvorhalle. Die Gestalten sind jedoch realistischer proportioniert. Anders als in Reutlingen ist die Gestalt des Johannes dargestellt, der sich in ungewöhnlicher Weise mit dem ganzen Körper dem Gekreuzigten zuwendet. Der Maler des Bildes stand wohl auch unter dem Einfluß der Glasmalerei, so z. B. des Ostfensters in Heiligkreuztal.[4] Mehrere Motive des Fensters kehren hier wieder: der Wimperg mit Krabben, Blendarkaden hinter dem Wimperg, Rhomben mit Vierblattblüten in den Wandteppichen.

---

[1] Vgl. Dieter Manz: St. Moriz in Rottenburg-Ehingen. Rottenburg a.N., 2. Aufl. 1989, S. 21.

[2] ebd., S. 20.

[3] ebd.

[4] Abbildungen in: Hans Wentzel: CVMA Deutschland I, 1, Abb. 431–469.

47 *Bronnweiler, Marienkirche. Vesperbild. Maria mit dem kindhaft kleinen Christus auf dem Schoß. 1360–1370.*

Die Marienkirche in ***Bronnweiler*** (Stadt Reutlingen), eine vielbesuchte Wallfahrtsstätte, erhielt nach ihrer Ausmalung im 13. Jahrhundert an der Nordwand ein weiteres Wandbild von besonderem ikonographischem Interesse: ein Vesperbild, Maria mit dem
47 toten Christus auf dem Schoß. Bilder mit diesem Thema, die wohl auf die Mystik besonders der Frauenklöster zurückgehen, rechnet man zu den Andachtsbildern, die den Betrachter zu einer kontemplativen Versenkung in den Bildinhalt auffordern. Sie sind für Wallfahrtsstätten besonders geeignet. Ihren Ursprung haben sie „weniger in kirchlicher Liturgie als vielmehr in persönlicher Frömmigkeit."[1] Sie verdanken ihren Namen dem Brauch, „zwischen der Kreuzverehrung des Karfreitags und der Grablegung zur Zeit der Vesper eine besondere Betrachtung der fünf Wunden des auf dem Schoß der Mutter ruhenden Sohnes einzuschieben."[2] Das Bronnweiler Vesperbild gehört zu dem

---

[1] LCI 4, Sp. 450.

[2] ebd.

Typus mit kindhaft kleinem Christus auf dem Schoße Mariens. „Die natürlichen Größenverhältnisse und die Naturwahrheit ... sind der stärkeren Symbolhaftigkeit geopfert. Christus wird zum Zeichen der Erlösung.“ [3] Dieser Typus kam von der Mitte des 14. Jahrhunderts an auf; er ist in unserem Bereich sonst nicht vertreten. Man könnte danach das Bronnweiler Bild in die zweite Hälfte des Jahrhunderts, vielleicht um 1360–70, datieren. Es hat eine Besonderheit insofern, als Maria mit ihrem toten Sohn wohl auf einer Himmelssphaira (?) thront, die mit einem großen Kreis (?) gekennzeichnet sein könnte. Von Maria aus scheinen ursprünglich Reihen von Quadraten innerhalb des Kreises, die mit den Ecken aneinander stoßen, ausgegangen zu sein. Sollte es sich dabei um symbolische Formen für den irdischen Kosmos [4] handeln? Die Reihe links ist wohl später durchschnitten und teils in Dreiecke halbiert worden. Die Vierecke sollten vielleicht auch auf die symbolische Bedeutung der Vierzahl (z. B. vier lebende Wesen, vier Evangelisten, vier Jahreszeiten usw.) hinweisen. Die Farbe der Maria und der Quadrate ist braunrot.

In die zweite Hälfte des 14. Jahrhunderts kann man wohl auch die Reste eines Wandbildes in der Kapelle St. Leonhard zu ***Rimpach*** (Stadt Leutkirch i. Allgäu, Lkr. Ravensburg) datieren. Der Rokokobau wurde 1765 von J. G. Specht errichtet; er benützte dabei Reste einer Kapelle des 14. Jahrhunderts. Die Fragmente des Wandbildes befinden sich an einer Restwand in der Nordwestecke des Schiffes. Dargestellt war wohl die Handwaschung des Pilatus aus einem Passionszyklus. Das Bild ist zum größten Teil durch Einbau einer Empore und durch Pickelhiebe zerstört. Man erkennt nur noch die rotbekleideten, nach rechts gerichteten Beine einer sitzenden Person, also die des Pilatus, rechts daneben die Beine eines ihm zugewandten Mannes mit dunklen Beinlingen, der ihm wohl die Waschschüssel reichte, und weiter rechts die Beine eines zweiten Mannes, mit blauen Beinlingen. Zwischen diesen beiden Männern stand wohl Christus in rotem Prunkgewand, das ihm Herodes hatte umhängen lassen (Lk 22, 11).

Die Kirche, ehemals St. Stephan, in dem Albdorf ***Gruorn*** bei Münsingen (Lkr. Reutlingen), die mit ihren ältesten Teilen in das 11./12. Jahrhundert zurückreicht, besaß früher ein riesiges Wandbild des „Weltgerichts“. Die Gemeinde wurde 1938 wegen Einbeziehung in den Truppenübungsplatz Münsingen aufgelöst. Das Wandbild an der Südwand des Schiffes zwischen zwei Fenstern wurde später von der Wand abgenommen und in getrennten Teilen im Heimatmuseum Münsingen aufgestellt.

Der Weltenrichter thront wie der erhöhte Christus in der Maiestas-Domini-Darstellung in Kappel frontal auf einem Regenbogen (Apk 4, 2–3); sein Oberkörper ist entblößt, die Füße ruhen auf einem zweiten Regenbogen. Von seinem Munde gehen wie auf dem Gerichtsbild in Münzdorf zwei Schwerter aus als Sinnbilder seiner Macht, *48*

[3] LCI 4, Sp. 452.

[4] LCI 2, Sp. 696.

48 Gruorn (Gemeinde aufgelöst), Kirche ehem. St. Stephan. Weltgericht. Um 1380.

Recht zu sprechen. Er erhebt wie dort beide Hände zum Zeichen, daß nun das Weltgericht begonnen hat. Gleichzeitig weist er seine Wundmale vor, die der Maler in eigentümlicher Weise mit „Strahlen" umgeben hat. Neben ihm sitzen auf Wolken zu beiden Seiten die Apostel als Gerichtsbeisitzer. Sie zeigen gegenüber den Aposteln in Münzdorf in ihren Handgebärden und der Hinwendung zueinander den zaghaften Beginn einer Darstellung von innerlich bewegten und sogar miteinander disputierenden Beisitzern. Unter ihnen in einer zweiten Zone knien auf Wolken Maria[1] und Johannes d. T. als Fürbittende. Der Engel neben Maria bringt das Kreuz herbei als Legitimation des Richtertums Christi. Zwei andere Engel blasen mit Posaunen (Mt 24, 31: „Et mittit angelos suos cum tuba") zum Beginn des Gerichts. In der unteren Zone ziehen links die Seligen, in „Auferstehungsleibern" und in den Gewändern ihrer Lebenszeit, auf das Himmelstor zu, das Petrus gerade aufschließt. Dieser ist nach dem herkömmlichen Portrait-Typus gebildet, sogar kahlköpfig. Die Seligen werden von einem Papst mit Tiara angeführt, dem mehrere gekrönte Häupter und auch einige ohne Krone folgen. Es fällt auf, daß sich die Gestalten jeweils an den Armen fassen. Die andere Seite mit den Verdammten ist zerstört; man kann aber gerade noch den Kopf eines anderen Papstes mit Tiara sehen, der mit betroffenem Gesicht zur Hölle abgeführt wird[2], eine unverkennbare Kritik an kirchlichen Verhältnissen. Von der Darstellung der Auferstehenden ist nichts erhalten.

Eine Besonderheit des Bildes ist der Hintergrund in den beiden oberen Zonen, der mit einem Muster von Rauten, in die jeweils vierteilige Blüten mit je drei Blättern gemalt sind, überzogen ist. Bei diesen Ornamenten hat sich der Maler wohl – wie schon bei anderen Bildern mehrfach vermutet – von der Glasmalerei leiten lassen, die vorwiegend solche Motive zur Ausfüllung der neutralen Räume hinter Figuren innerhalb von Zierarchitekturen benutzt hat.[3]

Die Figuren schließen sich dem Stil an, wie er sich bisher in der zweiten Jahrhunderthälfte dargestellt hat: Die Gestalten sind realistisch proportioniert, ohne übermäßige Länge und idealisierende Züge, teilweise sind sie sogar untersetzt; die Füße der Apostel wirken immer noch wie in viel älteren Bildern, als wären sie an die Gewänder angeheftet. Man wird das Bild in das letzte Viertel des Jahrhunderts datieren können, vielleicht in die Zeit um 1380. Die Farben sind ocker bis braun bei den Figuren, der Hintergrund ist grünlichblau. Nach oben war das Bild durch einen Fries von übereckgestellten Vierecken mit einer gewissen Perspektivwirkung abgeschlossen.[4] Es muß mit seinen Ausmaßen von 5,50 m Höhe und 3,50 m Breite einst von monumentaler Wirkung in der Kirche gewesen sein.

Etwa in die gleiche Zeit könnte man die Reste von Wandbildern an der nördlichen Langhauswand der Kirche, ehemals St. Martin, in ***Ballendorf*** (Alb-Donau-Kreis) datieren. Erhalten sind einige Fragmente aus einem Leben-Jesu-Zyklus. Das erste Bild gehörte wohl zu einer Anbetung der Drei Könige. Maria, mit großer Krone, sitzt auf

[1] Nicht: Christus am Ölberg. So: H. D. Ingenhoff: Die Abnahme der Wandmalereien aus der ev. Kirche zu Gruorn b. Münsingen. In: Nachrichtenbl. d. Denkmalpflege i. Bad.-Württ. 3, 1960, S. 50.

[2] Nach Abnahme des Bildes nicht mehr vorhanden.

[3] Vgl. die Abbildungen zu: Hans Wentzel: Das Mutziger Kreuzigungsfenster, Taf. 55–64.

[4] Nach Abnahme des Bildes nicht mehr vorhanden.

einem Thron, das Kind steht neben ihr und wendet sich an einen der Könige (zerstört). Zwischen Mutter und Kind besteht eine enge Zuwendung in Körperhaltung und Handgebärden. Anschließend folgt ein grauenvolles Bild des betlehemitischen Kindermordes: einer der gewappneten Soldaten hat mehrere Kinder aufgespießt, ein anderer zerhackt ein Kind mit einem Beil, daneben schreit eine Mutter zum Himmel. Die Bilder sind nach oben begrenzt von einem perspektivisch aufgefaßten Rundbogenband. Darüber zieht sich ein Fries entlang, der sonst in unserem Gebiet nicht anzutreffen ist: Tiere laufen hintereinander her oder „sprechen" sogar miteinander. Es handelt sich wohl um Hund, Hase, Bär, Drachen (?), aus dessen langem Schwanz Blätter wachsen, Füchse oder Wölfe (?), Ziege (?). Hier scheint das seltene Motiv des „Tierfriedens" dargestellt zu sein, das zu den endzeitlichen Heilsvorstellungen des Alten Testaments gehört. Von den Farben sind im wesentlichen die rotbraunen Kontur- und Binnenzeichnungen erhalten, das Gewand Mariens ist blau, ihre Haare sind blond, im Tierfries stehen die Tiere weißgrau vor einem braunroten Hintergrund.

Noch in das 14. Jahrhundert, und zwar wohl in das letzte Viertel, kann man den Zyklus an der Nordwand der Martinskapelle in ***Judentenberg*** (Gem. Illmensee, Lkr. Sigmaringen) datieren. Die Kapelle stammt aus dem 11./12. Jahrhundert. Die Bilderfolge zeigt in zwei Reihen übereinander die Passion Christi, seine Höllenfahrt, Auferstehung und Himmelfahrt sowie das Pfingstwunder.

Die Passion wird geschildert in den Bildern: Einzug in Jerusalem, Abendmahl, Gebet am Ölberg, Gefangennahme, Verhör durch Pilatus, Grablegung. Es fällt auf, daß die Kreuzigung fehlt; sie hatte wohl als „summa des Erlöserlebens Christi"[1] an einer anderen hervorragenden Stelle im oder am Chor ihren Platz. Die Passionsbilder entsprechen im wesentlichen dem herkömmlichen Schema. Nur die Ölbergszene unterscheidet sich dadurch, daß der Engel über dem Felsen nicht einen Kelch, sondern das Kreuz als Symbol des Leidens trägt. Das Bild der Gefangennahme läßt nicht die sonst beliebte Malchus-Szene erkennen; sie könnte aber ursprünglich vorhanden gewesen und bei der Restaurierung nicht beachtet worden sein: Petrus steckt wohl sein Schwert gerade in die Scheide, an seinem Gewand könnte man sich an Resten den Kopf des hingefallenen Malchus vorstellen und bei Christus die rechte Hand, die nach seinem Ohr langt. Erstmals in unserem Bereich erscheint ein Bild der Himmelfahrt Christi (Mk 16, 19; Lk 24, 51; Apg 1, 9–11). Es richtet sich nach dem im Spätmittelalter vorherrschenden Schema, vom Emporschwebenden nur noch die Füße zu zeigen, Maria und die Apostel stehen dichtgedrängt, ihnen scheint Josef (?) gegenüber Maria zugesellt worden zu sein. Der Typus
49 des nur noch teilweise sichtbaren Christus hatte die vorher maßgebenden Typen: Christus wird – in ganzer Figur dargestellt – von Engeln zum Himmel getragen, er schreitet oder schwebt in den Himmel, abgelöst.[2] Das Pfingstbild gehört zu dem Typus mit Maria als Zentralfigur, um welche die Jünger in einem Halbkreis angeordnet sind.

---

[1] Hecht: Die frühmittelalterliche Wandmalerei, S. 302.

[2] LCI 2, Sp. 270–274.

49 Judentenberg, Martinskapelle. Himmelfahrt Christi. Letztes Viertel 14. Jahrhundert.

Die Bilder sind stark abgerieben, sie erscheinen jetzt in farbigen Flächen, die in Kontrasten gegeneinanderstehen und deren Binnenzeichnungen zum großen Teil verloren sind.

Eine Wandmalerei besonderer Art aus der zweiten Hälfte des 14. Jahrhunderts befindet sich in ***Ulm*** in einem kleinen Raum des Ehinger Hofes. Die Besonderheit liegt darin, daß der Raum noch eine geschlossene Ausmalung hat, die fast vollständig erhalten ist, und daß die Bilder profane Themen darstellen. Die Malereien sind in der Literatur mehrfach erschöpfend erörtert worden. Zwei Aufsätze sollen hier hervorgehoben werden: Max Schefold: Ein Freskenzyklus aus dem Ende des 14. Jahrhunderts in Ulm[1]; Karl

[1] In: Münchner Jahrbuch der bildenden Kunst, N. F. V. München 1928, S. 101–115.

Siegfried Bader: Zur Deutung des alten Gemachs und seinen Fresken im ehemaligen Ehinger Hof in Ulm.[2] Auf diese Aufsätze kann hier verwiesen werden. Dargestellt sind in dem einschiffigen, kreuzgewölbten Raum von zwei Jochen: in den Bogenfeldern disputierende Männer und ein Liebespaar, in den Leibungen der beiden kleinen Fenster Musikanten, in der Haupttonne Löwen in Kreisen und in den Stichkappen Adler, wiederum in Kreisen. Den Figuren, ausgenommen die Musikanten, sind Spruchbänder beigegeben, deren Inschriften noch lesbar sind. Schefold hat die disputierenden Männer als Philosophen und teilweise als David und Salomo gedeutet, Bader insgesamt als Gestalten des Alten Testaments. Hans Koepf hat das Mädchen des Liebespaares mit seiner Kruselerhaube als „nächstverwandt mit der Salome aus dem Gastmahl des Herodes[3], das mit größter Wahrscheinlichkeit zum ersten Hochaltar des Ulmer Münsters gehörte"[4], bezeichnet. Der Raum wird in der Literatur als festlicher Repräsentationsraum der patrizischen Eigentümer angesehen. Als Zeit der Entstehung der Malereien hat Schefold um 1380 angenommen.

[2] In: Zeitschrift für württ. Landesgeschichte VI. Stuttgart 1942, S. 305–322.

[3] Abbildung in: Hans Koepf: Schwäbische Kunstgeschichte, Bd. 3. Konstanz und Stuttgart 1963, Abb. 74.

[4] In: Mitteilungen d. Vereins f. Kunst u. Altertum in Ulm u. Oberschwaben 44, 1982, S. 426.

50 Biberach/Riß, Privathaus, Engelgasse 4. Spiel zweier junger Burschen. Aus einer Zunftstube (?). Letzte Jahrzehnte 14. Jahrhundert.

Wandbilder profanen Inhalts von ganz anderer Art wurden in ***Biberach*** an der Riß
im Hause Engelgasse 4 aufgedeckt. Man kann sie wohl wie jene in Ulm in die letzten
Jahrzehnte des Jahrhunderts datieren. Sie sind weniger von kunstgeschichtlicher als von
volkskundlicher und stadtgeschichtlicher Bedeutung. Erhalten sind nur Umrißlinien.
Eine der Zeichnungen zeigt offenbar ein amüsantes Spiel zweier junger Burschen. Sie
knien einander gegenüber auf dem Boden mit aufgestützten Armen. Im Mund hält jeder
mit den Zähnen ein Holzbrettchen fest, an dem Fäden befestigt sind, die zu dem Brett- *50*
chen des andern verlaufen. Es scheint, als habe das Spiel darin bestanden, daß jeder den
anderen zu sich herüberziehen wollte. Bei den Fäden wird es sich wohl um Leinenfäden
gehandelt haben. Im 14. Jahrhundert waren die Weber in Biberach zur Herstellung von
Barchent, einem Mischgewebe aus Leinen und Baumwolle, übergegangen; dessen Her-
stellung und der Handel damit wurde für die Stadt von erheblicher wirtschaftlicher

51 Biberach/Riß, Privathaus, Engelgasse 4. Aus einer Trinkstube (?). Letzte Jahrzehnte 14. Jahrhundert.

Bedeutung. Vielleicht handelte es sich bei dem Zimmer mit den Wandmalereien um eine
51 Zunftstube. Auch an eine Trinkstube kann man nach der Wandzeichnung eines Mannes denken, der aus einem großen Becher trinkt. Die Bilder gehören zu den seltenen Zeugnissen von profaner Wandmalerei in einem Haus mit früheren Stuben dieser Art.

DAS 15. JAHRHUNDERT

Die erste Jahrhunderthälfte

An der Wende zum 15. Jahrhundert, die vom „Internationalen Stil“ oder „Weichen Stil“ geprägt war[1], steht in unserem Gebiet ein bemerkenswertes Wandbild: die Madonnenfigur in der St.-Moriz-Kirche in ***Rottenburg a. N.*** (Lkr. Tübingen). Sie gehört zu einer Reihe von Bildern, die – einmalig in unserem Bereich – an die Rundpfeiler der Basilika gemalt sind; sie befindet sich am ersten Pfeiler (vom Chor) der Nordseite. *XXI*

Die Figur erscheint den Skulpturen der „Schönen Madonnen“ in mehreren Merkmalen und in der Komposition verwandt: Sie ist sehr jung dargestellt und lieblich im Ausdruck, mit Nimbus und bekrönt von einer hohen goldenen Krone mit kreuzförmigen Aufsätzen. Der weite Mantel ist weiß und an der Innenseite hellblau, er ist hochgenommen und quer vor den Leib gezogen, so daß sich drei große Schüsselfalten gebildet haben, unter den Armen fallen die Säume in mehreren Schwüngen herab. Das Untergewand weist schräg nach unten und wird am Boden wie zu einem Sockel gestaucht. Das Kind, mit goldenen Kreuzstrahlen im Nimbus, bewegt sich lebhaft auf die Mutter zu, sein Gesicht ist aber dem Betrachter zugewandt, mit der rechten Hand greift es nach dem Kinn der Mutter, in der linken hält es einen Apfel, den es von seiner Mutter erhalten hat. Bei der Betrachtung des Bildes wird man an die „Schöne Madonna“ von St. Maria zu Altenmarkt (um 1393)[2], Salzburg[3], Veringendorf (St. Michael)[4] oder auch im nahegelegenen Horb a. N. (ehem. Stiftskirche Hl. Kreuz)[5] erinnert. Die theologische Aussage des Bildes ist die gleiche wie bei den „Schönen Madonnen“: Maria als neue Eva hat Jesus als dem neuen Adam den Apfel, das Symbol der Erlösung von der Sünde, gereicht. Rechts unterhalb der Madonna kniet in kleinen Figuren ein Stifterpaar; die Buchstaben im Schriftband über ihnen sind erloschen.

Neben der Madonna links steht der hl. Stephan als jugendlicher Diakon in hellblauer kurzer Dalmatik über weißer Alba dargestellt, mit einem Stein als seinem individuellen Attribut in den Händen, das auf sein Martyrium durch Steinigung hinweist.

---

1 Hierzu: Jan Bialostocki: Der Schöne Stil der Jahrhundertwende. In: Prop KG 7, S. 31 ff.

2 Abbildung in: Die Parler und der Schöne Stil 1350–1400. Hrsg. Anton Legner, Köln 1980, T. 121–123.

3 Abbildung in: Schöne Madonnen 1350–1450. Ausstellungskatalog, Salzburg 1965, Abb. 17.

4 Abbildung in: Der Landkreis Sigmaringen. Sigmaringen 1981, S. 198.

5 Abbildung in: Karl-Heinz Clasen: Die Schönen Madonnen, Königstein i. T. o. J., S. 29.

52 *Rottenburg a. N.,*
Stiftskirche St. Mauritius (St.-Moriz-Kirche).
Rundpfeiler. Schmerzensmann.
Um 1400.

Hinter beiden Figuren ist vor dunkelblauem Hintergrund ein ehemals wohl purpurroter Teppich gespannt, gehalten von je einem schwebenden Engel an den Außenseiten. Über die Gestalten erhebt sich zum Zeichen ihrer Würde eine Baldachin-Architektur: in Untersicht eine schräge Kassetten-Decke und über ihr eine Stadtmauer mit Türmen und Zinnen. Das letztere Motiv geht wohl auf die gotische Monumentalskulptur zurück; dort wurde die frühere Arkade mit Rundbogen über der Figur (wie noch auf den Wandbildern in Kappel) durch eine Baldachinbekrönung aus Zwergarchitekturen abgelöst. Die Bilder in Rottenburg sind nach oben und an den Seiten abgeschlossen durch ein Band von aneinandergereihten kleinen Vierpässen, die an das gleiche Motiv im Chor der Hünensteinkapelle bei Trochtelfingen, in Münzdorf und Schemmerhofen erinnern, und darüber durch einen Fries von halben roten Kreisscheiben, nach unten durch ein Band von halben blauen kreisförmigen Scheiben. Hier scheint der Maler mit Schablonen gearbeitet zu haben.

Verwandt erscheinen die Bilder an dem gegenüberliegenden Rundpfeiler der Südseite. Dargestellt sind der Schmerzensmann mit arma Christi und neben ihm der hl. *52*
Bartholomäus. Während sich die Madonnenfigur dem Kirchenbesucher im Mittelschiff zuwendet, kehrt sich der Schmerzensmann dem Hl.-Kreuz-Altar zu, der am östlichen Ende des südlichen Seitenschiffes stand und 1701 abgebrochen wurde.[6] Er ist wie in Scharenstetten ganzfigurig dargestellt, auf felsigem Grund stehend vor dunkelblauem Hintergrund. Er neigt sein Haupt, aber anders als in Scharenstetten sind seine Arme nicht vor der Brust gekreuzt, vielmehr legt er nach einer alten Trauergeste die rechte Hand an die Wange wie Johannes in vielen Kreuzigungsbildern, z. B. auf jenem in der Katharinenkapelle der Marienkirche zu Reutlingen. Die linke Hand des Schmerzensmannes vor der Brust weist wohl auf seine Seitenwunde. Sein Körper ist durch das Leiden abgezehrt. Die linke Schulter ist schräg nach unten gerichtet, der Bauch leicht vorgewölbt, die Beine sind sehr dünn, das rechte ist etwas vorgestellt, das Lendentuch fällt in leichten Schwüngen herab. Umgeben ist der Schmerzensmann von dem Kopf eines Schergen mit Judenhut, von der Geißel und der Säule, einer Lanze, Zange, einem Hammer, von Würfeln und einer auf ihn weisenden Hand. Die Inschrift auf einem Schriftband hinter seinem Haupt ist erloschen. Über ihm steigt ein bekrönender Wimperg mit Krabben hoch, der in einer Kreuzblume gipfelt. Dieses Motiv ist ähnlich in der Buchmalerei zu finden, z. B. in dem um 1270 in Frankreich entstandenen Psalter Ludwigs des Heiligen und in dem Autorbild zu Adam de la Halle, Le Chansonnier d'Arras, Ende 13. Jahrhundert.[7] Zwischen dem Wimperg ist ein Rippengewölbe mit Schlußstein, das eine räumliche Wirkung haben soll, angedeutet, ferner ein rechteckiger Aufbau, der eine gewisse Tiefenwirkung hat. Dieses „Erbärmdebild" ist in seiner schlichten und eindringlichen Vergegenwärtigung des geopferten Christus ergreifend; es fordert als Andachtsbild den Betrachter zu stiller Versenkung in das Leiden Christi auf.

---

[6] Nach Dieter Manz: St. Moriz in Rottenburg-Ehingen, Rottenburg a. N., 2. Aufl. 1989, S. 16.

[7] Abbildungen in: Pächt: Buchmalerei des Mittelalters, Farbtafel XXVI und 154.

An den gleichen Pfeiler ist neben den Schmerzensmann die Gestalt des hl. Bartholomäus gemalt mit seinen Attributen Buch und Messer, die er in seinen Händen hält. Der Gewandstil gleicht dem der Madonnenfigur auf dem gegenüberliegenden Pfeiler: auch der Heilige hat seinen Mantel hochgenommen und quer vor den Körper gelegt, so daß sich dort mehrere Schüsselfalten gebildet haben, während an den Seiten die Säume in mehreren Schwüngen herabfallen. Das Untergewand ist wie bei der Madonna schräg nach unten gerichtet und bildet, am Boden aufliegend, gleichsam einen Sockel. Wie der Schmerzensmann ist der Heilige durch einen ihn überragenden Wimperg mit Krabben und Kreuzblume und durch ein Rippengewölbe mit Schlußstein ausgezeichnet.

Einen ähnlichen Gewandstil findet man am zweiten Rundpfeiler der Südseite bei der Figur der hl. Dorothea, die in einer Hand ihr Attribut, ein Körbchen, hält. Der hl. Sebastian am gleichen Pfeiler zeigt sogar eine Übereinstimmung mit dem Schmerzensmann in der Darstellung des nackten Oberkörpers; auch die Lendentücher gleichen sich fast in jeder Falte und jedem Saumschwung. Das Bild des Heiligen gehört zu dem Typus, der sich seit dem Anfang des 15. Jahrhunderts aus Darstellungen des Schmerzensmannes entwickelte: Sebastian erscheint als junger Mann, entblößt mit Lendenschurz und an eine Säule gebunden, mit Pfeilen in Brust und Beinen. Auffallend sind die übermäßig langen, dünnen Beine des Heiligen. An seinem rechten Fuß ist der Rest eines Wappens der Familie der „Guten von Sulz“ erhalten. „Johann Gut war um 1413 Chorherr in St. Moriz“.[8] Über Sebastian erhebt sich ein Rippengewölbe mit Schlußstein, über Dorothea eine Decke mit schräger Kassettierung; beide Architekturteile sind überspannt von Rundbögen, die auf drei mehrseitigen Pfeilern ruhen.

Die Bilder an den drei Rundpfeilern dürften von der gleichen Werkstatt, vielleicht sogar vom selben Maler geschaffen worden sein. Er war ein erfahrener Meister, der den „Weichen Stil“ der Jahrhundertwende beherrschte und die Malerei dieses Stils in anderen Regionen sowie die Skulpturen der „Schönen Madonnen“ kannte. Er könnte die Bilder um 1400, im Jahrzehnt davor oder danach, geschaffen haben. Dafür spricht die Ähnlichkeit des Marienbildes mit „Schönen Madonnen“ und der Umstand, daß der Typus des trauernden Schmerzensmannes nach 1400 nicht weiterentwickelt wurde[9], die Bilder also zeitlich nicht zu weit hinausgerückt werden sollten.[10]

Wohl etwa um die gleiche Zeit könnte das Kreuzigungsbild in der Annakapelle, die 1701 an Stelle der alten Sakristei an die Südwand des Chores angebaut wurde, gemalt worden sein. Das Bild an dieser Wand wird im linken Teil durch die Mauer eines Bogens zwischen der Kapelle und dem Seitenschiff überschnitten. Am Kreuz stehen Maria und Johannes, neben diesen eine weitere Heiligengestalt; rechts außen kniet eine kleine Stifterfigur. Es handelte sich ursprünglich um eine fünffigurige Darstellung. Der Crucifixus ist mit seinem abgezehrten Körper und den dünnen Beinen dem Schmerzensmann an dem nahen ersten Rundpfeiler der Südseite in gewisser Weise ähnlich. Die eigentümliche

---

[8] Wie Anm. 6, S. 17.

[9] Nach LCI 4, Sp. 94.

[10] Die Bilder an den weiteren Pfeilern werden auf spätere Zeiten datiert und daher später erörtert.

Stauchung des Gewandes von Johannes, die gleichsam einen Sockel am Boden bildet, ist eng verwandt mit der gleichen Besonderheit der Gewänder des hl. Bartholomäus und der Madonnenfigur. Auch die Schüsselfalten vor dem Körper des Johannes und die in mehreren Schwüngen an den Seiten herabfallenden Säume sind bei Bartholomäus und der Madonnenfigur wiederzufinden. Diese stilistischen Ähnlichkeiten lassen eine etwa gleichzeitige Datierung möglich erscheinen.

Die Kirche St. Katharina in ***Wendelsheim*** (Stadt Rottenburg, Lkr. Tübingen) birgt im Chor eine reiche Ausmalung aus der Zeit um 1400. Der Chor ist polygonal und flachgedeckt; er stammt aus dem 14. Jahrhundert. Die Bilderfolge, zum Teil stark zerstört, gliedert sich in drei Reihen übereinander. Die obere und mittlere Reihe zeigen einen umfangreichen Passionszyklus.

Der obere Streifen beginnt an der Nordwand zunächst mit Bildern von drei stehenden Heiligen. Der mittlere ist Erasmus von Formio, dargestellt als Bischof in Pontifikalien; er zeigt als sein Attribut die linke Hand mit unter die Fingernägel getriebenen Pfriemen. Rechts neben ihm steht Stephanus mit großen Steinen in den Händen. Der linke Heilige ist nicht zu deuten. Das nächste Bildfeld ist zerstört. Vom folgenden sind die Reste einer Stadtansicht erhalten; hier war wohl der Einzug in Jerusalem wiedergegeben. Es folgt eine Darstellung des Abendmahls. Hinter einem rechteckig-länglichen Tisch sit- *53*
zen Christus und die Jünger, dem Betrachter zugewandt, Christus sitzt in der Mitte und umfängt mit einem Arm Johannes, der sich nach einem gebräuchlichen Motiv quer vor seine Brust neigt, während Judas allein vor dem Tisch sitzt. Der Beschauer sieht gleichsam von oben auf die Tischplatte, auf der Gefäße stehen, die durch Licht und Schatten mit einer Illusion von Rundung und Volumen versehen sind. Das nächste Bild zeigt die Fußwaschung. Christus beugt sich vor und umgreift den Fuß eines Jüngers, wahrscheinlich von Petrus, der auf einem Stuhl sitzt und nach seinem Kopf faßt. Hier ist dieselbe Szene nach Joh 13, 8–9 dargestellt wie in St. Mauritius zu Schemmerhofen. Der Baum mit der breiten Krone hinter Christus soll den Vorgang sicherlich nicht in eine Landschaft versetzen, er dient vielmehr der Ausfüllung des Zwischenraums bis zum Spitzbogenfenster. Die Darstellung des Gebets am Ölberg entspricht dem herkömmlichen Schema: Christus kniet vor einem Felsen, über dem der Kelch als Symbol seines Leidens erscheint, hinter ihm hocken drei schlafende Jünger; ein Baum dient zur Andeutung eines Landschaftshintergrundes. Die folgenden Bilder der oberen Reihe sind erheblich zerstört. Der Bilderstreifen wird nach oben zur Decke durch einen Fries von aneinandergereihten Rauten abgeschlossen. Sie sind unterschiedlich braunrot getönt und haben in der Mitte ein dunkles Quadrat, so daß eine kerbschnittartige Perspektivwirkung entsteht. Die Räume zwischen den Rauten sind mit einem zu jeder Raute farbig differenzierten Zickzackband ausgefüllt, das zusammen mit der Raute auch den Eindruck eines Blockes vermitteln kann.

In der mittleren Reihe erinnern die Bilder der Kreuzannagelung und der Kreuzigung stark an die Darstellungen der gleichen Themen in der Barbarakirche von Apfelstetten. Das Kreuz im Bild der Kreuzannagelung ist wie dort in der gleichen Schräglage komponiert, das Antlitz Christi und sein schmächtiger Körper ähneln dem Christusbild in

53 Wendelsheim, Kirche St. Katharina. Abendmahl. Um 1400.

Apfelstetten und die Schergen treiben hier wie dort wie Gnome ihr Unwesen. Im Kreuzigungsbild mit Schächern taucht das ungewöhnliche Motiv aus der Kreuzannagelung von Apfelstetten wieder auf: Johannes umfängt Maria, um sie zu stützen, von hinten. Schließlich ist die Ähnlichkeit des Frieses, der unter der Kreuzannagelung an der Nordostwand des Chores beginnt und sich über das Gewände des Südostfensters bis zur Südseite fortsetzt – fünfblättrige Rosen und akanthusartige Blätter – mit dem in Apfelstetten unverkennbar. Die folgenden Bilder der mittleren Reihe, Beweinung, Grablegung und Höllenfahrt Christi, sind nur in geringen Resten erhalten.

In das Gewände des Nordostfensters sind einander gegenüber zwei sich ähnliche Päpste mit Tiara und Nimbus gemalt, beide halten eine Weinranke neben sich. Jeder steht unter einer Arkade, die jener über Maria mit dem Schutzmantel in Scharenstetten ähnlich ist; über der Arkade erscheinen Sonne und Mond. Man hat den einen Papst als den hl. Urban I., seit dem 13. Jahrhundert Winzerpatron, gedeutet, den anderen als Papst Sixtus oder gleichfalls als Papst Urban I., von verschiedenen Seiten sichtbar[1], schließlich beide Papst- Darstellungen als Symbole der christlichen Kirche, verkörpert durch das „Papsttum" schlechthin mit dem christlichen Symbol der Weinrebe.[2] Die letz-

[1] Erich Schorp: Die Fresken der Wendelsheimer Kirche. In: Schwäbisches Tagblatt v. 25. 2. 1965.

[2] Eva Heye: Die kath. Pfarrkirche v. Wendelsheim u. ihre spätgotischen Wandmalereien. In: Nachrichtenbl. d. Denkmalpflege in Bad.-Württ. 3, 1964, S. 94.

tere Deutung hat man wegen des „mehrfachen Papstschismas" als unwahrscheinlich angesehen.[3] Dennoch wird man ihr den Vorzug geben müssen. Zwar war die Kirche dadurch, daß zwei Päpste herrschten, mehr als dreißig Jahre lang (1378–1415) gespalten mit der Folge großer Unruhe unter der Chistenheit. Das Konzil in Konstanz (1414–18) sollte eine Reform an „Haupt und Gliedern" bringen. Könnte die Darstellung der heiligen Päpste in Wendelsheim nicht eine Erinnerung an die ungebrochene Zeit der Kirche und des Papsttums vor dem Schisma ausdrücken, verbunden mit der Hoffnung auf ihre Wiederkehr? „Kunst liefert eher einen Ausgleich zu den Unzulänglichkeiten einer Zeit, als daß sie deren direktes Abbild wäre" (Jan Bialostocki).[4]

Die Figurengruppe von drei weiblichen Heiligen zwischen dem Ost- und dem Südostfenster sind als Dorothea (rechts), Helena (links) und die Kirchenpatronin Katharina (Mitte) gedeutet worden.[5]

Eva Heye hat überzeugend ausgeführt, daß an der Ausmalung des Chores von Wendelsheim vielleicht zwei Maler beteiligt gewesen sein könnten.[6] Der erste könnte den Passionszyklus in der oberen Reihe und in der mittleren bis zum Nordostfenster gemalt haben, der zweite den übrigen Teil. Dieser hat sich offensichtlich von den Wandbildern in der Barbarakirche von Apfelstetten inspirieren lassen. Bei beiden Malern zeigt sich eine gewisse Naturbeobachtung, und zwar an den Bäumen der Bilder mit den Themen der Fußwaschung, der Ölbergszene und der Kreuzannagelung. Wenn man mit ihnen die kugelförmigen Gebilde, gefüllt von Blättern, in Apfelstetten vergleicht, wird ein Fortschritt in der Naturwiedergabe erkennbar. Die Farben bestehen überwiegend aus verschiedenen Braun- und Olivgrün-Tönungen. Eva Heye hat die Malereien in die Zeit „um 1400" datiert und zur Begründung überzeugend auf den Rautenfries des oberen Abschlusses hingewiesen, der aus der Glas- und Buchmalerei der Zeit bekannt sei[7], z. B. aus dem Rautengrund des Medaillon-Fensters im Ulmer Münsterchor[8], das „um 1400" zu datieren sei. Die Rauten dort haben anders als in Wendelsheim eine helle Mitte. Um 1430 taucht dieselbe Friesart, allerdings nicht mit Rauten, sondern mit Quadraten, an der Nordwand des Langhauses und an der Chorwand der Kirche Zell unter Aichelberg (Lkr. Göppingen) auf.[9]

Die Chorturmkirche St. Magnus in ***Altingen*** (Gem. Ammerbuch, Lkr. Tübingen) stammt aus dem 12. Jahrhundert. Der Chor hat ein Kreuzrippengewölbe. Die vier Gewölbekappen sind mit ikonographisch interessanten und in unserem Gebiet einmaligen

---

[3] Wie Anm. 1.

[4] In: Prop KG 7, S. 20.

[5] Wie Anm. 2, S. 96.

[6] Wie Anm. 2, S. 94.

[7] Wie Anm. 2, S. 93.

[8] Abbildung in: H. Seifert, E. Müller-Cassel: Alte u. neue Fenster im Ulmer Münster. Königstein i. T. o. J., S. 24.

[9] Abbildung in: Hummel: Wandmalereien im Kreis Göppingen, Abb. 28 und 31.

54 *Altingen, Kirche St. Magnus. Anthropomorphe Evangelistensymbole mit Kirchenvätern. Um 1400.*

55 *Altingen, Kirche St. Magnus. Sudarium, gehalten von zwei Engeln, und Ornamentstreifen. Um 1400.*

XIII. *Scharenstetten, Kirche ehem. St. Laurentius. Erzengel Michael als Seelenwäger. 1340–1350.*

XIV. *Scharenstetten, Kirche ehem. St. Laurentius. Schutzmantelmaria. 1340–1350.*

XV. Reutlingen, Marienkirche. Hl. Katharina. 1340–1350.

XVI. Reutlingen, Marienkirche.
Hl. Christophorus.
1340–1350.

XVII. Reutlingen, Marienkirche.
Apostel Paulus.
1340-1350.

XVIII. *Reutlingen, Marienkirche. Kreuzigung Christi. 1340–1350.*

XIX. *Nusplingen, Friedhofskirche St. Peter. Deesis. Um 1360.*

XX. Rottenburg a. N., Stiftskirche St. Mauritius (St.-Moriz-Kirche). Kreuzigung Christi mit Maria, Johannes und den Heiligen Katharina und Mauritius. 1360–1370.

XXII. Bebenhausen, ehem. Zisterzienserkloster. Abt Peter von Gomaringen bringt Maria mit dem Kinde ein Abbild des steinernen Dachreiters dar. Um 1400.

XXI. Rottenburg a. N., Stiftskirche St. Mauritius (St.-Moriz-Kirche). Rundpfeiler. Maria mit dem Kind. Um 1400.

XXIII. Eriskirch, Kirche Unserer Lieben Frau. Arche von Noach. 1410–1420.

XXIV. Eriskirch, Kirche Unserer Lieben Frau. Gericht über Sodom und Rettung Lots mit seinen Töchtern. 1410–1420.

XXV. *Eriskirch, Kirche Unserer Lieben Frau. Salomos Urteil. 1410–1420.*

XXVI. *Eriskirch, Kirche Unserer Lieben Frau. Verrat des Judas und Gefangennahme Jesu. 1420–1430.*

Bildern ausgemalt: mit anthropomorphen (menschenähnlichen)[1] Evangelistensymbolen, denen die vier großen lateinischen Kirchenväter zugeordnet sind. Jede Kappe trägt 54
ein Symbol und die Figur eines Kirchenvaters. Die Zuordnung entspricht dem Bestreben mittelalterlicher Schriftsteller und Künstler, den Symbolen immer weitere Vierergruppen zuzuteilen. Das Besondere der Bilder in Altingen ist die Zuordnung der Kirchenväter zu solchen Symbolen; die Verbindung mit herkömmlichen kommt dagegen öfter vor, z. B. in Loffenau (Lkr. Rastatt)[2]. Die zwitterhaft gebildeten Altinger Gestalten haben Köpfe wie die „vier Lebewesen", also die eines Menschen, eines Löwen, eines Stieres und eines Adlers, aber die Gestalt eines Menschen mit Händen, jedoch mit den Füßen eines Stieres und mit zwei langen Flügeln. Diese Art der Evangelistensymbole geht auf die Vision von Ezechiel 1, 5 ff. zurück: „Sie (die Lebewesen) sahen aus wie Menschen ... ihre Füße (waren) wie die eines Stieres ... hatten sie Menschenhände ... Ihre Gesichter sahen so aus: ein Menschengesicht ..., ein Löwengesicht ..., ein Stiergesicht ... und ein Adlergesicht". Die Wesen in Altingen sind in lange grüne und blaue Gewänder gekleidet; sie sitzen an Pulten und schreiben auf lange Schriftbänder, deren Buchstaben erloschen sind. Die Kirchenväter, die auch auf lange Schriftbänder schreiben, sind ihnen wie folgt zugeordnet: Gregor d.Gr. (mit Tiara) dem Adler des Johannes, Augustinus (als Bischof mit Mitra) dem Stier des Lukas, Hieronymus (mit Kardinalshut) dem Löwen des Markus und Ambrosius (als Bischof mit Mitra) – das Bild ist sehr verblaßt – dem Menschen (der Kopf ist zerstört) des Matthäus. Für die Art der Zuordnung gibt es offenbar keine allgemeine Regel; so ist z. B. in der Kirche von Loffenau Hieronymus dem Lukas-Stier und Augustinus dem Markus-Löwen zugeteilt.[3]

Zusammen mit der Ausmalung des Chorgewölbes wurden wohl auch die Chorwände bemalt. Hiervon dürfte ein Bild an der Nordwand in der untersten Reihe der jetzt vorhandenen jüngeren Bilderfolge stammen, das zu dieser Folge thematisch nicht paßt und auch im Format größer ist als deren einzelne Bilder. Das ältere Bild, durch Pickelschläge fast ganz zerstört, stellte wohl eine Marienkrönung dar. Es war vielleicht das letzte Bild eines Marienzyklus. Für eine solche frühere Ausmalung spricht, daß an der Nordwand des Chores „unter dem gotischen Verputz, auf den die erhaltenen Bilder gemalt sind, kleine Stücke eines älteren Verputzes mit Resten einer früheren Bemalung"[4] gefunden wurden.

Wohl gleichzeitig mit der Chorausmalung erhielten die Leibungen des Chorbogens Bilder und seine Abschrägungen nach West und Ost doppelte Ornamentstreifen. Von den Bildern sind nur noch teilweise übermalte Umrisse eines sitzenden Mannes, der in einem Buch studiert, und eines Kindes neben ihm erhalten. Hier dürfte der Kirchenleh-

---

[1] Nicht: „in Cherubsgestalt". So: Herbert Hoffmann: Drei neuaufgedeckte gotische Wandmalereien zu Kohlstetten, Riederich und Altingen. In: Nachrichtenbl. d. Denkmalpflege in Bad.-Württ. 2, 1959, S. 15.

[2] Abbildung in: Eva Heye: Die Hostienmühlen in Loffenau und Malmsheim. In: Nachrichtenbl. d. Denkmalpflege in Bad.-Württ. 5, 1962, S. 75 ff.

[3] Wie Anm. 2, S. 75.

[4] Wie Anm. 1, S. 15.

rer Augustinus als Gelehrter zusammen mit seinem Attribut, einem Kind mit Löffel[5],
55 dargestellt gewesen sein. Die Ornamentstreifen sind mit dem Rautenfries über der oberen Bildreihe in der Katharinenkirche von Wendelsheim verwandt. Die einzelnen Teile erscheinen als auf einer Ecke stehende Quadrate, die halbseitig rot und weiß und durch kleine dunkelgraue Quadrate an einer anderen Ecke miteinander verbunden sind. So entsteht, wenn man jeden Streifen für sich betrachtet, der Eindruck einer „Kette" von Vierecken. Man kann auch, wenn man in einem Streifen jeweils ein rotes, weißes, gelbes und graues Dreieck zusammensieht, den Eindruck großer, nebeneinanderstehender Quadrate mit Diagonalen, die durch eine dunkle Mitte perspektivisch vertieft sind, haben. Schließlich kann man, wenn man beide Streifen zusammen sieht, große ineinandergreifende Sterne bemerken. Über den Ornamentstreifen an der nach Osten gerichteten Abschrägung ist ein Schweißtuch mit dem Antlitz Christi (Sudarium) gemalt, es wird von zwei schwebenden Engeln gehalten. Die Darstellung, hell auf braunrotem Grund, ist stark zerstört. Man wird die Ornamentierung wie den Rautenfries in Wendelsheim in die Zeit „um 1400" datieren können. Damit ließe sich für die Gewölbeausmalung und das ältere Bild an der Nordwand etwa die gleiche Zeit annehmen.

Die Friedhofskapelle in ***Bieringen*** (Stadt Rottenburg, Lkr. Tübingen) birgt einen bemerkenswerten Zyklus von Wandbildern über das Leben Jesu. Die Kapelle war früher Pfarrkirche und stammt wohl aus dem 13. Jahrhundert. Die Bilderreihe erstreckt sich in zwei Reihen übereinander von der Nord- über die Ost- zur Südseite. In der oberen Reihe ist die Kindheit Jesu, in der unteren die Passion dargestellt. Wie schon in anderen Kirchen fehlen Szenen aus dem öffentlichen Leben Jesu. Das Besondere der Bilderfolge liegt darin, daß sie mit Szenen aus dem Marienleben, die bis zur Anna-Legende zurückgehen, beginnt.

Das erste Bild in der oberen Reihe zeigt die Verkündigung der Geburt Mariens an Anna.[1] Sie steht mit hellem Gewand, dunklem Mantel und risenartiger Kopf- und Halstracht als Matrone vor ihrem Haus, und ein Engel mit mächtigen Flügeln bringt ihr mit nachdrücklicher Redegeste die Botschaft. Ikonographisch interessant ist das Motiv der Wöchnerin im Bett, das gleich zweimal dargestellt ist: auf den Bildern der Geburt Mariens[2] und der Geburt Jesu. Das Motiv ist schon in St. Afra zu Schelklingen und in der Kirche St. Cosmas und Damian von Ennabeuren vorgekommen. Es geht, wie schon dargelegt, auf byzantinische Vorbilder zurück und wurde hauptsächlich von der Mystik in Frauenklöstern aufgenommen. Die Geburt Jesu ist in liebenswert volkstümlicher Weise dargestellt. Maria liegt in einem kahnartigen Bett, das wie geflochten aussieht, und davor sitzt in einem kleinen Holzbottich das Jesuskind, das von einer Frau gebadet wird,

---

[5] LCI 5, Sp. 283.

---

[1] Nicht: Heimsuchung Mariae. So: Hafner: Neuentdeckte Wandgemälde in der Gottesackerkapelle von Bieringen. In: Archiv f. christl. Kunst 9, 1899, S. 78.

[2] Nicht: Anbetung des Christkinds. So: Hafner: Wie Anm. 1, S. 78.

56 Bieringen, Friedhofskapelle. Dornenkrönung. Um 1400.

mit dem Hinterkopf und Rücken zum Betrachter. Als Vergleichsbeispiel für das Motiv einer Badeszene in der Skulptur sei das Relief im Tympanon des Nordwestportals des Ulmer Münsters, 1356, genannt.[3] Vor dem Bild sind die Verkündigung an Maria und ihre Begegnung mit Elisabet dargestellt. Das Bild der Beschneidung ist nach herkömmlichen Motiven gemalt; die beiden Priester und wohl Josef tragen Judenhüte. Auf dem Bild der Anbetung durch die Drei Könige sitzt Maria mit Krone auf einem thronartigen Sessel; diese Darstellung ist auch als repräsentatives Madonnenbild gedacht.

Die Passion Christi beginnt in der zweiten Reihe an der Nordwand mit der Ölbergszene. Sie ist in traditioneller Weise gebildet, enthält trotzdem ein seltenes Detail: mit dem Engel erscheint außer dem Kelch ein gleichseitiges Dreieck als Symbol der Dreifaltigkeit. Das Bild des Judaskusses und der Gefangennahme Jesu fällt dadurch auf, daß Judas mit seinem Gesicht im Dreiviertelprofil das Antlitz Jesu zu mehr als der Hälfte verdeckt. Auf das Bild der Geißelung folgt das der Dornenkrönung. Es ist von starker Aus- *56*
druckskraft. Vor braunrotem Hintergrund sitzt Jesus auf einem thronartigen Gestell, während zwei Schergen, hell wie von grellem Licht beleuchtet, in grotesken Bewegungen ihre grausame Untat verrichten. Aus dem Antlitz Jesu spricht sein Leid über Schmerz und Demütigung, das der Betrachter geradezu mitempfinden kann. Die fol-

[3] Abbildung in: Reinhard Wortmann: Das Ulmer Münster. Stuttgart, 2. Aufl. 1981, S. 108.

genden Darstellungen der Kreuztragung, Kreuzigung, Beweinung und Auferstehung sind leider in den unteren Teilen stark zerstört.

Die Bilder erscheinen unräumlich und flächenhaft; eigentümlich sind die für einen Blick in das Innere „aufgeschnittenen" Häuser bei den Geburten Mariens und Jesu sowie bei der Beschneidung. Landschaft ist nur durch einige Bäume in der Begegnung von Maria und Elisabet sowie in der Ölbergszene angedeutet. Die Hintergründe der Bilder sind azurblau, im übrigen herrscht Braunrot vor.

Im Gewände des Ostfensters, das von einem Ornament mit trompetenartigen Blüten umrahmt ist, stehen der Apostel Petrus mit dem herkömmlichen Portrait, in den Händen hält er den Schlüssel und ein Buch, ferner ein hl. Bischof in Pontifikalien: zwei große, schmalschultrige, schlanke Gestalten.

Die Südwand wird beherrscht von einem großen Deesis-Bild, das durch einige Engelsfiguren erweitert wird. Christus thront vor azurblauem Himmel in einem ehemals wohl purpurroten Gewand auf einem Regenbogen, er erhebt seine Arme und weist seine Wundmale an den Händen vor, die Wunde in der Brust ist am entblößten Oberkörper sichtbar, von seinem Mund geht ein Schwert aus, die Füße ruhen auf dem Erdball. Neben ihm knien wohl auf Wolken Maria und Johannes d. T. Mehrere Engel bringen Leidenswerkzeuge herbei. Möglicherweise handelt es sich bei diesem Bild nicht um eine „selbständige" Deesis, sondern um eine Deesis im Weltgericht; dafür könnten Reste im zerstörten Teil des Bildes sprechen.

Der Maler war sicherlich kein ausgebildeter Meister. Er war um eine realistische Wiedergabe von Menschen und Szenen bemüht, hatte originelle Einfälle und konnte teilweise einen nachhaltigen Eindruck vermitteln. Einer Datierung etwa um 1400[4] wird man nach dem Figurenstil und dem Streben des Malers nach Naturwiedergabe zustimmen können.

In der Kirche St. Martin in ***Granheim*** (Stadt Ehingen, Alb-Donau-Kreis) kamen bei einer Untersuchung des Innenraumes an der östlichen Chorwand Fragmente von Wandbildern zweier Apostel und an der südlichen Chorwand zweier heiliger Frauen zutage. Die Kirche geht in die Zeit um 1200 zurück, nach dem Dreißigjährigen Krieg wurde sie erneuert. Die Bilder zeigen nur den oberen Teil der Figuren, gleichsam als „Brustbilder". Sie wirken wie Tafelbilder in perspektivisch gemalten rechteckigen Rahmen. Diese Wirkung hat der Maler wohl beabsichtigt. Hier scheint sich zu zeigen, daß die Tafelmalerei gegenüber der Wandmalerei an Bedeutung gewonnen hatte. Die beiden Apostel sind mit Redegesten, offenbar disputierend, dargestellt; die eine der Frauen faltet die Hände. Auffallend ist bei diesem Frauenbild die nach unten stark verdickte Nase, die ganz unschematisch wirkt. Bemerkenswert ist der Fries über den Apostelbildern. Er besteht aus nebeneinandergereihten senkrecht stehenden Quadraten in verschiedenen Tönen von Rot und einem kleineren schwarzen Quadrat in der Mitte, so daß eine per-

---

[4] Dehio, S. 46.

spektivische Wirkung „in die Tiefe“ entsteht. Der Fries erinnert an jenen in Altingen, unterscheidet sich aber dadurch von ihm, daß die Quadrate nicht aneinander-, sondern mit Zwischenräumen gemalt sind. Damit kann nicht wie dort der Eindruck von miteinander verbundenen Teilen einer „Kette“ entstehen. Über dem Fries sind Inschriften in repräsentativer Majuskelschrift angebracht, von denen noch der Name „THOMAS“ lesbar ist. Wahrscheinlich enthielt die ganze Ostseite des Chores eine Darstellung der Apostel. Die beiden Frauenfiguren lassen sich nicht deuten. Man wird die Malerei wegen der Ähnlichkeit des Frieses mit den perspektivisch gemalten Ornamentbändern in Altingen und Wendelsheim wohl auch in die Zeit „um 1400“ datieren können.

Vom Aufkommen der Tafelmalerei unberührt und noch ganz als monumentale Wandmalerei gestaltet ist das Weltgerichtsbild im Mittelschiff der Kirche St. Georg in ***Bermatingen*** (Bodenseekreis). Die dreischiffige flachgedeckte Kirche wurde um das Jahr 1390 gebaut, als das Kloster Salem Patronatsherr geworden war.[1] Das Mittelschiff ist höher als die Seitenschiffe, besaß aber wohl ursprünglich keine eigenen Fenster. Bald nach dem Bau der Kirche, also um 1400, wurde die Kirche ausgemalt.[2]

Das Weltgerichtsbild beherrscht das ganze Mittelschiff und erstreckt sich von dem Wandfeld über und an dem Chorbogen auf die Mittelschiffshochwände und in die Zwischenfelder der spitzbogigen Arkaden. Damit hat es einen ungewöhnlichen Platz, wie er in keiner anderen Kirche unseres Gebietes einem Bilde dieses Themas eingeräumt ist. Das „für die Beeinflussung und Disziplinierung der Gläubigen wirkungsvollste Thema“[3] ist hier in seiner Größe und Ausdehnung so übermächtig dargestellt, daß es den Kirchenbesucher ringsum geradezu erfaßt. Aus der Planung dieser Darstellung ergibt sich eine Komposition eigener Art. Der Weltenrichter thront auf einer Wolke über dem Scheitel des Chorbogens; er ist der „Schlüssel des ganzen, Langhaus- und Chorausmalung übergreifenden ikonographischen Programms“.[4] Er weist seine Wunden vor, die Arme sind seitwärts ausgestreckt, die Seitenwunde am entblößten Oberkörper ist stark betont, von seinem Munde gehen zwei Schwerter aus, der Nimbus berührt die flache Decke, die Füße ruhen auf dem Scheitel des Chorbogens. Zwei Engel neben ihm bringen Passionswerkzeuge herbei, zwei weitere blasen die Posaunen. In den Zwickeln des Chorbogens knien fürbittend Maria und Johannes d. T. Die Apostel als Beisitzer des Gerichts sitzen auf langen durchgehenden Bänken in größeren Abständen voneinander an den Mittelschiffshochwänden über den ersten drei Arkaden. Jeder von ihnen ist in einem Schriftband, das sich unter ihnen hinzieht, in großen Buchstaben nach gotischer Textura namentlich benannt. Das weitere Geschehen des Weltgerichts spielt sich auf den Zwickelfeldern zwischen den Arkaden ab. An der Südwand tun sich Gräber auf. An der

---

1 Nach Hubert Krins: Kirchliche Kunst. In: Bermatingen. Heimatbuch zur 1200-Jahr-Feier 1979. Konstanz 1979, S. 49.

2 Wie Anm. 1, S. 50.

3 Sauerländer: Das Königsportal in Chartres, S. 30.

4 Michler: Gotische Ausmalungssysteme, S. 49.

57 Bermatingen, Kirche St. Georg. Einzug in Jerusalem. Um 1400.

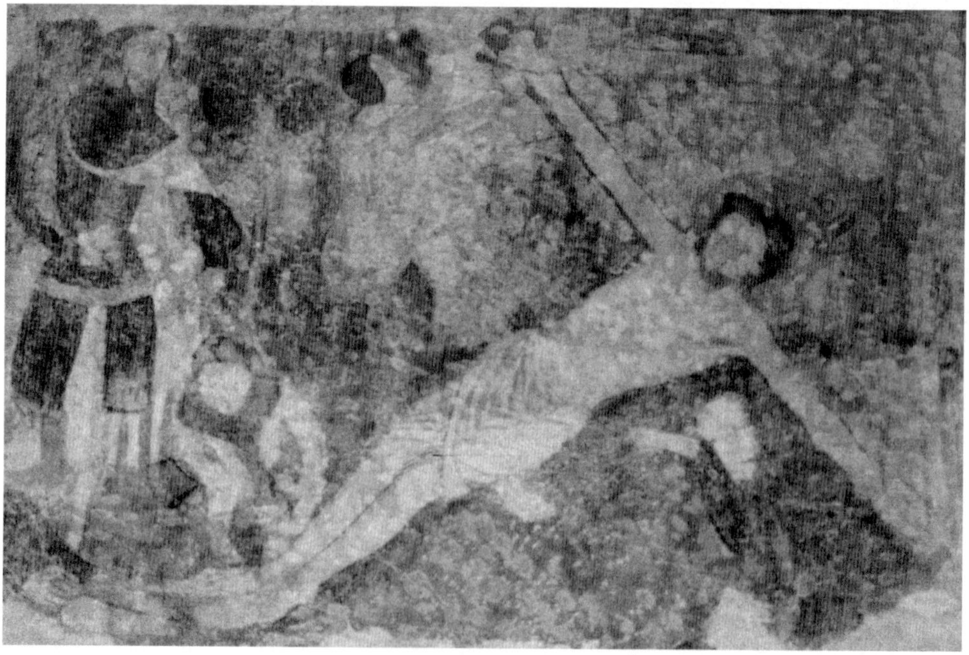

58 Bermatingen, Kirche St. Georg. Kreuzannagelung. Um 1400.

Nordwand überprüft der Erzengel Michael (Figur zerstört) als Seelenwäger mit seiner Waage die Seelen der Verstorbenen, Errettete steigen von ihm zum Himmelstor hinauf; westlich davon im nächsten Zwickel muß ein Drache mit Fledermausflügeln, Symbol für die bösen Mächte, offenbar von einem Heiligen bezwungen, als Reittier hin zum Engel Michael dienen (?), ein Motiv, das in der Buchmalerei zu finden ist.[5] Der übrige Teil des Gerichtsgeschehens zieht sich auf beiden Seiten westlich von den Apostelbänken hin: an der Nordwand der Zug der Seligen, an der Südwand das Bild des Verderbens im ewigen Feuer (größtenteils zerstört), drohend unterschrieben mit unübersehbaren Lettern nach Matthäus 25, 41: „... maledicti · in · ignem · eternum · quod · vobis · paratum · est."

Die Ausmalung an den Langhauswänden wird nach oben zur flachen Decke hin durch einen perspektivischen Fries abgeschlossen, der aus rhombisch-übereckgestellten, offenen Würfeln besteht, durch die ein Stab gesteckt ist und zwischen denen auf dem Friesgrund Rosetten eingemalt sind. Vergleichbar mit diesem Fries ist das Ornamentband über dem Weltgerichtsbild in Gruorn und das perspektivische Band in der Kirche St. Markus in Eislingen (Lkr. Göppingen) aus dem späten 14. Jahrhundert[6]; dieses zeigt aber im Wechsel Würfel und offene „Reifen". Die Bilder mit dem Weltenrichter am Chorbogen sind ohne Ornamentstreifen geblieben, „entsprechend einer eigenen Bildtradition, wie sie schon in der frühmittelalterlichen Wandmalerei sowohl die wandfüllenden Weltgerichtsdarstellungen an der Westwand als auch Parusiedarstellungen am Triumphbogen bestimmte".[7]

Die monumentale Komposition der Darstellung hat – aus heutiger Sicht – wesentliche Nachteile, die aber von den mittelalterlichen Menschen vielleicht nicht so empfunden wurden. So thront der Weltenrichter zwischen dem Scheitel des Chorbogens und der flachen Decke, an die sein Nimbus stößt, im engsten Raum, den das weitläufige Bild aufzuweisen hat, der aber bei dieser Architektur vorgegeben war. Die Bedeutung der Apostel erscheint übermäßig betont, auch durch die großen Unterschriften ihrer Namen, die von den meisten mittelalterlichen Kirchenbesuchern gar nicht gelesen werden konnten. Man erkennt, daß die Figuren, nur um den Raum an den Mittelschiffswänden auszufüllen, auseinandergerückt auf den Bänken sitzen.

Um den viereckigen Chor ziehen sich in zwei Reihen übereinander Bilder aus dem Leben Jesu, und zwar aus der Kindheit und Passion ohne Gleichnisse und Wundertaten, wie in allen anderen Zyklen dieses Themas, ausgenommen St. Michael in Veringendorf. Die Bilderfolge beginnt an der Nordseite oben; fast alle Bilder sind hier weitgehend zerstört. Das vierte scheint eine Anbetung durch Hirten darzustellen, das übernächste ist vielleicht ein Fragment des Kindermordes in Betlehem. An der Ostseite oben ist nur ein
Bild klar zu deuten: der Einzug in Jerusalem. Es ist nach dem herkömmlichen Schema *57*
gebildet; auffallend sind die zu langen Beine, der zu lange Hals und der zu kleine Kopf

[5] LCI 1, Sp. 522.

[6] Abbildung in: Hummel: Wandmalereien im Kreis Göppingen. Abb. 14/15.

[7] Michler: Wie Anm. 4, S. 49.

59 Bermatingen, Kirche St. Georg. Jüngling mit Wandteppich. Um 1400.

des Esels. Die anschließenden Fragmente könnten Reste einer Abendmahlsdarstellung sein. Die Bilder an der Südseite oben sind fast ganz zerstört. Zu erkennen ist, daß die Fragmente des ersten Bildes zu einer Darstellung des Judaskusses und der Gefangennahme gehören, jene über dem Scheitel des rechten Spitzbogenfensters zu einer Dornenkrönung, von der außer dem oberen Teil eines Schergen nur noch die Stäbe zu sehen sind, mit denen die Dornen auf das Haupt Christi gedrückt werden. Das letzte Bild könnte eine Darstellung der Geißelung gewesen sein. Der Zyklus wird an der Nordseite
58 in der zweiten Reihe mit der Kreuztragung und Kreuzannagelung fortgesetzt. Das letztere Bild zeigt verwandte Züge mit der Darstellung dieses Themas in der Michaelskirche in Heiningen (Lkr. Göppingen)[8], das auf 1398 datiert ist. Das an der Ostseite folgende Kreuzigungsbild zeigt Christus nicht mehr in dem fast allgemein geltenden Schema der

[8] Abbildung: Wie Anm. 6, Abb. 19.

ersten Jahrhunderthälfte mit auf die Brust herabgesunkenem Kopf und stark zur linken Hüfte durchgebogenem Körper, vielmehr als langgestreckte Gestalt am Kreuz. Auffällig ist die Darstellung des „bösen“ Schächers zur Linken Jesu: er ist von rückwärts dargestellt, seine Arme sind an den Querbalken angebunden. Die Kreuzabnahme ist nach dem traditionellen Typus gebildet wie z. B. in St. Afra zu Schelklingen. Ikonographisch interessant ist das Bild der Grablegung wegen der Gestaltung des Sarkophags mit Seitenstützen, die wie abgetreppte „Strebepfeiler“ aussehen. Er ist mit der Längsseite bildparallel gestellt und an der Kopfseite sowie an den „Strebepfeilern“ seitlich verkürzt. Die Stützen erinnern an jene am Sarkophag der Grablegung in der Hünensteinkapelle bei Trochtelfingen. Das letzte, stark zerstörte Bild der Ostseite zeigt die Auferstehung Christi nach einem traditionellen Typus; Christus entsteigt frontal dem parallel zum Bildrand gemalten Sarkophag und erhebt seine Rechte zum Segensgestus. An der Südseite sind nur noch undeutliche Fragmente erhalten, darunter wohl Christi Himmelfahrt.

Eine nicht sogleich verständliche Einschiebung in den Zyklus enthält die Bilderfolge an der Nordseite in der zweiten Reihe vor der Kreuztragung. Dargestellt ist wohl der Traum Jakobs (Gen 28, 12 ff.), in dem er eine Treppe sah, die auf der Erde stand und bis zum Himmel reichte und auf der Engel Gottes auf- und niederstiegen; diagonal dazu könnte die „Tugendleiter“ (zerstört) gemalt gewesen sein. Jakobs Leiter, vor die Kreuztragung eingeschaltet, könnte als Symbol des Kreuzes angesehen werden[9], die „Tugendleiter“ als typologische Entsprechung. Dieses Motiv ist in unserem Gebiet sonst nirgends zu finden.

Von besonderem Reiz ist die dritte Bilderreihe in der Sockelzone, die den Chor *59*
schmücken soll: gemalte Wandteppiche, gehalten von modisch gekleideten Jünglingen in engen kurzen Schecken und Beinlingen mit langen Schnabelschuhen, dazwischen gewundene Ranken mit Laub. Die „Wandteppiche“ sind schwungvoll und mit ornamentaler Wirkung drapiert. Die Wandvorhänge in Bronnweiler, Veringendorf und Apfelstetten wurden dagegen sehr viel schlichter gemalt.

Das Christophorus-Bild an der Ostseite stammt wohl erst aus dem 16. Jahrhundert.

Der Triumphbogen an der Westseite gipfelt in einem edlen Christushaupt nach herkömmlichem Schema. Das große Tuch, auf dessen Mitte das Haupt erscheint und das von zwei Engeln gehalten wird, soll wohl das Sudarium sein, also das Tuch der Veronika, in das Christus auf dem Wege nach Golgatha seinen Schweiß trocknete; es ist übermäßig groß gestaltet. Im Zwickel des Chorbogens zur Nordwand sind einige arma Christi dargestellt.

Von besonderem Interesse sind die Friese und Ornamentbänder im Chor.[10] Die obere Bildreihe ist gegen die flache Decke von einem perspektivisch wirkenden Konsolfries abgeschlossen und von der zweiten Reihe durch ein Band von stehenden, vorn offenen Würfeln mit seitlichen „Fenstern“ getrennt. Die Würfel gleichen jenen über dem Maiestas-Domini-Bild in Kappel, die aber keine „Fenster“ enthalten. Die zweite Reihe ist von der Sockelzone durch ein liegendes Wellband, durch das ein Stab gesteckt ist,

---

[9] LCI 2, Sp. 375.

[10] Hierzu ausführlich: Michler: Wie Anm. 4, S. 44 ff.

abgesetzt. Das Wellband wurde schon in der ersten Hälfte des 14. Jahrhunderts angewandt, allerdings ohne durchgesteckten Stab und aufrecht stehend in St. Afra zu Schelklingen, mit Stab und aufrecht in der Cosmas- und Damian-Kirche zu Ennabeuren. Es war offenbar weit verbreitet; es findet sich mit Stab z. B. auch in der Burg Kriebstein, Kr. Hainichen, Bez. Chemnitz.[11]

Die Farben sind relativ gut erhalten, vorherrschend sind warme Ockertöne und auch Karminrot, die Hintergründe der Bilder sind von einem hellen Blaugrau. Die aufwendige und qualitätvolle Ausmalung im Chor und Schiff von St. Georg in Bermatingen wurde schon bald, wohl um 1542, „wieder übertüncht, neue Fenster wurden in die Chorwand und in die Obergadenwände des Mittelschiffes eingebrochen und eine rein ornamentale Dekorationsmalerei ausgeführt."[12] Mit der Aufdeckung der Wandbilder in den Jahren 1969–77 wurde eines der wenigen erhaltenen Beispiele einer vollständigen spätgotischen Kirchenausmalung wieder sichtbar gemacht.

Eine gewisse Verwandtschaft mit der Ausmalung im Chor der St.-Georgs-Kirche zu Bermatingen zeigen die Wandbilder in der kleinen Chorturmkirche St. Jakobus der nahegelegenen Gemeinde ***Ahausen*** (Gem. Bermatingen, Bodenseekreis). An der Nordwand des Schiffes wird in drei Reihen übereinander die Passion Christi erzählt. Die Bilder sind stark abgerieben. Die Verwandtschaft mit den Bildern in Bermatingen zeigt sich in der Komposition der Kreuzannagelung und in der großen und langgestreckten Gestalt Christi am Kreuz. Die Bilder sind gleich groß und durch rahmenartige gemalte Leisten voneinander getrennt. Sie wirken wie gereihte Tafelbilder. Der Zyklus ist wohl in die gleiche Zeit zu datieren wie die Chorbilder in Bermatingen, also um 1400.

Die ehemalige Klosterkirche St. Marien des früheren Zisterzienserklosters in ***Bebenhausen*** (Stadt Tübingen) erhielt in den Jahren 1407–09 unter Abt Peter von Gomaringen einen steinernen achteckigen Dachreiter über der Vierung. Er wirkt mit seinen gerüstartigen Stützen, den Fialen, dem durchbrochenen Helm und den Kreuzblumen wie ein spätgotischer Turm. Sein Achteck dürfte auf die Bedeutung der Achtzahl in der christlichen Lehre zurückgehen, so z. B. auf die acht Seligpreisungen Jesu (Mt 5, 3–10), auf den achten Tag nach Ostern, an dem er seinen Jüngern erschienen ist (Joh 20, 26) sowie auf verschiedene literarische Quellen.[1] Die Mönche aber umgingen mit dem aufwendigen steinernen Dachreiter die „Bau- und Kunstbestimmungen des Generalkapitels der Zisterzienser", nach denen steinerne Glockentürme verboten waren: „Turres lapideae ad campanas non fiant."[2] Dachreiter waren erlaubt, und als „turres lapideae" sahen die Mönche wohl nur massive Steintürme mit dicken Mauern an. Nach dem

[11] Abbildung in: Nickel: Mittelalterliche Wandmalerei i. d. DDR, Abb. 101, 103.
[12] Hubert Krins: Wie Anm. 1, S. 52.

[1] LCI 1, Sp. 40.
[2] Abgedruckt in: Wolfgang Braunfels: Abendländische Klosterbaukunst, Köln 1978, S. 301.

gelungenen Werk ließen sie auf den nördlichen Vierungspfeiler am Choreingang ein
Votivbild malen: Abt Peter, gekennzeichnet durch sein Wappen, bringt kniend der Got- *XXII*
tesmutter mit dem Kind ein Abbild des steinernen Dachreiters dar. Das Bild wurde im 19. Jahrhundert vollständig übermalt, so daß es seine Originalität eingebüßt hat. Aber man kann annehmen, daß dabei die ursprüngliche Gestaltung der Figuren beachtet wurde. Proben haben ergeben, daß sich der Restaurator „genau an den angetroffenen Befund gehalten ... hat.“ [3] Maria gehört zu dem spätmittelalterlichen Bildtypus der „Madonna auf der Mondsichel“ und vor einem Strahlenkranz stehend. Die Quelle dieses Motivs ist die Apokalypse 12, 1, 5: „Dann erschien ein großes Zeichen am Himmel: eine Frau, mit der Sonne bekleidet; der Mond war unter ihren Füßen ... und sie gebar ein Kind, einen Sohn ...“ Die Bedeutung dieser Worte wandelte sich: an die Stelle der apokalyptischen Frau wurde Maria mit dem Kinde gesetzt. Das Gesicht im Halbprofil unter der Mondsichel ist als Adams- oder Evagesicht zu deuten.

Stilistisch ist das Votivbild in Bebenhausen dem „Weichen Stil“ zuzuordnen. Maria erscheint sehr jugendlich und lieblich im Ausdruck; ihr Mantel ist hell, an der inneren Seite hellblau, er fällt in geschwungenen Säumen herab. Eine gewisse Ähnlichkeit besteht mit der Madonnenfigur an einem Rundpfeiler der St.-Moriz-Kirche in Rottenburg (um 1400); die Gemeinsamkeiten gehen aber über Merkmale des „Weichen Stils“ nicht hinaus. Man kann das Bild in die Zeit um 1410 datieren.

Eine einzigartige Ausmalung enthält der Chor der Pfarr- und Wallfahrtskirche „Unserer Lieben Frau“ in ***Eriskirch*** (Bodenseekreis). Die Kirche in ihrer jetzigen Gestalt wurde um 1400 oder im letzten Viertel des 14. Jahrhunderts gebaut. Sie hat einen eingezogenen, dreiseitig geschlossenen, flachgedeckten Chor, das rechteckige Schiff hat (heute) auch eine flache Decke. Die besondere Bedeutung der Chorausmalung liegt einmal darin, daß sie in unserem Gebiet die einzigen erhaltenen gotischen Wandbilder eines alttestamentlichen Zyklus birgt neben den Wandbildern in der Hünensteinkapelle bei Trochtelfingen. Ihre Bedeutung ist auch darin begründet, daß sie wie die Georgskirche in Bermatingen zu den wenigen Beispielen einer bewahrten vollständigen Raumausmalung gehört; von den 43 Bildern des Zyklus sind 39 – wenn auch teilweise fragmentiert und abgerieben – erhalten. Schließlich ist die Ausmalung deshalb bemerkenswert, weil entgegen einer sonst geübten Regel im Chor ein alttestamentlicher Zyklus dargestellt ist. Die Chorbilder sind also nicht nach dem typologischen System auf Bilder des Neuen Testaments bezogen, sie haben eine eigenständige Funktion.

Dargestellt sind einzelne Themen aus folgenden Teilen des Alten Testaments: aus den fünf Büchern des Mose Begebenheiten der ersten beiden Bücher „Genesis“ und „Exodus“; aus den Büchern der Geschichte des Volkes Israel Ereignisse aus dem „Buch der Richter“, dem „ersten Buch Samuel“, dem „ersten Buch der Könige“, dem Buch „Judit“ und schließlich aus dem Buch „Tobit“. Das Bestreben der geistlichen Auftraggeber für die Bilderfolge war es offenbar, einen Gesamtüberblick über die Schriften

[3] Der Landkreis Tübingen, Bd. II, S. 35.

anschaulich machen zu lassen, und zwar durch Auswahl besonders geeigneter Geschehnisse, die in einzelnen, teils dramatischen Situationen bildlich darzustellen sind und sich dem leseunkundigen Betrachter gut einprägen konnten. Der Zyklus ist in vier Bildstreifen geordnet, die durch teilweise beschriftete Bänder (die Schrift ist verblichen) voneinander getrennt sind; die einzelnen Bilder sind oben und an den Seiten von grünen Streifen und jeweils vom nächsten durch Leisten abgeteilt. Die Bilderfolge beginnt an der westlichen Seite der Chorbogenmauer, sie setzt sich fort über die Nordwand, um den Chorschluß bis zum Ende der Südwand, dann wechselt sie in den zweiten Streifen und mit dem gleichen Ablauf in den dritten und vierten. Im obersten Streifen sind die Bilder teilweise von der barocken Decke überschnitten. Es sollen hier die Bilder erörtert werden, die nach Inhalt und Stil von besonderem Interesse sind.

Das Bild „Erschaffung der Eva" an der Nordwand setzt für die Darstellung des nackten Adam eine fortschrittliche Körperbeobachtung voraus. Der auf dem Boden ruhende Adam zeigt eine Körperdrehung, der Oberkörper, etwas höher gelegen, ist dem Betrachter zugewandt, der Kopf des Schlafenden (Gen 2, 21) ist in die linke Hand gestützt, das rechte Bein ist hochgezogen. Von dem übrigen Teil des Bildes ist nicht mehr viel zu sehen. Die „Vertreibung Adams und Evas aus dem Paradies" an der Südwand ist voller Dramatik: ein Engel mit drohend erhobenem Schwert treibt die beiden, die mit langen Schritten die Flucht ergreifen, hinaus (Gen 3, 24). Im zweiten Streifen an der Innenseite des Chorbogens fragt Gott Kain nach seinem Bruder Abel (Gen 4, 9); Kain möchte der Frage entgehen und fortlaufen, aber Gottes Worte treffen ihn wie ein Bannstrahl. Diesem Bild ist auf der anderen Seite des Chorbogens der Tod Kains durch einen Pfeil von Lamech gegenübergestellt (Gen 4, 23, 24). Lamech, trotz seiner Blindheit Jäger, läßt sich von seinem Sohn Tubalkain führen. Dieser hält den nackten, nur mit einem Blattschurz bekleideten Kain irrtümlich für ein Wild und lenkt Lamechs Pfeil gegen ihn.

An der Nordseite fallen zwei Bilder auf, die durch ein guterhaltenes Ockergelb geprägt sind. Sie stellen die Arche dar, die Gott dem Noach zu bauen befohlen hatte, exakt mit drei Stockwerken, wie ihm gesagt worden war (Gen 6, 16). Das altertümlich gebildete Schiff erinnert an die Reichenauer Wandmalerei.[1] Das erste Bild zeigt, wie unter der Aufsicht von Noach an der Arche noch gezimmert wird, während verschie-
XXIII dene Tierarten, besonders sichtbar ein Schwarm von Vögeln, in sie einziehen; im Hintergrund ist offenbar eine Hügellandschaft dargestellt. Auf dem zweiten Bild fährt Noach mit seiner Familie und Tieren über die große Flut; er erhebt die Hände und läßt eine weiße Taube hinaus, „um zu sehen, ob das Wasser auf der Erde abgenommen habe" (Gen 8, 8). An der Ecke zum Chorschluß ist die Szene des betrunkenen Noach dargestellt; er liegt entblößt in seinem „Zelt" (Gen 9, 18 ff.), einem vorn offenen kleinen Hause. Von seinen Söhnen geht Ham hinaus, um seinen Brüdern davon zu erzählen; damit verbunden ist die Bedeckung Noachs durch Sem und Japhet. Die Ursache für seine Trunkenheit ist gleich rechts daneben in mehreren Weinstöcken zu sehen.

[1] Nach Schnell, Kunstführer Nr. 507: Pfarrkirche Eriskirch. 3. Aufl. 1987, S. 6.

Das Bild von dem Gericht über Sodom und die Rettung Lots (Gen 19, 23 ff.) in der Ecke vom Chorschluß zur Südwand zieht den Betrachter an, weil der Maler hier mit einer Stadtlandschaft die Illusion einer räumlichen Tiefe zu geben versucht hat. Man erkennt die teilweise brennende Stadt mit Stadtmauer und Türmen im Hintergrund und einem Stadttor vorn, das mit seiner Höhe zu der anschließenden Stadtmauer in keinem Verhältnis steht. Die Tiefenwirkung wird durch perspektivische Sicht in den kleiner werdenden Hintergrund und durch die Schrägstellung des Stadttores erreicht; allerdings liegt der Gesichtspunkt sehr hoch und der Raum steigt stark an, man sieht gleichsam von oben in die Stadt. Während im Vordergrund schon Tote aus der Katastrophe liegen, flieht Lot mit seinen beiden Töchtern; er hat die Stadt bereits verlassen. Seine Frau ist inzwischen zur „Salzsäule“ erstarrt, weil sie zurückgeblickt hatte. Der Maler hat in naiver wörtlicher Auffassung der Bibelstelle (Gen 19, 26) die „Salzsäule“ als architektonische Säule mit Sockel, Basis und Kapitell gestaltet und die Frau als Büste daraufgestellt. Dem Lot hat er mit realistischem Sinn als Wegzehrung für sich und die Töchter einen Hasen an einer über die Schulter gelegten Tragestange mitgegeben. Sollte der Hase gleichzeitig als Symbol der Luxuria den künftigen Inzest von Lot und seinen Töchtern ankündigen? Das folgende Bild zeigt den alten, erblindeten Isaak, wohl im Bett sitzend. Er greift mit einer Hand nach der Hand Jakobs (Gen 27, 22 ff.), mit der anderen berührt er dessen Stirn zum Segen. Auf dem Tisch stehen Gefäße für Wildbret und Wein. Von links kommt Esau hinzu, offenbar aufschreiend wegen der List seines Bruders Jakob (Gen 27, 34). *XXIV*

Es schließen sich Darstellungen aus dem Leben Josefs (von Ägypten), eines Sohnes von Jakob, an. In einem Doppelbild ist sein Traum (fast zerstört) sowie die Schelte von seinem Vater (Gen 37, 1 ff.) zu sehen. An der Nordseite im dritten Bildstreifen wird der mit Ziegenblut getränkte Ärmelrock Josefs seinem Vater vorgezeigt (Gen 37, 32 ff.), der darauf seine Kleider zerreißt. Der hohe Lehnstuhl, in dem der Vater sitzt, weist perspektivische Ansätze auf, die aber nicht ganz gelungen sind.

Hervorzuheben ist das Bild, auf dem Josef und Potifars Frau dargestellt sind (Gen 39, 12). Sie sitzt, gekleidet in burgundische Tracht unter einem riesigen Hut, in einem offenen Gehäuse und hält das Gewand von Josef fest, der weglaufen will. Die gegensätzlichen Gefühlsäußerungen hat der Maler gut getroffen, das Wegstreben von Josef trotz dem Hemmnis wird in dem gebogenen Körper und dem ausgreifenden linken Bein veranschaulicht. Die eigenartigen, am oberen Rahmen des Gehäuses hängenden Pfostenteile wirken wie „abgeschnitten“. Man wird an das wohl von einem Konstanzer Buchmaler stammende Miniaturbild mit dem gleichen Motiv aus der Weltchronik für Graf von Toggenburg erinnert[2], wo die mittleren Architekturstützen ebenso wiedergegeben sind. Eine weitere Ähnlichkeit beider Bilder findet sich in den schräggestellten, abgetreppten „Strebepfeilern“ in der Sockelzone. Nach dem Bild, das Josef im Gefängnis bei der Deutung der Träume des Mundschenks und des Bäckers zeigt (Gen 40, 1 ff.), folgt die Darstellung des Traumes des Pharao (Gen 41, 1 ff.); er liegt im Bett unter einem Bal-

[2] Abbildung in: Prop KG 7, Abb. XXVIII.

dachin, unter ihm die fetten und die mageren Kühe. Das Doppelbild am Übergang zum Chorschluß schildert zwei Ereignisse: die Deutung des Traumes des Pharao durch Josef (Gen 41, 14 ff.) und die Bewirtung seiner Brüder (Gen 43, 32 ff.). Genau nach dem Bibeltext hat Josef bei seiner Traumdeutung geschorenes Haar, und auch bei der Bewirtung scheint die in der Bibel angegebene Sitzordnung eingehalten. Das Bild hat die gleichen schräggestellten und abgetreppten Sockel wie das Gehäuse, in dem Potifars Frau sitzt; sie sind wohl abgekürzt dargestellte Wände, die „aufgeschnitten" sind, um den Blick in das Innere möglich zu machen.

An der Südwand folgen einige Bilder nach dem Buch „Exodus". Das erste zeigt den Pharao in seinem Streitwagen; er jagt wohl mit seiner Streitmacht den Israeliten nach (Ex 14, 8 ff.). Auf dem nächsten sieht man Mose, wie er Wasser aus dem Felsen schlägt (Ex 17, 6). Er ist mit Hörnern dargestellt, ein Typus, der auf eine fälschliche Übersetzung des Urtextes durch die Vulgata zurückgeht, die das strahlende Gesicht des Mose nach dem Gesetzesempfang so schildert: „Videbant faciem Moysi esse cornutam" (Ex 34, 30)[3]; der Typus war seit dem 12. Jahrhundert gebräuchlich. Hinter Mose stehen die durstigen Israeliten erwartungsvoll, zwei haben sich auf die Erde geworfen und schlürfen aus dem ersten Wasserrinnsal. Dem Maler ist es gut gelungen, die Dramatik der Szene zu schildern. Das folgende Doppelbild ist stark zerstört; es zeigt links den „Tanz um das goldene Kalb" (Ex 32, 1 ff.), rechts die Übergabe der Tafeln der Bundesurkunde durch Gott an Mose auf dem Berg Sinai (Ex 31, 18).

Ein für die bildliche Darstellung besonders geeignetes spannendes Ereignis, der Kampf Davids mit Goliat und dessen Tötung (1 Sam 17, 49, 51), ist auf der Nordwand in der dritten Reihe in zwei - leider stark zerstörten – Bildern wiedergegeben; auf dem ersten wird Goliat gerade von dem Stein Davids an der Stirn getroffen, auf dem zweiten wird er enthauptet.

XXV Am meisten wird der Blick des Betrachters von dem Bild mit dem Motiv „Salomos Urteil" (1 Kön 3, 16 ff.) angezogen, wohl auch deshalb, weil es besser als die anderen erhalten ist. Es ist nach seiner Komposition und in seiner Ausdruckskraft ein Werk von hoher Qualität. Dargestellt ist die dramatische Situation: Salomo hat bereits ein Schwert holen lassen und befohlen, das lebende Kind entzweizuschneiden und je eine Hälfte der einen und der anderen Frau zu geben. Die wahre Mutter ist vor Schreck zu Boden gesunken mit der flehentlichen Bitte, der anderen Frau das Kind zu überlassen und es nicht zu töten. Diese steht ungerührt und hält das zappelnde Kind in den Armen. Hier ist es dem Maler gelungen, den für die wahre Mutter erregenden Augenblick überzeugend zu veranschaulichen. Kostümgeschichtlich interessant ist der riesige, der burgundischen Mode zugehörige Hut von Salomo, wie er z. B. auf den Bildern von Konrad Witz: Kaiser Augustus und die Tiburtinische Sibylle und Salomo und die Königin von Saba zu sehen ist.

Das nächste Bild auf der Südseite schildert die Tat der Judit, die Israel vor der Vernichtung durch Holofernes, den Feldherrn des assyrischen Königs, rettet (Jud 13, 1 ff.).

---

[3] LCI 3, Sp. 285.

Man sieht die Zelte der Assyrer, gestaffelt hintereinander, im Hintergrund die Stadt Betulia, die Holofernes belagert. Im Vordergrund kann man gleichsam durch das Zelt des Holofernes hindurchsehen: Judit schlägt dem trunken Schlafenden mit seinem Schwert den Kopf ab (Jud 13, 8).

Das letzte Bild aus dem Zyklus zeigt den jungen Tobias mit dem Engel Rafael als Reisegefährten beim Aufbruch, hinter ihnen die Eltern des Tobias (Tobit 5, 17 ff.).

Abgesetzt von dem alttestamentlichen Zyklus sind in einem größeren Feld zwischen den beiden zuletzt genannten Bildern Reste einer Darstellung mit dem Thema „Mystische Mühle“ oder „Hostienmühle“ erhalten. Das Bild ist wohl eines der ältesten seiner Art. Den Mittelpunkt bildet ein Mahlstein, neben dem einst – jetzt ganz vergangen – Maria zu sehen war. Sie legte das Jesuskind in den Mahlkasten, aus dem unten Hostien herauskamen, die in einem Kelch auf einem Altar aufgefangen wurden, daneben die vier großen Kirchenlehrer. Rechts stehen die zwölf Apostel, die eine Kurbel mit einer langen Welle drehen; auf der linken Seite wird die Welle durch ein Wasserrad, an dem die Evangelistensymbole hängen, gleichfalls in Bewegung gesetzt. Spruchbänder – die Inschriften sind erloschen – drückten wohl einst den symbolischen Gehalt des Bildes aus. Das Thema der „Mystischen Mühle“ – das Gegenstück ist die „Mystische Kelter“ – geht auf die Rede Jesu über die Endzeit und seine Mahnung in Mt 24, 41; Lk 17, 35 zurück. Danach wird beim Weltgericht von zwei mahlenden Frauen die eine aufgenommen, die andere zurückgelassen. Das darin enthaltene Bild von einer Mühle wurde im Mittelalter vielfältig ausgedeutet und schließlich im 15. Jahrhundert mit der Menschwerdung Christi und der Eucharistie in Verbindung gebracht. Für die Unterbringung des Bildes der „Hostienmühle“ in Eriskirch innerhalb des alttestamentlichen Zyklus hat Jürgen Michler eine überzeugende Erklärung: „Im eucharistischen Opfer findet der geschichtliche Ablauf des Alten Testaments sein erlösendes Ziel“.[4]

Zur Chorausmalung gehören noch die Einfassungen der Fenster an den Kanten mit Leisten[5], an denen plastisch gemalte Krabben sitzen, und die spiraligen, Laub tragenden Ranken in den Fenstergewänden, ferner der untere Abschlußfries, der mit Halbfiguren belebt ist. Es könnte sich um eine Reihe disputierender Apostelpaare handeln; eine der Figuren dürfte Johannes Ev. mit dem Kelch sein.

Jürgen Michler hat die Chorausmalung als die erste „spätgotische Bilderwand“ am Bodensee bezeichnet[6]: Die horizontalen Leisten zwischen den Bildstreifen „sind so weit verschmälert, daß sie den vertikalen Trennleisten zwischen den einzelnen Bildern nahezu entsprechen, wodurch der Gesamteindruck einer Bilderwand entsteht“.[7] Die Malerei im Chor muß einst in prächtiger Farbigkeit erschienen sein, wie einige Bilder zeigen, deren Farben nicht so verblaßt und abgerieben sind wie bei den meisten. Hier ist nicht mehr wie im 14. Jahrhundert die Linie vorherrschend, vielmehr hat der Maler versucht, mit den Mitteln der Farbe und ihrer Tönung eine malerisch-plastische Wirkung

---

[4] Wie Anm. 1, S. 9.

[5] Hierzu ausführlich: Michler: Gotische Ausmalungssysteme, S. 51.

[6] ebd., S. 49.

[7] ebd., S. 50.

zu erzielen, deutlich noch auf den Bildern der Arche Noach und der Stadt Sodom. Das Bemühen um räumliche Tiefe durch Perspektive und Gruppierung von Figuren hintereinander ist unverkennbar. Vor allem aber zeichnen sich die Bilder durch die Fähigkeit des Malers aus, die teilweise spannenden und dramatischen Situationen der handelnden Personen und ihre Empfindungen einfühlsam zum Ausdruck zu bringen.

Der Maler muß ein bedeutender Meister gewesen sein. Ihn zu bestimmen oder einen Werkstattzusammenhang zu erkennen, ist bisher nicht gelungen. Alfred Stange hat ausgeführt[8], man werde vor allem an die Toggenburg-Bibel erinnert[9], offenbar habe der Maler der Chorbilder aus denselben Quellen wie der Miniator jener Handschrift geschöpft, näher aber stünden ihnen die sechs Bregenzer Tafeln im Münchner Nationalmuseum.[10] Die Verwandtschaft mancher Wandbilder mit Miniaturen der Toggenburg-Bibel lassen wohl eher auf den Buchmaler schließen. Die Toggenburg-Bibel wurde im Jahre 1411 vollendet. Sollte der Miniator wie der Maler der Wandbilder nicht nur aus „denselben Quellen geschöpft" haben, vielmehr mit ihm identisch sein? Von seinen Miniaturen hat Alfred Stange geschrieben, sie glichen Wandmalereien.[11]

Für die Datierung des Zyklus kann man an das Stifterfenster an der linken Seite des Chores anknüpfen. Es wurde zum Gedächtnis an den im Jahre 1408 verstorbenen Grafen Heinrich von Montfort von dessen Familie gestiftet und entstand im zweiten Jahrzehnt des 15. Jahrhunderts.[12] Die Wandbilder des Chores dürften aus dem gleichen Jahrzehnt stammen.

Im Langhaus, das ursprünglich wie der Chor vollständig mit Wandbildern ausgemalt war[13], sind nur einzelne Bilder freigelegt worden. Zwei davon gehören zur Passion Christi, eines hat seine Auferstehung zum Thema. Die Bilder waren sicherlich Teil einer Leben-Jesu-Bilderfolge.

An der Nordwand ist als einziges Bild aus dem obersten von drei Bildstreifen der
XXVI Judasverrat mit Gefangennahme Jesu und der Malchus-Szene freigelegt. In einer größeren Anzahl von Figuren steht Jesus in violettfarbigem Gewand beherrschend in der Mitte, während Judas in gelbem Gewand sich an ihn drängt. Wie in der Barbarakirche zu Apfelstetten scheint auch hier Jesus dem Soldaten, der ihm mit seiner Rechten von hinten brutal in das Nackenhaar greift, liebevoll die linke Hand zu halten. Mit der Rechten langt Jesus nach dem am Boden liegenden Malchus, dem Petrus ein Ohr abgeschlagen hat. Ringsherum stehen Soldaten mit Hellebarden und Spießen; kostümgeschichtlich interessant sind die zaddeligen Schulterkragen der Soldaten.

An der Westwand sind im mittleren Bildstreifen, von der Empore überschnitten, zwei Bilder freigelegt: Grablegung und Auferstehung. Die Grablegung folgt dem mehrfigurigen Typus, der sich nach 1300 entwickelt hatte und der schon im Passionszyklus in

[8] Stange IV, S. 25.
[9] Abbildungen: ebd. Abb. 1–3.
[10] Abbildungen: ebd. Abb. 28–30.
[11] Stange IV, S. 11.
[12] Wie Anm. 1, S. 11.
[13] Wie Anm. 1, S. 6.

St. Afra zu Schelklingen erscheint: Christus liegt ausgestreckt auf dem bildparallel gestellten Sarkophag, Maria neigt sich zu dem toten Sohn, umfaßt ihn um die Schultern und legt sein Haupt behutsam nieder, Josef von Arimathäa und Nikodemus ordnen das Grabtuch, hinter Maria wohl Maria Magdalena, „die andere Maria" (Mt 27, 61) und vielleicht Johannes. Das Auferstehungsbild ist mit einem Bild der Frauen am Grabe und der Botschaft des Engels an sie (Mt 28, 1 ff.) verbunden. Die Auferstehung folgt dem herkömmlichen Schema; der Engel hält das Grabtuch, um es den Frauen zu zeigen, für welche die Auferstehung unsichtbar ist.

Unter diesen beiden Bildern sind im unteren Bildstreifen zwei Darstellungen von Heiligen-Martyrien freigelegt. Sie sind wohl Teile einer Bilderfolge dieses Themas. Wie in St. Afra zu Schelklingen sollte die enge Verbindung dieser Bilder mit dem Zyklus der Passion Christi die Nachfolge der Heiligen nach dem exemplarischen Leben Jesu deutlich vor Augen führen. Dargestellt ist das Martyrium der hl. Katharina[14] und der hl. Agatha von Catania. Auf dem ersten Bild, das zwei Ereignisse darstellt, kniet Katharina vor dem zerschmetterten Rad, darunter liegen mehrere Schergen, die vor Schreck hingefallen sind; auf dem Bilde rechts hat die Hinrichtung mit dem Schwert schon stattgefunden, der abgeschlagene Kopf der Heiligen liegt rechts am Boden, der Henker reinigt das Schwert vom Blut. Das zweite Bild zeigt die an ein Gerüst gebundene Agatha, zwei Schergen schneiden ihr mit langen Messern die Brüste ab, weil sie auch unter Folterungen dem christlichen Glauben nicht abgeschworen hatte.

An der Südseite sind stark abgeriebene und verblaßte Fragmente eines früher monumentalen Weltgerichtsbildes freigelegt worden. Christus mit Schwert und Lilie am Mund – diese als Symbol seiner geistlichen Macht, Recht zu sprechen – thront auf zwei Regenbögen und gibt mit erhobenen Händen das Zeichen zum Weltgericht. Die Figur ist dem Weltenrichter in der früheren St.-Stephanus-Kirche von Gruorn sehr ähnlich.

Weiter östlich trifft man in der unteren Zone auf ein Bild, das – wie schon in Scharenstetten – die Legende der drei Lebenden und der drei Toten zum Gegenstand hat, jene Allegorie aus der französischen Literatur des 13. Jahrhunderts, welche die Menschen, besonders auch die hier vorbeiziehenden Wallfahrer, an die Vergänglichkeit gemahnen sollte. Das Bild ist leider stark zerstört. Die beiden vornehmen Gruppen sind, anders als in Scharenstetten, wo sie an den Gewänden des Chorbogens einander räumlich gegenüberstehen, nebeneinander aufgereiht, die Toten aufrecht, als „lebende" Tote. Das Bild gehört also zu dem französischen Typus, den Willy Rotzler nach diesen Merkmalen so genannt hat.[15] Die vorderen der beiden Gruppen tragen Kronen, die anderen wohl große Kappen; hier scheinen verschiedene Standesgruppen angedeutet zu sein. Über zwei der Toten erheben sich Spruchbänder, deren Schrift erloschen ist. Sicherlich standen hier, jedenfalls sinngemäß, die Worte: „Was ihr seid, das waren wir; was wir sind, werdet ihr sein." Ungewöhnlich und sonst nirgends in unserem Gebiet zu finden ist das Motiv des über den Gruppen in einer Aureole erscheinenden Christus, unter dem zwei weitere

---

[14] Nicht: „des hl. Georg". So: Wie Anm. 1, S. 10.

[15] Die Begegnung der drei Lebenden und der drei Toten. Winterthur 1961, S. 73 ff.

Tote aus Särgen, die zwischen den beiden Gruppen stehen, vom Tode auferweckt worden sind; auch ihre Spruchbänder sind leer. Das Motiv ist wohl dahin zu deuten, daß der Tod, auf den das Bild so nachdrücklich hinweist, nicht das Ende sein soll, sondern die Auferstehung der Toten.

Auch das nach Osten anschließende Bild des Schmerzensmannes mit Nimbus, Dornenkrone und Lendenschurz, der von Werkzeugen und Gegenständen des Alltagslebens und auch von zwei Personen und einem kleinen Teufel umgeben ist[16], verfolgt eine Mahnung an die Gläubigen. Es handelt sich um eine allegorische Aufforderung zur Heiligung des Sonn- und Feiertags. Für das Motiv hat sich die Bezeichnung „Feiertagschristus" eingebürgert. Die Gegenstände, darunter eine Reuse, ein Ruder, ein Boot, eine Hacke, ein Krug, ein Rad u. a., sind zum Teil auf den Körper Christi gerichtet, einige dringen wohl auch in ihn ein und verwunden ihn; zwei Personen sind mit einer Arbeit beschäftigt, ein Teufel und neben ihm ein Kopf, der die Zunge herausstreckt, sind auch mit dabei. Der Sinn des Bildes ist, die Gläubigen drastisch darauf hinzuweisen, daß Arbeiten an Sonn- und Feiertagen ein immer wieder neues Leiden Christi zur Folge haben. Inzwischen sind ca. 50 Darstellungen dieses Themas in verschiedenen Ländern Europas aus der Zeit von der Mitte des 14. Jahrhunderts bis zum Anfang des 16. Jahrhunderts bekannt geworden. Charakteristisch für den Eriskircher Christus ist die jugendliche Schönheit seines Gesichtes, das ernst und traurig blickt.

Die Wandbilder im Langhaus sind von hoher Qualität, ihre einstige Wirkung, besonders in den Farben, ist nur noch zu ahnen. Dargestellt sind Idealfiguren des „Weichen Stils" in vollendeter Komposition. Der Meister war ein anderer als der Maler des Chores, er muß ein herausragender Künstler gewesen sein, sein Name ist unbekannt. Bei der Frage nach weiteren Werken von ihm könnte man aus der Tafelmalerei an die sechs Tafeln von Passionsdarstellungen, die wahrscheinlich aus Bregenz stammen, denken.[17] Der Figuren- und Gewandstil ist ähnlich; die Darstellung der drei Frauen vor dem Grabe auf der Bregenzer Tafel kommt jener auf den Wandbildern der Grablegung und Auferstehung nahe. Auffallend ist auch, daß sowohl auf dem Wandbild der Gefangennahme wie auf den Bregenzer Tafeln „Christus vor Kajafas und vor Pilatus" die Soldatenröcke betont mit zaddeligen Teilen versehen sind. Darüber hinaus soll die Vermutung wiederholt werden, die Hermann Eggart schon im Jahre 1934 geäußert[18] und Graf Waldburg aufgenommen hat[19]: der Maler des Eriskircher Langhauses könnte vielleicht auch der „Meister von Eriskirch", der Schöpfer der Bildwerke, jetzt in der Lorenzkapelle zu Rottweil, gewesen sein. Ein Vergleich der drei Frauen auf dem Wandbild der Grablegung mit der trauernden Maria und Maria Magdalena in Rottweil[20] zeigt eine

---

[16] Das Bild ist seit der Aufdeckung in den 30er Jahren stark verblichen, so daß nicht mehr alle Teile zu erkennen sind.

[17] Abbildungen in: Stange IV, Abb. 28–30.

[18] Die spätgotischen Wandmalereien in der Pfarrkirche zu Eriskirch. In: Schriften des Vereins f. Geschichte d. Bodensees u. seiner Umgebung 61, 1934, S. 79.

[19] Johannes Graf Waldburg: Der Ravensburger Jodok. In: Heilige Kunst 1954/55, S. 12.

[20] Abbildungen in: Willi Stähle: Holzbildwerke der Kunstsammlung Lorenzkapelle Rottweil. Katalog. Rottweil 1977, Nrn. 18, 19.

starke Ähnlichkeit in der Kopfhaltung, den Handgebärden und den Kopfhauben, die sogar in gleicher Weise Bänder um die Säume haben. Die Datierung der Langhausbilder kann man auf das zweite und dritte Jahrzehnt des 15. Jahrhunderts ansetzen, gleichzeitig mit der Chorausmalung und teilweise auch im Anschluß daran.

Die Frage, warum entgegen der Übung und der heilsgeschichtlichen Vorstellung im Chor alttestamentliche Szenen dargestellt sind, läßt sich vielleicht mit einer praktischen Erwägung beantworten: Das Ausmalungsprogramm für die Wallfahrtskirche enthielt einen reichhaltigen Leben-Jesu-Zyklus, verbunden mit Darstellungen von Heiligen-Martyrien und allegorischen Bildern wie in St. Afra zu Schelklingen, hinzu kam ein Weltgerichtsbild. Da für jedes Bild eine monumentale Größe vorgesehen war (z. B. Breite des Feiertagschristus und des Weltgerichts je 3,10 m, der drei Lebenden und der drei Toten 4,70 m, das Martyrium der hl. Katharina 2,80 m), ließ sich dieses Programm nur im Langhaus unterbringen.

Man könnte glauben, daß man dem Meister des Eriskircher Langhauses wieder begegnet, wenn man die Wandbilder im Kreuzgang des Benediktinerklosters ***Weingarten*** (Lkr. Ravensburg), der vom mittelalterlichen Kloster erhalten ist, betrachtet. Die Bilder haben die Kindheit Jesu zum Thema; sie sind sicherlich ein verbliebener Rest eines Leben-Jesu-Zyklus.

Dargestellt sind folgende Ereignisse: die Beschneidung, die Ankunft der Hl. Drei Könige bei Maria und dem Jesuskind im Stall von Betlehem, die Darbringung im Tempel, die Flucht nach Ägypten, verbunden mit der Ankunft in Sotine (Ägypten) und dem Sturz eines Götzenbildes, vielleicht auch der Kindermord auf dem letzten Bild, von dem nur noch ein geringer Teil erhalten ist. Auf dem ersten Bild hält ein Priester mit kronenartiger Kopfbedeckung das Kind auf dem Schoß, während der mit einem Tuch bis über die Schultern bekleidete Beschneider vor beiden kniet; Josef und Maria bringen Tücher herbei. Von den Drei Königen ist einer vor dem Kinde niedergekniet und bietet ihm eine *XXVII*
Truhe mit Goldstücken dar, der zweite ist im Begriff, mit einer Hand seine mit Pelz besetzte Krone abzulegen, in der anderen hält er seine Kostbarkeiten, der dritte mit zakkiger Krone steht wartend da mit seinem Geschenk. Die Darbringung im Tempel zeigt den Augenblick, in dem Maria, noch mit erhobenen Händen, das Kind dem Hohenpriester Simeon auf dem Altar übergeben hat; zwei weitere Frauen und Josef stehen hinter Maria, ein weiterer Priester mit Buch hinter Simeon wohnt der Szene bei. Wie auf dem Bild der Darbringung in Ennabeuren ist auch hier das Kind auf dem Altar als Gleichnis des eucharistischen Opfers zu verstehen. Die Flucht nach Ägypten, verbunden mit der Ankunft, zeigt Maria auf dem Esel, sie hält das Kind in ihren Armen, Josef mit geschultertem Stab für das Reisegepäck steht frontal zum Betrachter; im selben Moment stürzt das Götzenbildnis, zerbrochen durch die Ankunft Jesu, kopfüber von der geborstenen Säule, um die sich Götzenanbeter scharen.

Die Bilder zeigen jeweils den wesentlichen Inhalt der Ereignisse und den entscheidenden Augenblick. Die Figuren entsprechen ganz dem „Weichen Stil“; sie sind wie jene im Langhaus von Eriskirch und auf den Bregenzer Tafeln hochgewachsen und schlank mit kleinen Köpfen. Maria ist sehr jung dargestellt und von lieblicher Anmut. Die drei

Frauen auf dem Bilde der Darstellung im Tempel haben enge Verwandte in den drei Frauen auf dem Tafelbild der Bregenzer Tafeln[1] und auf dem Wandbild der Grablegung im Eriskircher Langhaus. Der Kopf von Josef hat eine Entsprechung in dem Kopf des älteren Mannes mit grauem Bart und Mütze auf dem Eriskircher Wandbild des Judasverrats und der Gefangennahme Jesu. Das Motiv von Gestalten, die den Rücken zum Betrachter wenden, auf mehreren der Bregenzer Tafeln kehrt auf dem Wandbild der Beschneidung wieder. Die Pfeiler des Tempels auf dem Wandbild der Darstellung Jesu haben die gleichen Kapitelle wie jene auf den Tafelbildern „Christus vor Kajafas und vor Pilatus". Die ersten drei Bilder in Weingarten deuten durch perspektivische Darstellungen des Tempels und Altares sowie des Futtertroges im Stall eine gewisse Räumlichkeit an. Das vierte Bild, die Flucht nach Ägypten und die Ankunft in Sotine, zeigt einen tiefen Blick in eine Landschaft mit einem Felsen im Hintergrund und einem Baum darauf, dessen Darstellung von Naturbeobachtung zeugt. Das letztere Bild erinnert stark an das Wandbild von Giotto mit demselben Thema in der Arenakapelle zu Padua (1305), das einen „exemplarischen Rang"[2] hatte; vielleicht kannte es der Maler durch ein Musterbuch. Bei der Darstellung des Götzensturzes denkt man an das Altarbild „Darstellung im Tempel und Flucht nach Ägypten" von Melchior Broederlam aus der ehemaligen Kartause von Champmol (1399).[3] Im Wandbild ist diese Szene erweitert durch eine Gruppe von Götzenanbetern rund um die Säule, auf der das Götzenbildnis stand. Die Bilder sind von dem gleichen hohen künstlerischen Rang wie jene im Langhaus zu Eriskirch. Die Farbenskala, wohl stark ergänzt, geht von einem warmen Ockergelb über Rostrot zu einem dunklen Blau der Gewänder, das nachgedunkelt zu sein scheint. Entstanden sind die Bilder wohl um 1420 ff. unter dem Abt Johann Blarer (1418–1437).[4]

Die Stadtkirche St. Jodok in ***Ravensburg*** besitzt an der Nordseite des Chores ein Wandbild, das mit dem „Feiertagschristus" in Eriskirch in gewisser Weise vergleichbar ist. Die Kirche, 1385 geweiht, ist eine dreischiffige, flachgedeckte Pfeilerbasilika mit einem langgestreckten, gleichfalls flachgedeckten Chor.

60 Das Wandbild zeigt eine frontal aufrecht stehende, nur mit einem Lendentuch bekleidete, bärtige, männliche Gestalt ohne Nimbus; sie ist von einer Fülle von Geräten und Sinnbildern umgeben: in der oberen Bildhälfte von Hacken, Gabeln, Zangen, einem Ruder, einer Axt, einem Löffel, einem Wimpel, einer Spielkarte, einem Korb, einem Kelch mit Hostie, in der unteren Hälfte von einem Pilgerstab mit Korb, zwei Hacken, einer Posaune, mehreren Schiffen u. a. Die Gegenstände in der oberen Bildhälfte sind radial auf den Körper der Figur gerichtet, ohne in den Körper einzudringen, mit Ausnahme des Kelches, der senkrecht gemalt ist; in der unteren Hälfte liegen sie waagrecht zur Bildebene. Anders als in Eriskirch, wo Christus als Schmerzensmann die Arme

---

[1] Abbildung in: Stange IV, Abb. 28.
[2] LCI 2, Sp. 47.
[3] Abbildung in: Prop KG 7, Abb. III.
[4] So auch: Gebhard Spahr: Die Basilika Weingarten. Sigmaringen 1974, S. 14.

60 Ravensburg, Kirche St. Jodok. Sinnbild für das dritte Gebot. Um 1420.

erhebt, streckt die Gestalt beide Arme vom Körper weg nach unten und richtet die Handflächen nach hinten, eine Geste, die wohl dahin zu deuten ist: Die Gestalt will oder soll alles, was hinter ihr steht, hinter sich lassen. In der linken unteren Ecke ist ein Bett dargestellt mit einem Tier darüber, in der rechten Ecke – schlecht zu erkennen – eine Person, die sich irgendwie beschäftigt, darüber eine Tafel mit der unvollständigen Inschrift: „hüt · gott die …"

Die Deutung des Bildes ist in der Literatur unterschiedlich: Während Robert Wildhaber hier eindeutig einen „Feiertagschristus" wie in Eriskirch zu erkennen glaubt[1], meinen Johannes Graf Waldburg[2] und Otto Beck[3], der Patron der Kirche, der hl. Jodok, sei dargestellt. Graf Waldburg geht zur Begründung davon aus, links unten sei ein im Bett schlafender König zu erkennen, an dessen gekröntem Haupt ein Reh kauere; dies wolle besagen, daß Jodokus ein Prinz aus königlichem Geschlecht gewesen sei, als Tierfreund gerühmt. Otto Beck nimmt die Deutung eines im Bett schlafenden Königs auf, bezeichnet jedoch das Tier über dem Bett als Hasen. Hier soll der Versuch einer anderen Deutung gemacht werden. Richtig ist, daß nicht ein Reh dargestellt ist, sondern ein Hase, der

---

[1] Zwei kirchliche Bildthemen aus dem süddeutschen Raum um den Bodensee. In: Schwäbische Heimat 5, 1955, S. 162–168.

[2] Der Ravensburger Jodok. In: Heilige Kunst 1954/55, S. 5–14.

[3] Schnell, Kunstführer Nr. 1347: Ravensburg St. Jodok. 1982, S. 14.

eindeutig dem Bett zugeordnet ist. Beide Autoren haben übersehen, daß in dem Bett nicht nur eine Person liegt, sondern zwei. Sie tragen keine Kronen, sondern vielleicht Nachtmützen; die Schraffur soll wohl einen textilen Stoff wiedergeben. Kronen hätte der Maler anders dargestellt, so wie auf vielen Bildern der Zeit üblich: mit Reif und ornamentiertem Aufbau, z. B. im Chor von Eriskirch auf den Bildern „Josef deutet den Traum des Pharao“ oder „Pharao jagt in seinem Streitwagen den Israeliten nach“. Der Hase ist hier wohl als Sinnbild der „Luxuria“ zu deuten. Die mit diesem Symbol gekennzeichnete Bettszene verbietet es, in der Gestalt des Bildes Christus oder den hl. Jodokus zu sehen. Ihr fehlt auch der Nimbus, durch den ein Heiliger in jener Zeit kenntlich gemacht wurde. Der hl. Jodokus hätte als Königssohn der Bretagne, der auf die Krone verzichtete und als Pilger, Priester und Eremit lebte, zudem nicht eine Fülle von landwirtschaftlichen und handwerklichen Geräten hinter sich lassen wollen, sondern eher die Gegenstände seiner Beschäftigung wie Schwert, Spieß und Helm oder die abgelegte Krone, sein individuelles Attribut. Man könnte sich als Deutung des Bildes vorstellen: Mit der Gestalt ist der Mensch überhaupt gemeint, gleichsam jedermann; er soll an Sonn- und Feiertagen alle Arbeits- und sonstigen Geräte und auch Vergnügungen hinter sich lassen und statt dessen den Feiertag heiligen. Für die sonntägliche „Heilige Messe“ könnten die Symbole der Eucharistie, Kelch mit Hostie, stehen; sie sind nicht zwischen die anderen Gegenstände gesetzt, sondern schweben gleichsam isoliert von ihnen. Daß die Gestalt nur mit einem Lendentuch bekleidet ist, könnte man sich so erklären: es sollten alle Menschen gemeint sein, nicht nur ein bestimmter Stand, der an einer Kleidung erkennbar gewesen wäre.

Das Bild war sicherlich nur eines aus einer Reihe mit anderen – unter dem dicken Verputz verborgenen – Bildern in dem langgestreckten Chor. Denkbar wäre, daß es als Sinnbild für das dritte Gebot Teil eines Zyklus von ähnlichen Darstellungen war, die zur Einhaltung der zehn Gebote auffordern sollten. Darstellungen der zehn Gebote mit belehrenden und moralisierenden Szenen sind im Mittelalter nicht selten.[4] Die Farbe der Gestalt und Geräte ist von einem hellen Beigerosa, der Hintergrund ist ein dunkles Blaugrau. Gerahmt ist das Bild von einem Diamantfries in hell- und dunkelbraunen Farben. Als Datierung könnte man an die Zeit um 1420 denken.

Das gleiche Motiv findet man in der bereits erwähnten benachbarten Stadtkirche von ***Ravensburg***, ehemals Karmeliterklosterkirche, an der Südwand des Chores. Man sieht eine männliche Gestalt, die wie in St. Jodok aufrecht und frontal zum Betrachter steht, umgeben von verschiedenen Geräten und Zeichen wie Hacke, Wimpel, Ruder, Besen, Spinnrocken, Fischreuse, Pflug, Leiter u. a. Auch hier sind die Gegenstände in der oberen Bildhälfte radial auf den Körper der Figur gerichtet, ohne in ihn einzudringen, in der unteren Hälfte liegen sie waagerecht. Die Geste des Mannes ist ebenfalls die gleiche wie in St. Jodok: er streckt beide Arme vom Körper weg nach unten und richtet die Hand-

[4] LCI 4, Sp. 564 ff.

flächen nach hinten gegen die Geräte und sonstigen Dinge. Das Bild ist eine vereinfachte Wiederholung der Darstellung in St. Jodok, aber von ungleich geringerer Qualität, der Maler hat sogar den Daumen der linken Hand falsch angesetzt. Die Deutung ist die gleiche: der Mensch soll an Sonn- und Feiertagen alle Arbeits- und sonstigen Geräte hinter sich lassen und statt dessen den Feiertag heiligen. Die Darstellung desselben Motivs wie in St. Jodok auch in der Karmeliterklosterkirche kann man als zusätzliches Argument gegen die Deutung der Figur als Kirchenpatron in der St.-Jodok-Kirche ansehen. Für die Datierung kommt wohl etwa die gleiche Zeit wie für das Bild in St. Jodok in Betracht.

Aus demselben Jahrzehnt dürften die geringen Reste eines Kreuzigungsbildes rechts vom Chorbogen stammen. Das einst wahrscheinlich dreifigurige Bild ist von einem rundbogigen Band, in das Blüten gemalt sind, überspannt.

Vielleicht kann man auch die verbliebenen Umrißlinien zweier Bilder links vom Chorbogen unterhalb der Ankunft der Drei Könige in diese Zeit datieren. Das linke Bild ist mißverständlich restauriert: Über der mittleren knienden Figur erscheint ein Nimbus und neben ihr sind zwei Arme sichtbar, die einer anderen Malschicht als der des Bildes angehören müssen. Dargestellt ist in dem zweiteiligen Bild links wohl das Thema Noli me tangere, rechts vielleicht der Thomaszweifel: Christus weist seine Seitenwunde vor, Thomas könnte in der Figur dargestellt gewesen sein, von der man über und neben der mittleren Gestalt zwei Arme und wohl einen Nimbus erkennen kann. Das rechte durch eine Leiste abgetrennte Bild könnte darstellen, wie Christus als Pilger mit Wanderstab zwei Jüngern auf dem Weg nach Emmaus begegnet (Lk 24, 13 ff.).

Den in unserem Gebiet ausführlichsten Zyklus über Leben und Tod von Johannes dem Täufer enthält der Chor der Kirche, ehemals St. Johannes d. T., in ***Unterhausen*** (Gem. Lichtenstein, Lkr. Reutlingen). Der Zyklus wird ergänzt durch eine Bilderfolge aus der Passion Christi. Die Kirche wurde im Jahre 1235 erstmals erwähnt. Sie besitzt eine Chorturmanlage, die ursprünglich flachgedeckt war, später ein Kreuzgewölbe erhielt, das aber im Jahre 1947 entfernt wurde. Die Chorausmalung zieht sich in drei Streifen in ehemals 33 Bildern über die Nord-, Ost- und Südseite, die als „Bilderwände" erscheinen, zum Teil auch über die Ostseite der Chorbogenwand. Der obere und mittlere Streifen erzählt die Vita von Johannes, der untere die Passion Christi.

Der dem Kirchenpatron gewidmete Zyklus (22 Bilder) beginnt an der Nordseite mit dem Bild einer großen sitzenden Frau mit Schleier und Nimbus; ihre seitlich ausgestreckten Arme sind auf zwei kleine Gestalten gerichtet, von denen nur noch eine voll erkennbar ist: ein Mädchen mit Nimbus in einem langen Kleid; von dem anderen Figürchen ist nur der Kopf mit Nimbus erhalten. Wilhelm Boeck hat die große sitzende Figur als eine „einstweilen rätselhafte Darstellung" bezeichnet.[1] Man kann sie aber so deuten: Diese Gestalt stellt die hl. Anna dar, das Mädchen an der einen Hand ist ihre Tochter Maria, Mutter Jesu, das Mädchen an der anderen Hand ist Elisabet, Mutter des Kirchen-

[1] Ein gotischer Freskenzyklus in der Kirche zu Unterhausen. In: Schwäbische Heimat 3, 1952, S. 205.

patrons. Nach der Legende[2] hatten Annas Eltern eine zweite Tochter namens Esmeria, deren Tochter Elisabet war. Die beiden Zyklen über Johannes d. T. und Christus sind somit bis auf deren Mütter zurückgeführt; gleichzeitig wird in einer stark verkürzt wiedergegebenen „Heiligen Sippe“ ihre Verwandtschaft dargetan. Von den nächsten Bildern sind nur noch das dritte und vierte in schwachen Farbresten erhalten: die Hochzeit von Elisabet mit dem Tempelpriester Zacharias und die Verkündigung an ihn. Auf dem letzteren Bild (Lk 1, 11–20) ist Zacharias mit Mitra im Innern des Tempels vor dem Rauchopferaltar zu erkennen, „auf der rechten Seite“ (Lk 1, 11) des Altars der Engel Gabriel in grünem Gewand. An der Ostseite wird die Bilderfolge mit der Begegnung von Zacharias und Elisabet fortgesetzt: Zacharias in hellem Gewand, grünen Beinlingen und braunroten Schuhen kehrt „nach Hause zurück“ (Lk 1, 23), er schreitet auf Elisabet, eine ältere Frau mit Kopfschleier und hellem Mantel, zu und reicht ihr die Hand. Die Darstellung des schreitenden Mannes ist dem gleichen Motiv auf dem Bild „Gott fragt Kain nach Abel“ in Eriskirch sehr ähnlich. Das folgende Bild ist durch das frühere Kreuzgewölbe fast ganz zerstört. Es stellte die Begegnung von Maria und Elisabet dar (Lk 1, 40); von Maria ist nur noch der jugendliche Kopf erhalten. Es folgt das Bild der Geburt Johannes d. T. (Lk 1, 57): Elisabet liegt auf einem ockerfarbenen Bett und blickt nach ihrem neugeborenen Sohn, der in einer niedrigen Wiege vor dem Bett liegt, daneben kniet wohl Maria, die ihrer Freundin hilft[3]; über die Gruppe ist ein weißgrünes Rhombenmuster gemalt. Auf dem nächsten Bild sind Maria und Elisabet wieder gemeinsam dargestellt. Es zeigt die beiden Frauen in einem liebenswürdigen, idyllischen
XXVIII Genre-Motiv: In einer Spinnstube sitzen sie sich auf einer Eckbank gegenüber, die jugendliche Maria zieht aus einem Spinnrocken gerade einen Faden heraus, während Elisabet eine Garnhaspel hält. Zu ihren Füßen spielen, nackt dargestellt, die beiden Knaben mit Spielzeug, das wie Schlüssel aussieht. Man denkt an ein Tafelbild, auf dem das gleiche Thema wiedergegeben ist, im Germanischen Nationalmuseum zu Nürnberg.[4] Das Motiv der spinnenden Maria erinnert auch an das Wandbild in der Kirche von Talheim (Lkr. Tübingen), wo Maria am Spinnrocken sitzt und Jesus als Knabe ihr die Garnhaspel hält. Die Bilder der oberen Reihe an der Südseite zeigen Johannes in der Wüste; nur auf dem ersten erkennt man noch eine Darstellung: Johannes in gelbem Gewande zwischen roten Felsen. Der Zyklus wird im mittleren Streifen an der Nordseite fortgesetzt. Die Bilder sind hier so stark zerstört, daß eine Beschreibung nicht mehr möglich ist. Dargestellt waren[5]: Taufe Christi, Johannes und die Schriftgelehrten, Johannes vor Herodes. Zerstört ist auch das folgende Bild an der Ostseite, wo Johannes im Kerker dargestellt war. Auch das anschließende Bild, Gastmahl des Herodes, ist fast ganz vernichtet. Besser erhalten ist Herodias' Unterredung mit Salome (Mk 6, 24): Herodias sitzt in einem langen, grünen, faltenreichen Mantel und mit roter Kappe auf einer Bank vor Salome. Das folgende Bild erzählt von der Forderung der Salome an Herodes, ihr den Kopf von

[2] Nach LCI 4, Sp. 163.
[3] Legenda aurea, S. 413.
[4] Abbildung in: Karl M. Swoboda: Geschichte der bildenden Kunst. Die Spätgotik. Wien u. München 1978, Abb. 91.
[5] Nach Wilhelm Boeck: Wie Anm. 1, S. 206.

Johannes bringen zu lassen (Mk 6, 25); aus dem Fenster eines Turmes links blickt Johannes heraus. Das Bild von der Enthauptung des Täufers zeigt nur noch den Henker in blaugrüner Rüstung, wie er sein Schwert wieder einsteckt, zu seinen Füßen liegt der abgeschlagene Kopf des Johannes. Das letzte Bild des Johannes-Zyklus ist die Grablegung; ein Sarkophag ist leicht schräggestellt, in ihn betten drei Jünger des Johannes seinen Leichnam ein.

Die Bilder der Passion Christi im unteren Streifen sind an der Nordseite fast ganz zerstört. Das letzte dieser Seite zeigte einst die Gefangennahme; zu erkennen ist nur noch das Haupt Jesu mit Nimbus. An der Ostseite folgt die nur schemenhaft sichtbare Darstellung Christus vor Kajafas. Das anschließende Bild der Geißelung zeigt die hohe Gestalt Jesu, hinter der Säule stehend, an die er gefesselt ist. Die Dornenkrönung durch zwei Schergen ist mit der Verspottung durch einen gnomenhaft wirkenden Peiniger verbunden. Die Bilder Christus vor Pilatus, Kreuztragung, Kreuzigung sind nur in Umrissen erkennbar. Die Kreuzigung gehört dem fünffigurigen Typus an; Christus ist noch nicht zusammengesunken, rechts neben ihm stehen wohl Maria und Johannes Ev., links vielleicht Stephaton und der Hauptmann.

Die Sockelzone ist mit einem gemalten Wandvorhang, der mit Ringen an einer Stange hängt, geschmückt. Eine aus dem Zyklus herausgenommene besondere Darstellung hat der Maler der Verkündigung an Maria an der Ostseite der Chorbogenmauer beiderseits des Spitzbogens gewidmet. Erhalten ist nur Maria; sie kniet in einem überlangen hellblauen Gewand vor einem Betpult, auf dem ein aufgeschlagenes Buch liegt.

Die Figuren zeigen noch den „Weichen Stil", so in der Weichheit der Linien und Flächen bei der Modellierung der Gewänder, z. B. der Herodias und der Salome, auch in der Vorliebe für überaus schlanke und zierliche Figuren, besonders deutlich erkennbar an Maria bei der Verkündigungsszene. Die beiden Zyklen sind von beachtlicher Qualität, der Maler muß ein angesehener Meister gewesen sein. Man kann die Malerei wohl etwa in die Zeit um 1420 datieren.

In den mittelalterlichen Städten wurden seit dem Ende des 12. Jahrhunderts zahlreiche Spitäler eingerichtet. Im Spital von ***Blaubeuren*** (Alb-Donau-Kreis), um 1420 durch den Magister Johannes Russ, Generalvikar des Bischofs von Konstanz, gestiftet und wie die meisten Spitäler dem Heiligen Geist geweiht, ist eine reiche und bemerkenswerte Ausmalung aus der Zeit der Erbauung erhalten. Die Malereien befinden sich in der flachgedeckten Torhalle. Sie haben wie auch in anderen Spitälern kein einheitliches überliefertes Programm. In zwei Reihen sind verschiedene Themen dargestellt.

In die Ostwand des Raumes ist eine spitzbogige Nische eingelassen, vor der eine steinerne Altarmensa steht. Das gemalte Retabel an der Nischenrückwand enthält im oberen Teil eine Darstellung des „Gnadenstuhls" nach dem überkommenen Bildschema, *61*
das sich schon in Veringendorf findet. Als Vergleichsbeispiel aus der Plastik kommt der auch für ein Spital, das Bürgerspital in Würzburg, geschaffene Reliefstein eines Gnadenstuhls (um 1345/50)[1] in Betracht. Unterhalb des Blaubeurer Bildes sind links und rechts

[1] Abbildung in: Prop KG 6, Abb. 251.

61 Blaubeuren, ehem. Spital Zum Heiligen Geist. „Gnadenstuhl". In der Leibung der Nische musizierende Engel, in den Zwickeln links Abel, rechts Kain. Um 1420.

zwei Leuchter tragende Engel gemalt. Die Leibung der Nische enthält oben neben dem Gnadenstuhl je einen musizierenden Engel, links mit Laute, rechts wohl mit Leier; der untere Teil zeigt zwei gekrönte weibliche Heilige: links Barbara mit Kelch und Hostie,
62 rechts Katharina mit Rad und Schwert. In den durch rechteckige Rahmung des Nischenbogens entstandenen Zwickeln außerhalb der Nische sind Abel und Kain bei ihren Opfern dargestellt: Abel bringt als Schafhirt ein Lamm dar, Kain als Ackerbauer ein Ährenbündel (Gen 4, 3–4).

Neben der Altarnische steht links ein Bild der „Anna selbdritt" und rechts des Schmerzensmannes; diese Bilder stehen wohl für den Anfang und das Ende des Lebens Jesu. Anna sitzt mit Maria auf dem einen und dem Jesuskind auf dem anderen Knie, wobei Maria verkleinert und mädchenhaft dem Jesusknaben gegenübersitzt. Der Schmerzensmann steht in ganzer Figur vor dem Kreuz mit dem abgekürzten Titulus „·i·n·r·i·" auf einem aufgerollten Schriftband; mit der rechten Hand weist er auf seine Seitenwunde, in der linken hält er ein Reisigbündel von der Geißelung.

Das spitzbogige Tympanon über der Tür links vom Altar birgt ein Bild der Taube als Sinnbild des Heiligen Geistes. Sie hat drei Gesichter als Symbol der Trinitas und ist dem Gnadenstuhl als dem anderen Symbol der Dreifaltigkeit gegenübergestellt. In die Zwikkel über dem Tympanon ist je ein Halbbild, wohl von Propheten, gemalt.

Die Leibung der Tür zeigt ein ungewöhnliches Bild mit einer humorvollen Note: Durch einen gemalten Türspalt blickt ein Mann mit Hut und Mantel in die Torhalle herein.

62 *Blaubeuren, ehem. Spital Zum Heiligen Geist. Hl. Katharina. Um 1420.*

Die obere Bilderreihe zeigt links den hl. Georg zu Pferde im Kampf mit dem Drachen, er trägt auf dem Schild und der Helmzier ein rotes Kreuz; eine Burg und die erregte Königstochter füllen Bilderlücken aus. Rechts wird die Reihe mit einem Bild vom Martyrium des hl. Sebastian abgeschlossen. Die beiden Heiligenbilder könnten auf christliche Bruderschaften in Blaubeuren hinweisen. Dazwischen ist in je einem Bild die Anbetung der Hl. Drei Könige und die Ausgießung des Heiligen Geistes dargestellt (Apg 2, 1–4). Das erstere Bild folgt dem herkömmlichen Schema. Das zweite gehört zu dem Typus von Pfingstbildern, auf denen Maria am Gründungstage der Kirche als Vorläuferin der Ecclesia zentral inmitten der Apostel erscheint, über ihr die Taube als Sinnbild des Heiligen Geistes. Das Bild ist in der Weise komponiert, daß auf zwei Bänken, übereinander dargestellt, je sechs Apostel links und rechts von Maria sitzen, jeweils drei auf der vorderen und drei auf der hinteren Bank. Die Komposition kehrt im Wurzacher Altar von Hans Multscher (1437)[2] wieder.

Die Südseite des Raumes enthält außer dem knienden Stifter als Ordensmann mit der Inschrift in gotischer Textura „· miserere · mei ·" und dem hl. Benedictus mit Stab und Buch zwei Bilder aus der Vita der hl. Elisabeth von Thüringen, deren Darstellung zu den bevorzugten Hospitalzyklen gehörte. Das erste zeigt die Heilige, wie sie einem „siechen ungestalten Menschen" den Kopf wäscht[3], auf dem zweiten steht sie vor dem Bett eines(r) Kranken, den (die) sie besucht, oder: nach der Legende legt sie einen aussätzigen Knaben in ihr Ehebett. Die Inschriften unter den Bildern „S. Elisabeth gab den armen herberg" und „S. Elisabeth trost die gefangen" beziehen sich auf Bilder darunter, die fast ganz zerstört sind. Ein weiteres Fragment scheint sich nach dem Rest der Überschrift auf ein Ereignis mit ihrem Ehemann Landgraf Ludwig zu beziehen. Die übrigen Bilder sind z. Zt. nicht zugänglich. In der Sockelzone ist ein roter Wandteppich mit langen Fransen gemalt.

Die Figuren sind in ihrer Schlankheit jenen in Unterhausen ähnlich. Sie sind noch vom „Weichen Stil" geprägt. Die hochgewachsenen Gestalten erscheinen als jugendliche Frauen und Männer voll Anmut und Schönheit, z. B. die Heiligen Katharina, Barbara und Elisabeth, Sebastian und Benedikt und auch der Schmerzensmann. Der Maler war ein Meister des Stiles seiner Zeit. Die Darstellungen des hl. Sebastian und des Schmerzensmannes zeugen vom Studium das nackten menschlichen Körpers.

Etwa um die gleiche Zeit, in der die Malerei im Spital von Blaubeuren entstand (1420/30), wurde das Vesperbild im spitzbogigen Tympanon des Westportals der Stadtkirche, ehemals St. Marien, in ***Blaubeuren*** (Alb-Donau-Kreis) geschaffen. Die Kirche wurde erstmals im Jahre 1343 erwähnt. Das Bild ist aus dem Tympanon abgenommen und befindet sich im Kreuzgang des ehemaligen Klosters Blaubeuren beim Eingang zum Kapitelsaal. Der abgezehrte Leib Christi liegt ausgestreckt auf dem Schoß Mariens, sein Kopf, der leicht zurückfällt, wird wohl von ihr gehalten, die Beine sind in den Knien

[2] Abbildung in: Manfred Tripps: Hans Multscher, Abb. 153.

[3] Legenda aurea, S. 877.

nach unten abgeknickt, der rechte Arm fällt diagonal herab. Maria neigt trauernd ihr Haupt, hinter ihr steht das Kreuz mit Titulus. In kleineren Figuren knien neben ihr die Stifter; die Inschriften auf Streifen, die von ihnen ausgehen, sind verblaßt. Das Bild ist ein Andachtsbild für eine kontemplative Versenkung in das Leiden und Opfer Christi.

In den Jahren 1412 und 1413 mußte die Rundpfeiler-Basilika St. Moriz zu ***Rottenburg a. N.*** (Lkr. Tübingen) wegen des starken Zulaufs von Wallfahrern vergrößert werden. Anlaß für den Zulauf waren die Reliquien des hl. Mauritius und seiner Gefährten in der Kirche. Das Langhaus wurde um ein Joch nach Westen verlängert.[1] Es mußten zwei weitere Rundpfeiler gebaut werden.

Die große Figur des hl. Christophorus an dem nördlichen dieser beiden Pfeiler dürfte *XXIX* nicht allzu lange nach Fertigstellung der Bauarbeiten gemalt worden sein, jedenfalls um 1420 oder im Jahrzehnt danach; denn sein Bild gehörte im Mittelalter in jede Kirche, zumal in eine vielbesuchte Wallfahrtskirche. Sein Anblick, der als Schutz vor unvorhergesehenem Tode ohne Sterbesakramente galt, wurde von den Gläubigen erwartet. Das Pfeilerbild ist ein ungewöhnliches Werk. In vollendeter Komposition erhebt sich der heilige Riese hochragend aus dem Wasser, das er mit langen nackten Beinen, die im Wasser sichtbar sind, durchwatet. Er scheint von einem in der Tiefe rechts liegenden Flußufer zu kommen und am Betrachter vorbei dem anderen Ufer zuzustreben. Das linke Bein steht auf dem Grund des Flusses, während das rechte für den nächsten Schritt hoch angewinkelt ist. Den unteren Teil des roten Mantels hat er über das kurze, gegürtete, grüne Gewand hochgerafft, er drückt ihn mit dem linken Arm an die Brust, so daß ein langer Zipfel nach unten und hinten herabfällt. Mit der linken Hand hält er das Jesuskind auf seinen Schultern, in der rechten einen wohl grünenden Stab. Der bärtige Heilige ist in Dreiviertelansicht dargestellt, er trägt einen orientalischen Turban. Das Jesuskind, in lichtblauem Gewand und flatterndem hellem Mantel, greift mit der rechten Hand nach dem Turban, in der linken hält es den Reichsapfel mit Kreuz.

Das Bild des Riesen ist von betontem Realismus geprägt. Sein individuell gebildetes Gesicht spiegelt seine Gemütsbewegung: er ist mürrisch wegen der immer schwerer werdenden Last des Kindes. Die überlängt dargestellten Beine und die Verkürzung des Oberkörpers lassen ihn für den Betrachter als Riesen erscheinen. Für die Illusion von Plastizität und räumlicher Tiefe hat der Maler die Rundung des Pfeilers geschickt ausgenützt. Bei der Frage nach einem Vorbild für das Bild hat Ulrike Claviez daran erinnert[2], daß Julius Baum auf eine in Dessau aufbewahrte Zeichnung[3] aufmerksam gemacht hat.[4]

---

[1] Dieter Manz: St. Moriz in Rottenburg-Ehingen, Rottenburg a. N., 2. Aufl. 1989, S. 11. – Dieter Manz: Aus der Bau- und Kunstgeschichte von St. Moriz. In: Der Sülchgau 20, 1976, S. 14–17.

[2] Die Wandmalereien der Veitskapelle in Stuttgart-Mühlhausen. Diss. Tübingen 1976, S. 133/134.

[3] Abbildung in: Julius Baum: Altschwäbische Kunst, Augsburg 1923, Abb. 6.

[4] ebd., S. 4/5.

Auf diese Zeichnung – so Baum – welche die Kopie eines bereits vorhandenen Wandbildes sei, greife der Rottenburger Christophorus zurück, doch habe wohl kaum das Dessauer Blatt, sondern irgendeine andere Skizze die Übermittlung besorgt. In der Tat scheint der Rottenburger Maler diese Zeichnung oder eine Skizze davon benützt zu haben, die auffallenden Übereinstimmungen wären sonst nicht erklärlich. Seine Leistung besteht dann darin, das Motiv von der Zeichnung in die anderen Bedingungen eines monumentalen Pfeilerbildes übersetzt zu haben.

Alfred Stange hat die Frage gestellt: „Wer war dieser Maler?“ und folgende Antwort gegeben[5]: „Es kann kein Zweifel bestehen: neben dem Schmerzensmann am Ulmer Münster, dem Frühwerk von Hans Multscher, das man mit der Jahreszahl 1429 verbinden darf, steht diese Figur als das Jugendwerk des Malers, der im Wurzacher Altar mit Multscher zusammengearbeitet hat. Ihm gehört diese kraftvolle und große, diese plastische und räumliche Gestaltung. Der Heraklius des Wolfegger Flügels oder der Christus der Wurzacher Kreuztragung zeigen, obgleich der Rottenburg-Ehinger Christophorus viel von seiner Oberfläche verloren hat, noch immer so viele Gemeinsamkeiten und Übereinstimmungen, daß man nicht fehl geht, wenn man dieselbe Hand erkennt.“ Stange geht hierbei davon aus, daß Multscher die Malereien der Flügel des Wurzacher Altars vom Jahre 1437 einem Werkstattgenossen übertragen habe.[6] Zu einem solchen Ergebnis ist auch Manfred Tripps in einer eingehenden Untersuchung gelangt.[7] Diese Meinung hat sich aber nicht überall durchgesetzt. So hat Fedja Anzelewsky ausgeführt[8], in der charakteristischen Häßlichkeit der Gesichter wichen die gemalten Gestalten von den eleganten Figuren des Bildhauers Multscher zwar ab, dennoch spreche die zweifache Signatur auf den Wurzacher Tafeln zugunsten der Eigenständigkeit der Gemälde. Die Frage, ob Multscher die Wurzacher Tafeln eigenhändig gemalt oder einem Werkstattgenossen übertragen hat, kann hier dahingestellt bleiben. Denn der Zuschreibung des Rottenburger Christophorus-Bildes an den Maler dieser Tafeln durch Alfred Stange kann man nicht uneingeschränkt folgen. Zwar gibt es gewisse Entsprechungen: Die Gesichter von Christus bei der Kreuztragung[9] und von Christophorus sind ähnlich, obwohl der Heilige anders als Christus die Augen niederschlägt. Die Beinstellung des Heraklius beim Wolfegger Flügel[10] ist die gleiche wie die des Christophorus. Als Ergänzung zum Argument von Stange kann man bei dem Bild der Kreuztragung auf den einen Turban tragenden Begleiter rechts oberhalb des Antlitzes von Christus verweisen; auch dessen Gesichtsausdruck mit herabgezogenen Mundwinkeln und seinem Bart ist, abgesehen von seinem starren Blick, dem des Christophorus ähnlich; hinzu kommt noch eine vergleichbare kleine, schmale Hand. Man kann auch noch an den Kopf des Jesuskindes denken; er ist wie auf dem zum Wurzacher Altar gehörigen Bild der Hl. Drei

[5] Stange IV, S. 85.
[6] Stange IV, S. 109.
[7] Hans Multscher, S. 90 ff.
[8] In: Prop KG 7, S. 210.
[9] Wie Anm. 7, Abb. 157.
[10] Abbildung in: Stange IV, Abb. 164.

Könige[11] sehr rundlich und keineswegs „lieblich" gemalt. Ob man aber aus alledem schließen kann, der Maler des Christophorus-Bildes sei mit dem der Wurzacher Tafeln identisch, sollte offen bleiben: Die dargelegten Gemeinsamkeiten könnten dafür sprechen, sie reichen aber für eine Gewißheit, wie sie Alfred Stange hatte, nicht aus. Eine andere Beziehung des Christophorus-Bildes zu einem Werk der Wand- oder Tafelmalerei läßt sich nicht finden.

Wohl auch um 1420/30 könnte das Bild von Johannes d. T. am gegenüberliegenden Pfeiler gemalt worden sein, sicherlich von einem anderen Maler als dem des Christophorus. Johannes trägt ein kurzes Gewand, in der linken Hand hält er ein Buch, die rechte Hand weist in eine bestimmte Richtung, offensichtlich nach Joh 1, 29, 36: „Am Tag darauf sah er (Johannes d. T.) Jesus auf sich zukommen und sagte: Seht das Lamm Gottes, das die Sünde der Welt hinwegnimmt." Auch das Bild von der Begegnung Mariens mit Elisabet am dritten Pfeiler der Nordseite könnte um diese Zeit entstanden sein. Beide Darstellungen sind von geringer Qualität; dies zeigen schon die unproportionierten Arme beider Frauen auf dem letzteren Bild.

Nicht lange nach Abschluß der Bauarbeiten für die Verlängerung des Langhauses, also um 1420/30, könnten auch die Wandmalereien am Obergaden der St.-Moriz-Kirche in ***Rottenburg a. N.*** (Lkr. Tübingen) geschaffen worden sein. Rings um das Mittelschiff zieht sich unter der flachen Decke eine Zone von gemalten Quadern. Sie sind der Rest einer Malerei, die wohl die Mittelschiffswände insgesamt bedeckte und die Illusion erwecken sollte, das Schiff sei aus solchen Hausteinen erbaut. Die Quader sind mit „Kantenschlag" und weißen Fugen gemalt. Dem Quaderwerk ist ein perspektivisch gemalter Rundbogenfries unmittelbar an der Decke vorgelegt.

Der Fries wird an den Schmalseiten des Schiffes von je zwei, an den Längswänden von je sechs gemalten Figuren gestützt und getragen, wobei jede, auf einer perspektivischen Konsole stehend, als Atlant dient.

Die Figuren an den Schmalseiten stellen die Evangelisten dar[1]; sie gehören zu dem selte- *63*
nen geflügelten Typus. Dieses Motiv kommt sonst in unserem Gebiet nicht vor. Zwischen den Evangelisten verlaufen Schriftbänder; nur eines an der östlichen Schmalseite trägt noch eine Inschrift: „ S · Marcus"·, die Namen der anderen Evangelisten sind vergangen.

Die Deutung der zwölf Trägerfiguren an den Längsseiten ist schwierig. Herbert Hoffmann[2], Dieter Manz[3] und Gottfried Hauff[4] haben sie als Personifikationen mittel-

---

11 Wie Anm. 7, Abb. 152.

---

1 Nicht: „Engelsfiguren". So: Dieter Manz: St. Moriz in Rottenburg-Ehingen. Rottenburg a. N., 2. Aufl. 1989, S. 18, und Gottfried Hauff: Die Wandmalereien des 15. Jhs. in St. Moriz zu Rottenburg-Ehingen. Magisterarbeit Tübingen 1981, S. 56.

2 Werke der Kunst in und um Rottenburg. In: Rottenburg am Neckar, Bilder einer Stadt. Weißenhorn 1974, S. 39.

3 Wie Anm. 1, S. 18. – Aus der Bau- u. Kunstgeschichte von St. Moriz. In: Der Sülchgau 20, 1976, S. 22.

4 Wie Anm. 1, S. 63.

63 Rottenburg a. N., Stiftskirche St. Mauritius (St.-Moriz-Kirche). Evangelist Marcus. 1420–1430.

alterlicher Stände und Berufe angesehen. Wolfgang Urban[5] hat sie dagegen als Moriskentänzer interpretiert, weil sie „als Träger nicht ruhig zu stehen scheinen, sondern alle in dynamischer, tänzelnder, ja tanzender Bewegung gezeigt werden" mit „teilweise grotesken Körperhaltungen"; eine der Figuren trage eine Narrenkappe mit zwei Glöckchen oder Schellen und sei deshalb eine Narrengestalt. Sie seien als „moriscos" zum Christentum bekehrte Mauren und „Abbilder jener, die sich von der Narrheit der Gottesferne abgewandt" hätten und „vom Narrenschiff in das rettende Schiff der Kirche umgestiegen" seien. Dieser Deutung kann man nicht zustimmen. Der in Deutschland beliebte Moriskentanz stammte wahrscheinlich aus Spanien. Die Tänzer führten „lebhafte und groteske Tanzschritte aus, oftmals in Drehungen und Windungen"[6], wie sie die Figuren von Erasmus Grasser (1480) zeigen[7]; sie trugen „meist phantastische Kostüme"[8]. Die Figuren in St. Moriz zeigen weder groteske Tanzschritte mit Drehungen und Windungen noch tragen sie phantastische Kostüme. Ihre Bewegungen sind von der Aufgabe bestimmt, als „Träger" das Kirchendach zu „stützen"; dabei sind der gebückte Rücken und das Auseinandertreten der Beine kennzeichnend, was nur scheinbar wie ein Schrei-

[5] Der Narrentanz im Kirchenschiff. In: Reutlinger General-Anzeiger v. 26. 2. 1987, S. 17.
[6] Horst W. Janson, in: Prop KG 7, S. 285.
[7] Eine davon abgebildet: ebd., Abb. LVIII.
[8] Wie Anm. 6.

XXVII. *Weingarten, Benediktinerkloster. Die Drei Könige bei Maria und dem Kind. 1420–1430.*

XXVIII. *Unterhausen, Kirche ehem. St. Johannes d. T. Maria und Elisabet beim Spinnen mit ihren Kindern. Um 1420.*

XXIX. *Rottenburg a. N., Stiftskirche St. Mauritius (St.-Moriz-Kirche). Rundpfeiler. Hl. Christophorus. 1420–1430.*

*XXX. Trochtelfingen, Erhardkapelle. Abendmahl.
Um 1420/30.*

XXXI. Trochtelfingen, Erhardkapelle. Kreuzigung Christi mit Maria und Johannes, neben ihm der hl. Erhard. Um 1420/30.

XXXII. Laiz, Kirche St. Peter und Paul. Aus dem Leben Jesu. Um 1430.

XXXIII. / XXXIV. Elmenau, Kapelle St. Ulrich. Aus der Kindheit und Passion Jesu. Um 1440/50.

XXXV. Blaubeuren, Stadtkirche ehem. St. Marien. Schutzmantelmaria.
Um 1450.

XXXVI. Blaubeuren, Stadtkirche ehem. St. Marien. Kreuzigung Christi. Um 1450.

64 Rottenburg a. N., Stiftskirche St. Mauritius (St.-Moriz-Kirche). Bauleute als Trägerfiguren: Steinmetz mit Zirkel im Futteral (?). 1420–1430.

ten aussieht. Die Figuren haben auch keine phantastischen Kostüme an; was sie tragen, richtet sich vorwiegend nach der Zaddel- und Schnabelschuhmode der Bürger des 15. Jahrhunderts, einige von „niedrigerem“ Stand haben enge Hosen und Hemdröcke an, teils mit Schulterkragen und Kapuzen. Daß eine der Figuren eine Kappe mit zwei Glöckchen trägt, macht sie nicht auf jeden Fall zur Narrengestalt. In der Zeit der Zaddelmode wurden nicht selten Glöckchen an die Gewänder angenäht: „Die Schellenkappen . . ., die später die Narren anlegten, waren einst die Festtagskleidung eines hochmodernen Stutzers.“ [9] Sollte die Kappe der Figur doch eine Narrenkappe sein und der Träger einen Narren darstellen, so ließe sich auch daraus nicht schließen, daß sämtliche Figuren Moriskentänzer wären.

---

[9] Alwin Schultz: Deutsches Leben im XIV. u. XV. Jh. Prag–Wien–Leipzig 1892, S. 371.

65 Rottenburg a. N., Stiftskirche St. Mauritius (St.-Moriz-Kirche). Bauleute als Trägerfiguren: Schmied (?). 1420–1430.

Der Interpretation von Hoffmann, Manz und Hauff, es seien Repräsentanten mittelalterlicher Berufe oder Stände dargestellt, soll hier ein anderer Deutungsversuch hinzugefügt werden: Seit der Hochgotik stellten sich Baumeister und Bildhauer an ihren Werken gelegentlich als Atlanten dar[10], z. B. im Magdeburger Dom am südwestlichen Vierungspfeiler unter der Baumeisterkonsole[11]. Sie brachten „so ihre dienende Funktion an dem zu Ehren Gottes geschaffenen Werk zum Ausdruck".[12] Könnten in St. Moriz die Trägerfiguren nicht auch den Baumeister und seine Handwerker darstellen? Die Figur mit der Hand an der Wange wäre der Baumeister beim Nachdenken; die Gestalt mit

[10] LCI 1, Sp. 197.
[11] Abbildung in: Ernst Schubert: Der Magdeburger Dom. Leipzig 1984, Abb. 118.
[12] Wie Anm. 10.

einem Meißel (Kreuzmeißel)[13] würde einen Bildhauer darstellen; in der Figur mit einem
zusammengeklappten Zirkel im Futteral am Gürtel[14] könnte ein Steinmetz wiedergege- 64
ben sein; der Mann mit dem zweizinkigen Gerät an langem Stiel ist vielleicht ein Mörtel-
mischer, er braucht das Gerät zum Durchziehen und -mischen des Mörtels in der
Speispfanne; die Figur mit dem langen roten gezaddelten Schurz würde einen Schmied 65
darstellen; der Mann mit dem undefinierbaren gekrümmten Teil am Rücken könnte ein Winkelmaß in der linken Hand getragen haben (das ist vielleicht bei der Aufdeckung nicht deutlich geworden); in der Gestalt mit der Hand am Mund war möglicherweise ein Glasbläser wiedergegeben (zweifelhaft), sein Blasrohr wäre bei der Aufdeckung „verlorengegangen"; der Mann, der sich nach einem Gegenstand bückt, wäre ein Tagelöhner, der einen Stein (Kieselstein?) aufheben will, beim Sammeln von Steinen für das Fundament oder die Mauern der Kirche. Außerdem könnte man an Kleriker des Chorherrenstifts denken, die das Bauwerk durch Auftrag, Leitung und Geldverwaltung (eine Figur scheint am Gürtel einen großen Geldbeutel zu haben) mit „getragen" haben, ferner an Stifter und Geldgeber. Die Figur mit Schellen an der Kappe, zwar stutzerhaft, doch nicht als Narr gekleidet, könnte dazugehören. Sollte die Kappe doch eine Narrenkappe sein, könnte die Figur den Teil der Rottenburger als Geldgeber repräsentieren, der die „Fasnet" betrieb; es läßt sich nämlich „närrisches Treiben in Rottenburg bis zurück ins 15. Jahrhundert nachweisen".[15] Wenn die vorstehende Deutung der Figuren richtig ist, wäre nicht nur wie in manchen anderen Kirchen die dienende Atlantenfunktion des Baumeisters und Bildhauers zum Ausdruck gebracht worden, sondern der gesamten Bauhütte und des Chorherrenstifts. Sollte die Zwölfzahl der Figuren auch noch symbolisch auf die zwölf Apostel hinweisen?

Der Maler hat mit den Figuren unter dem perspektivisch gemalten Rundbogenfries und auf ebenso gemalten Konsolen, auch mit einer leichten Schattierung auf den Quadern hinter den Figuren, die Illusion vollplastischer Bildwerke hervorrufen wollen. Er hat sie dennoch nicht wie Steinplastiken in Grisaille gemalt, vielmehr in voller Farbigkeit. Diese Art der Darstellung könnte er polychromierten Skulpturen nachempfunden haben. Das Motiv gemalter Figuren, die ein Gewölbe tragen, findet sich in der Wandmalerei selten. In unserem Gebiet ist nur ein Vergleichsbeispiel zu finden: in der Kirche, ehemals St. Wolfgang, in Rottenacker (Alb-Donau-Kreis). Dort sitzen die Rippen des Chores auf Wandkonsolen, die als plastische Köpfe dargestellt sind; unter die Köpfe sind zu ihnen passend die Körper von kauernden Männchen auf Konsolen gemalt, so daß die Illusion entsteht, daß die Rippen von den Figuren getragen werden (um 1485). Weitere Vergleichsbeispiele aus der österreichischen Wandmalerei hat Manz genannt[16]: in der

---

[13] Nicht: ein „Schwert". So: Hauff: Wie Anm. 1, S. 67.

[14] Nicht: „Dolch am Gürtel". So: Urban: Wie Anm. 5.

[15] Fritz Holder: Rottenburger Fasnet. In: Rottenburg am Neckar, Bilder einer Stadt. Weißenhorn 1974, S. 66.

[16] Wie Anm. 1, S. 19.

Kapelle des ehemaligen Pfleghofes des Stiftes Göttweig in Stein a. d. D./ Niederösterreich (um 1300/10)[17] und in der Kirche St. Andrä in Lienz/Osttirol (um 1450).[18]

Die Malerei in Rottenburg ist von einem starken Streben des Malers nach realistischer Darstellung geprägt. Sie zeigt auch eine Neigung zu drastischer Wiedergabe der Figuren in immer neuen komplizierten Motiven ihrer stützenden und tragenden Haltung und auch der Gesichter, die betont individuelle, geradezu „portraithafte" Züge haben. Die Zaddel- und Schnabelschuhmode galt dem Maler offenbar als ein kennzeichnendes Merkmal des Bürgers seiner Zeit. Er hat sich auch um eine „richtige" Perspektive bemüht, eine schwierige Aufgabe an Hochwänden. Sie ist ihm nicht überall gelungen: So läßt er den Betrachter unten auf dem Fußboden zwar in die Bögen des Rundbogenfrieses hineinsehen, aber die Konsolplatten, auf denen die Figuren stehen, sieht der Betrachter „von oben". Die Evangelisten fallen auf, nicht nur weil sie geflügelt sind, vor allem wegen der ungewöhnlichen Wiedergabe der Flügel durch die starke Betonung einzelner Federn und vor allem der überlangen Schwungfedern. Bemerkenswert ist für die Maltechnik, daß die Gewänder teilweise nicht nur durch farbige Lokalschatten, sondern zusätzlich durch graphische Mittel, und zwar durch Schraffierungen, modelliert sind. Dieser eigenwillige Maler ist in keinem anderen Wandbild in unserem Gebiet wiederzuerkennen.

Aus der gleichen Zeit (um 1420/30) stammen mehrere Wandbilder im ***Ulmer Münster***, die wohl zu früheren Altären gehörten. Das Münster war im Jahre 1377 mit dem Chor begonnen worden; im Jahre 1405 wurde es geweiht. Zu dieser Zeit war das Mittelschiff bis zum achten Joch fertiggestellt, jedoch unter einem Notdach.

An den vierten Pfeiler (von Osten) der Nordseite des Mittelschiffes ist ein Christophorus-Bild gemalt. Der Heilige unterscheidet sich von dem in Rottenburg grundlegend. Schon die Komposition ist eine andere: Während der Rottenburger seitlich in Dreiviertelansicht, gleichsam am Betrachter vorbei durch tiefes Wasser watet, kommt der Ulmer von vorn, durch seichtes Wasser gehend, auf ihn zu. In Rottenburg hält der Heilige den Oberkörper und den Kopf gerade und aufrecht. In Ulm beugt er sich unter der Last und sein Haupt ist geneigt. Mit der linken Hand nimmt er den gerafften Mantel hoch, das Jesuskind hält sich an den Haaren des Riesen fest. Im Wasser tummeln sich Fische und Krebse, und am Ufer stehen Enten, Zeugnisse von beobachteter Natur. Die Farben sind weitgehend verblaßt, zu erkennen ist noch ein Braunrot des Hintergrundes und Blau mit Weiß des Wassers sowie die Farben der Entenfedern. Überzeugend hat Alfred Stange geschrieben[1]: „Der Ulmer Maler hat nicht das monumentale Ausmaß des Rottenburgers. Er ist zarter, lyrischer veranlagt, wie sein Christophorus so recht deutlich macht."

---

[17] Abbildung in: Prop KG 6, Abb. 273.
[18] Abbildung in: Hauff: Wie Anm. 1, Abb. 92.

---

[1] Stange IV, S. 85.

Am fünften Pfeiler der Südseite des Mittelschiffes befinden sich zwei übereinander gemalte Bilder, welche die Martyrien der Heiligen Leodegar von Autun und Erasmus von Formio darstellen. Leodegar sitzt zwischen zwei Schergen, der hintere hält ihn an der Schulter und am Kopf fest, während ihn der andere von vorn mit einem Bohrer blendet. Leodegar, Bischof von Autun, wurde im Jahre 673 geblendet und enthauptet; er ist Patron gegen Augenleiden. Erasmus liegt entkleidet, aber mit Mitra, auf dem Boden; zwei Schergen ziehen ihm ähnlich wie auf Bildern in Schelklingen und Veringendorf mit einer Winde die Gedärme aus dem Leib. Die Peiniger, große, schlanke Gestalten, tragen kurze, umgürtete Leibröcke und Beinlinge oder Stulpenstiefel. Die Farben sind ungewöhnlich gut erhalten, der Hintergrund ist braunrot, der Rasen dunkelgrün mit Grashalmen und blättrigen Kräutern. Umrahmt sind die Bilder von einer hellgrünen Weinlaubranke und einer grauen Leiste. Jedes Bild hat noch eine zusätzliche Rahmung, nach oben und an den Seiten, an diesen jedoch nur bis zum Boden der Darstellung; diese merkwürdige Art der Rahmung erinnert an die gleiche Art bei manchen Bildern im Chor von Eriskirch. Die beiden Martyrien-Darstellungen wirken wie Tafelbilder; dies war sicherlich auch beabsichtigt, weil sie die Funktion von Altarretabeln hatten.

Am östlichen Wandpfeiler der Südseite des Mittelschiffes sind Fragmente eines Wandbildes zu erkennen, das sicher zum Altar eines Heiligen gehörte, dessen Figur auf der Konsole vor der Wandfläche gestanden haben dürfte. Man sieht in einer Landschaft links im Hintergrund ein burgartiges Gebäude mit einem Turm und vier runden Erkern an den Ecken sowie mit einem großen vergitterten Fenster, aus dem ein junger Mann heraussieht. Unterhalb des Gebäudes sitzt ein anderer Jüngling, mit den Beinen festgeklemmt in einem Schandpflock. Rechts am Bildrand kniet ein dritter junger Mann, wohl der Stifter; von ihm geht ein Spruchband aus mit den in spätgotischer Textura gemalten Worten: „· Domine · miserere · mei.“ Nach seinem Inhalt war das Bild das Retabel eines Altars des hl. Leonhard von Noblac, der nach der Legende ein Kloster bei Limoges gründete und auf den man Wunder der Gefangenenbefreiung bezog. Wilhelm Lehmbruck hat das Bild dem Glasmaler und Maler Hans Acker von Ulm zugeschrieben.[2] Er hat sich den Untersuchungen von Paul Frankl, der in diesem Maler auch den Schöpfer der Glasfenster in der Besserer-Kapelle des Münsters erkannt hat, angeschlossen. Diese Ansicht scheint sich heute durchgesetzt zu haben.[3] Im Leonhard-Bild meint Lehmbruck Einzelheiten zu erkennen, die aus den Scheiben der benachbarten Besserer-Kapelle bekannt seien[4]: Felsen, Wiesengrund, Vier-Erker-Turm mit grünen Schindeldächern, Schlitzfenster, Korbbogennische, Fenstergucker; der Menschentyp sei den jungenhaften Engeln der Glasfenster vergleichbar. Das Wappen in der rechten unteren Ecke mit einem Drachen ist nach seiner Mitteilung das einer Familie Wurm, der Stifter ist Peter Wurm (gest. 1469). Der Zuschreibung des Wandbildes an Hans Acker aufgrund der sich entsprechenden einzelnen Motive wird man entgegen der Ansicht von Ulrike Claviez[5]

---

[2] Hans Acker, Maler und Glasmaler von Ulm. Ulm 1968, S. 50/51.

[3] Reinhard Wortmann: Das Ulmer Münster. Stuttgart, 2. Aufl. 1981, S. 78.

[4] Abbildungen: Wie Anm. 2, Abb. 8–53.

[5] Die Wandmalereien der Veitskapelle in Stuttgart-Mühlhausen, Diss. Tübingen 1976, S. 131.

folgen können. Bruno Bushart hat darauf hingewiesen[6], daß das Tafelbild von etwa 1450, welches die fliehende hl. Barbara vor einem sich öffnenden Felsen zeigt[7], mit seiner Burg- und Stadtansicht an die Glasfenster der Besserer-Kapelle und an das Leonhard-Bild erinnere.

An der Ostwand des Südseitenschiffes zwischen dem ehemaligen Sakristeiportal und dem Retabel des früheren Karg-Altares hat sich ein Fragment eines Kreuzigungsbildes erhalten. Christus ist als Sterbender dargestellt, seine Finger sind verkrampft, die Hüfte ist stark ausgebogen, das Haupt aber noch nicht herabgesunken. Von den Figuren unter dem Kreuz ist nichts mehr erhalten, an der rechten Seite nur das Schwert, das als Symbol der Schmerzen Mariens in ihr Herz eindringt: hier stand einst die Mater Dolorosa.

Zu den wenigen Beispielen einer erhaltenen vollständigen Raumausmalung gehört außer der Hünensteinkapelle bei Trochtelfingen, der Georgskirche in Bermatingen und dem Chor der Kirche „Unserer Lieben Frau" in Eriskirch die Erhardkapelle in ***Trochtelfingen*** (Lkr. Reutlingen). Die Kapelle wurde 1363 erstmals genannt. Sie besteht aus einem kleinen, von einer Spitzbogentonne überwölbten Rechteckbau, der im Westen nachträglich verlängert wurde. Heute dient der Bau als Friedhofskapelle. Die Wandbilder erstrecken sich in zwei Reihen übereinander auf die gesamte Tonne sowie auf die Ost-, Süd- und Nordseite des ursprünglichen Raumes; sie sind durch ockergelbe Streifen getrennt. An der Südseite der Tonne ist die Kindheit und Taufe Jesu dargestellt, an der Nordseite seine Passion, an der Ostseite ein Kreuzigungsbild.

Auf dem Bild der Verkündigung sitzt Maria auf einer Bank, sie trägt einen blauen Mantel und liest in einem rot eingebundenen Buch. Vor ihr ist der Engel in rotem Gewand niedergekniet. Hinter den Figuren ist ein Haus mit drei Rechteckfenstern und einem flachgewölbten Dach gemalt. Die Begegnung von Maria, wieder in blauem Mantel, mit Elisabet in rotem Mantel ist in herkömmlicher Weise in eine Landschaft, die durch Felsen und einige Bäume angedeutet ist, verlegt. Die Frauen reichen sich die Hände, verbleiben jedoch in einiger Distanz. Von dem neugeborenen Kind im Stall geht eine strahlende Gloriole aus, Maria, in weißem Gewand und blauem Mantel, kniet vor ihm mit geneigtem Haupt und gekreuzten Händen; abseits sitzt Josef in rötlichem Mantel. Der Stall erscheint nach allen Seiten offen, er ist aus Balken gezimmert und mit einem Schindeldach gedeckt. Bei der Beschneidung hält ein bärtiger Priester das Kind auf dem Schoß, ein anderer kniet vor ihm, und der dritte bringt ein Salbgefäß. Die Szene spielt sich unter einer Arkade von drei Rundbogen ab, die links und rechts von je einer Säule getragen werden, während die mittleren Säulen, um den Blick in den Raum freizugeben, oben „abgeschnitten" sind; die ebenso gestaltete Rückwand ist geschlossen, aber von hohen, rundbogigen Fenstern durchbrochen. Die Bilder der Anbetung durch die Drei Könige und der Darbringung im Tempel sind durch den späteren Einbau eines Fensters teils zerstört. Die Darstellung des zwölfjährigen Jesus im Tempel gehört zu dem

[6] Studien zur altschwäbischen Malerei, S. 135.
[7] Abbildung in: Stange VIII, Abb. 1.

Typus, der Jesus als Lehrenden zeigt. Das Kind, mit Kreuznimbus, sitzt in blauem Gewand auf einem thronartigen Podest. An seinen Handgebärden zeigt sich, daß es in lehrender Weise redet, aber nur gegenüber einem der Schriftgelehrten, der ein Buch in der Hand hält, während die anderen untereinander diskutieren. Neben Jesus steht Maria mit gefalteten Händen. Die Szene spielt sich in einer dreischiffigen Hallenkirche mit Gewölbe und Rundbogenfenstern ab. Neu im Vergleich mit den bisherigen Leben-Jesu-Zyklen in unserem Gebiet ist die Darstellung der Taufe Jesu. Das Bild zeigt Jesus mit Kreuznimbus im Wasser des Jordan stehend, am Ufer kniet Johannes und erhebt eine Schale, um ihn zu übergießen. Die Gestalt auf dem anderen Ufer ist ein Engel, der ein himmlisches Gewand[1] vor dem Körper hält, das er Jesus nach der Taufe überreichen wird. Die Taube des Heiligen Geistes über dem Haupte Jesu ist wohl durch Übermalung zerstört worden.

Der Passionszyklus an der Nordseite der Tonne beginnt mit dem Einzug in Jerusalem nach herkömmlichem Schema, wie es sich in der abendländischen Kunst herausgebildet hatte und schon in Willmandingen (1250) dargestellt ist. Vor Jesus auf dem Esel breitet ein junger Mann einen roten Mantel auf dem Boden aus, während Zachäus auf einen Baum geklettert ist und andere Bürger sich voller Erwartung in dem rundbogigen Stadttor drängen. Das eindrucksvollste Bild ist die Abendmahlsszene. Sie folgt dem Dar- *XXX*
stellungstypus mit einem quergestellten, länglich-rechteckigen Tisch, an dessen Gegenseite Christus beherrschend in der Mitte sitzt, umgeben von sechs Jüngern und Johannes quer vor seiner Brust, während Judas (ohne Nimbus) ihm gegenübersitzt, neben ihm je zwei Jünger in Rücken- und Seitenansicht. Die Gestalten haben einfarbige Gewänder: Christus ein dunkelgrünes, die Jünger blaue, rote, hellrote, Judas in herkömmlicher Weise ein gelbes. Der Vorgang ist in einen rotbraunen Raum mit flacher Decke und Rundbogenfenstern verlegt. Die Ölbergszene vor einer felsigen Landschaft zeigt Christus kniend in Gebetshaltung mit erhobenen Armen und nach oben gerichteten Handflächen; bemerkenswert ist der Portraittypus des Petrus mit Kahlkopf und kurzem Bart. Der Verrat des Judas ist mit der Gefangennahme und der Malchus-Szene kombiniert. Christus versucht, nach dem verletzten Malchus zu greifen, während Petrus sein Schwert in die Scheide steckt. Auch hier haben die Gestalten einfarbige Gewänder. Das Ereignis findet vor graugrünem Hintergrund unter einem dunkelblaugrauen Himmel statt. Das Bild Christus vor Kajaphas ist verwischt und stark beschädigt. Die Geißelung zeigt Christus an eine Säule gefesselt, wie in Unterhausen; aber anders als in sonstigen Bildern dieses Themas steht er hinter der Säule, zwei Schergen in gelber Tracht schlagen auf ihn ein. Das Bauwerk, in dem sich der Vorgang abspielt, ähnelt mit seinen Rundbögen und „abgeschnittenen" Pfeilern vor rotbraunem Hintergrund dem Raum der Beschneidung. Die beiden letzten Bilder der Dornenkrönung und Kreuztragung sind durch einen Fenstereinbruch stark zerstört.

Das Kreuzigungsbild an der Ostseite diente als Altarretabel. Wie in Ödenwaldstetten *XXXI*
sind Engel neben dem Crucifixus dargestellt, die in Kelchen sein Blut auffangen zum

[1] LCI 4, Sp. 249. – Nicht: „ein Gefäß". So: Die Kunstdenkmäler Hohenzollerns, Kreis Sigmaringen. 1948, S. 370.

Zeichen der sakramentalen Bedeutung seines Opfertodes. Erstmals in unserem Gebiet ist der Kreuztitulus dreisprachig dargestellt: griechisch, lateinisch und hebräisch (Joh 19, 20). Neben Johannes steht der Patron der Kapelle, der hl. Erhard von Regensburg, in Pontifikalkleidung mit einem Buch. Er war ein fränkischer Missionsbischof angeblich aus der zweiten Hälfte des 7. Jahrhunderts am Hof der Herzöge in Regensburg.

Die Seitenwände sind von einem rundbogigen Arkadenfries umzogen mit Halbfiguren in den Arkaden; von ihnen sind erhalten: an der Nordwand fünf Propheten mit Schriftbändern (die Inschriften sind erloschen) und je ein weiterer an der Ost- und Südwand, an der Südwand vier weibliche Heilige. Der Fries erinnert an die bemalte Sockelzone im Chor der Kirche von Eriskirch, wo jedoch disputierende Apostelpaare dargestellt sind.

Auffallend an den Figuren des Leben-Jesu-Zyklus sind die teilweise kindhaften Gesichter, besonders ausgeprägt bei der Abendmahlsszene. Ebenso fällt die Neigung des Malers auf, die Architekturen mit Rundbögen zu versehen. Als Maler wird in der Literatur mehrfach Heinrich Gretzinger aus Trochtelfingen genannt, allerdings ohne Begründung; Alfred Stange hat diese Zuschreibung abgelehnt.[2] Mehrere Umstände sprechen jedoch eher dafür, daß Heinrich Gretzinger der Maler war. Nach einer Urkunde hat ein „Haintz Gretzinger, der Maler von Trochtelfingen“, im Jahre 1423 einen Urfehdeschwur geleistet[3] (Eidesleistung bei der Beilegung einer Fehde, durch die versichert wird, künftig Frieden zu halten). In diese Zeit, also um 1420/30, ist wohl nach dem „Weichen Stil“, von dem die Bilderfolge noch geprägt ist, der Zyklus zu datieren. Die Ausmalung der Kapelle wird man einem einheimischen Maler übertragen haben, und einen zweiten hat es in dem kleinen Städtchen kaum gegeben. Gestützt wird der Schluß auf Heinrich Gretzinger von der Inschrift auf einem Zettel, der in der rückwärtigen Höhlung einer Marienfigur von Sankt Peter und Paul in Laiz (Stadt Sigmaringen) gefunden wurde: „Anno dñi MCCCCXXVII fta est hec ymago per me Gretzinger de Trochtelfingen ...“[4], wenn man mit Ulrike Claviez in Gretzinger den Faßmaler, nicht den Bildschnitzer, sieht[5]; „imago“ kann ein Bildnis sowohl der Plastik als der Malerei bedeuten. Schließlich spricht für Haintz Gretzinger als Maler der Erhardkapelle, daß man dessen „Handschrift“ in der Malerei in Laiz wiedererkennen kann, wie noch auszuführen ist.

Die Wandmalerei in der erwähnten Kirche St. Peter und Paul in ***Laiz*** (Stadt Sigmaringen) ist an der Ostwand des Chores beiderseits des Fensters innerhalb einer spitzbogigen Nische zu finden. Der ursprüngliche Bau der Kirche stammt wohl noch aus dem 12. Jahrhundert; zu ihm gehört der Chor der ehemaligen Chorturmkirche. Im

---

[2] Stange IV, S. 84.

[3] ebd. – Ulrike Claviez: Die Wandmalereien der Veitskapelle in Stuttgart-Mühlhausen. Diss. Tübingen 1976, S. 141.

[4] Wie Anm. 2, S. 84.

[5] Wie Anm. 3, S. 141.

Jahre 1426 wurde die Kirche durch Brand zerstört und verändert wieder aufgebaut. Beim Wiederaufbau, also wohl um 1430, dürften die Wandmalereien geschaffen worden sein.

Dargestellt ist eine Bildfolge über das Leben Jesu in drei Zonen übereinander. In der mittleren Zone links vom Fenster sieht man Maria und das neugeborene Jesuskind mit Josef im Stall. Maria in blauem Mantel kniet anbetend vor dem Kind, hinter ihr hockt Josef, kleiner dargestellt, am Boden, Ochs und Esel sehen zu. Rechts vom Fenster erscheinen die Drei Könige vor Maria und dem Kind nach dem Typus, der sich im Abendland ausgebildet hatte: der erste König kniet und bietet in einem Kästchen seine Gaben an, der zweite zeigt dem dritten zurückblickend den vor braunrotem Himmel leuchtenden Stern. Maria in hellblauem Mantel ist wie in Bieringen zugleich als repräsentatives Madonnenbild mit Krone gestaltet. Auf dem stark zerstörten Bild in der unteren Zone links war wohl die Darbringung im Tempel[1] gemalt. Die Figur rechts ohne Nimbus dürfte der Priester Simeon sein, die drei Gestalten links mit Nimben Maria, Josef und die Prophetin Hanna. Von der Darstellung eines Altars stammt vielleicht die schräge Linie in der unteren Mitte des Bildes. Der Raum ist durch Rundbögen mit schwarzen Rippen auf grünem Grund überwölbt, während sich an der Rückwand spitzbogige Architekturteile finden. Das Bild in der unteren Zone rechts zeigt die Flucht nach Ägypten in dem herkömmlichen Typus: Maria hält auf dem Esel sitzend das Kind im Arm, Josef führt den Esel, er ist von rückwärts dargestellt und blickt sich um. Ihr Weg führt über grünes Land, das von Pflanzen mit Blättern bedeckt ist, im Hintergrund ein braunrotes Gebirge unter einem graublauen Himmel. In der oberen Zone im Spitzbogen der Nische erscheint wie in Judentenberg eine Darstellung der Himmelfahrt Christi (Mk 16, 19; Lk 24, 51; Apg 1, 9–11). Das Bild ist wie dort nach dem im Spätmittelalter vorherrschenden Typus[2] gestaltet: von dem emporschwebenden Christus wird nur noch die untere Körperhälfte gezeigt, während der obere Teil des Körpers in einer Wolke verschwunden ist. Zu beiden Seiten knien und stehen die zwölf Apostel und offenbar die zwei Männer, die ihnen bei der Himmelfahrt erschienen (Apg 1, 10–11), sowie Maria. Die Gestalten haben verschiedenfarbige Gewänder und Mäntel, der Hintergrund des Ereignisses ist wie bei der Anbetung der Könige rotbraun. Der Leben-Jesu-Zyklus dürfte sich an der Süd- und Nordseite des Chores fortgesetzt haben. *XXXII*

Im Gewände des Fensters finden sich Bilder von vier weiblichen Heiligen, auf jeder Seite zwei übereinander: rechts oben die hl. Agnes von Rom mit dem Lamm als Attribut, in ockergelbem Gewand und dunkelrotem Mantel; darunter eine Heilige mit dunkler Kopfhaube, grauem Mantel und hellem Gewand, deren Attribut zerstört ist; links oben die hl. Verena von Zurzach mit den Attributen Kamm und Körbchen als Zeichen der Kranken- und Armenpflege in grünlichem Gewand; darunter eine Heilige mit einer Krone (das gesamte Bild unterhalb der Augen ist zerstört). In die Leibung der Nische sind Ranken mit Blattwerk und in regelmäßigen Abständen Kleeblatt-Kreuze gemalt.

---

[1] Nicht: „Geburt Mariä". So: Die Kunstdenkmäler Hohenzollerns. Kreis Sigmaringen. 1948. S. 225.

[2] LCI 2, Sp. 274.

Dafür, daß der Maler derselbe gewesen sein könnte wie in der Erhardkapelle von Trochtelfingen, also Haintz Gretzinger, sprechen die kindhaften Gesichter von Maria, die eigenartigen Rundbögen auf dem Bild der Darstellung im Tempel, die gleichartige Farbigkeit der Gewänder und des dunkelblaugrauen oder rotbraunen Himmels.

Die Hand des gleichen Malers glaubt man noch einmal in der Marienkirche, früher auch Wallfahrtskirche, von ***Bronnweiler*** (Stadt Reutlingen) zu erkennen, und zwar an Fragmenten von Wandbildern der Nordseite des Schiffes auf einer jüngeren, über die ursprüngliche Putzschicht gelegten Schicht und am nördlichen Teil des Chorbogens. In den Jahren 1415 ff. war der Chor an das romanische Schiff angebaut und der Chorbogen errichtet worden. Man könnte sich vorstellen, daß im Anschluß daran, also um 1420/30, die Nordseite des Schiffes über den älteren Malereien neu verputzt und zusammen mit der Chorbogenmauer ausgemalt wurde.

Die Fragmente zeigen an der Nordseite im obersten Streifen Bilder aus der Legende um die Eltern Mariens[1], aus dem Marienleben[2] und dem Leben Jesu. Das erste Bild veranschaulichte wohl die Verkündigung an Joachim durch den Engel, erhalten ist nur der niederschwebende Engel. Das folgende Bild stellte vielleicht die Begegnung von Anna und Joachim unter der Goldenen Pforte in Jerusalem dar; vorhanden ist nur noch der obere Teil des Tempels. Die nächsten beiden Bilder sind zerstört; auf einem davon war sicherlich die Geburt Mariens dargestellt. Es folgt der Tempelgang Mariens; man sieht in
66 das Innere eines romanischen Raumes mit Bündelpfeilern und Rundbögen, vielleicht soll die Truhe in dem Raum die Bundeslade bedeuten. Anschließend könnte vor romanischen Rundbögen auf Bündelpfeilern die Übergabe Mariens an den Hohenpriester, der sie umarmt, dargestellt sein. Schließlich wird die Vermählung Mariens mit Josef gezeigt; in der Mitte der Gruppe steht der Hohepriester mit Mitra, links Maria und Anna, der rechte Teil ist zerstört. Die Szene spielt sich im Tempel ab, der wiederum mit romanischen Architekturteilen angedeutet ist.

Vom Leben-Jesu-Zyklus sind nur noch wenige Bilder erhalten. Er verlief offenbar unterhalb der Bilderfolge des Marienlebens und teilweise auch an der nördlichen Chorbogenmauer. Hier ist ein Bild der Fußwaschung erhalten, abermals vor einer romanischen Kirchenarchitektur. Der Zyklus setzt sich an der Nordwand des Schiffes in der Sockelzone fort, und zwar auf einer Putzschicht, die über den Wandvorhang der ersten Ausmalung gelegt wurde. Das erste Bild ist kaum zu deuten, vielleicht handelte es sich um eine Abendmahlsdarstellung. Besser erhalten ist das nächste Bild der Kreuztragung.
67 Dargestellt ist eine größere Zahl von Figuren nach dem Vorbild, das im 15. Jahrhundert für das Thema entstanden war.[3] Jesus wendet sein Gesicht dem Betrachter zu, Simon von Kyrene hilft das Kreuz tragen, drei Frauen folgen, darunter Veronika mit dem Schweißtuch, Soldaten und weiteres Volk, voraus gehen mit ihren Kreuzen die Schä-

---

[1] Legenda aurea, S. 680/681.
[2] ebd.
[3] LCI 2, Sp. 651.

66 Bronnweiler, Marienkirche. Tempelgang Mariens. Um 1420/30.

67 Bronnweiler, Marienkirche. Kreuztragung. Um 1420/30.

cher. Ein Kreuzigungsbild fehlt. Vorhanden ist noch an der Chorbogenmauer eine Darstellung der Höllenfahrt Christi. Er tritt auf den von ihm ausgehobenen Torflügel der Hölle, die als Gefängnis und Zwingburg mit vergitterten rundbogigen Fenstern dargestellt ist, und zieht die Voreltern heraus.[4]

Die rundbogigen Architekturdarstellungen und die kindhaften Gesichter im Marienzyklus sind so charakteristisch für den Maler, daß man die gleiche Hand wie in der Erhardkapelle zu Trochtelfingen und in der Peter-und-Paul- Kirche zu Laiz, also von „Haintz Gretzinger", vermuten darf.

Um die gleiche Zeit könnten auch die zwei Figuren im Gewände des kleinen Rundbogenfensters an der Nordseite des Schiffes entstanden sein. Dargestellt sind zwei Heilige: Barbara in dunkelbraunem Gewand und hellrotem Mantel und Nikolaus von Myra in gleichfarbiger Bekleidung. Beide tragen ihre Attribute, Barbara einen Turm und Nikolaus wohl ehemals goldene Kugeln. Der Turm der hl. Barbara geht auf die Legende zurück: Ihr heidnischer Vater habe sie wegen ihrer Schönheit in einen Turm eingeschlossen; zum Christentum bekehrt, habe sie in das am Turm erbaute Badehaus als Symbol der Trinität ein drittes Fenster brechen lassen. Später erlitt sie den Märtyertod. Sie wurde unter die Vierzehn Nothelfer und die Quattuor virgines capitales (Vier herausragenden Jungfrauen) aufgenommen. Die goldenen Kugeln in den Händen des hl. Nikolaus, auch er einer der Vierzehn Nothelfer, beruhen auf der Legende, die schon im Zusammenhang mit dem Bild im früheren Zisterzienserinnenkloster Heiligkreuztal berichtet wurde. Auffallend sind die schönlinigen Gewandsäume der Figuren. Das im oberen Teil zerstörte Bild einer Abtgestalt mit Stab und Buch rechts neben dem Rundbogenfenster stellt wohl nach den Attributen den hl. Leonhard von Noblac dar. Er war auf Grund der Legende, nach seinem Tod hätten sich Wunder der Gefangenenbefreiung ereignet, Patron der Gefangenen und auch der Schwangeren.[5] Da ihm zahlreiche Wallfahrtsorte gewidmet sind, könnte man sich vorstellen, daß er auch in der Wallfahrtskirche Bronnweiler dargestellt wurde. Die Krümme des Abtstabes dürfte nicht dem originalen Zustand entsprechen. Diese Art der Krümme in Form eines Fragezeichens, wobei das Zentrum über dem Stabe liegt, kam erst im späten 15. oder 16. Jahrhundert auf[6], während sie vorher wie bei einem wirklichen Hirtenstab aus der Achse verlagert war. Man glaubt an Farbresten diesen ursprünglichen Verlauf der Krümmung zu erkennen.

Bald nach dem Bau des Chores, also um 1430, könnte auch die Umrahmung der Sakramentsnische an der Nordwand des Chores gemalt worden sein. Die Malerei soll zusammen mit der Nische die Illusion erwecken, dort stehe eine riesige Turmmonstranz mit Fialen und Krabben auf einem gegliederten Fuß mit Sockel, flankiert von zwei Säulchen, auf denen Engel mit Spruchbändern knien und das Sakrament verehren. Als Rückseite ist ein Wandteppich mit verschiedenen Mustern auf unterschiedlichen Putzschichten gemalt, wobei teilweise wohl Schablonen benutzt wurden.

---

[4] LCI 2, Sp. 327 ff.

[5] LCI 7, Sp. 394.

[6] Hermann Weiss: Kostümkunde. Geschichte der Tracht und des Geräthes im Mittelalter, II, 4.–14. Jh. Stuttgart 1862, S. 682. – LCI 5, Sp. 412.

In der ehemaligen Abteikirche des früheren Zisterzienserinnenklosters ***Heiligkreuztal*** (Gem. Altheim, Lkr. Biberach) haben sich an der südlichen Hochgadenwand geringe Reste eines Deesis-Bildes erhalten. Christus thront nicht wie häufig auf anderen Bildern dieses Themas in einer ovalförmigen Mandorla, sondern in einer kreisrunden Gloriole. Die Gestalten von Maria und Johannes d. T. als Fürbitter neben der Gloriole sind fast ganz zerstört. Unterhalb der runden Lichthülle waren einst wohl Vertreter der Stände in Anbetung der Himmelserscheinung dargestellt; zwei von ihnen mit Kronen und eine Nonne sind noch zu erkennen. Gerahmt ist das Bild von der Mitte der Gloriole an durch ein Ornamentband und eine Ranke mit lilienartigen Blüten. Den unteren Abschluß bildet ein langrechteckiger Streifen; darin sind auf dunkelrotem Grund neun schräggestellte Wappenschilder der Familie v. Hornstein gemalt. Über den Schildern ist die Inschrift zu lesen: „ .. her rvdolf · her mancz · her rvdolf · all vier · ritere · vo · horstain." Graf Adelmann[1] hat diese Personen als die Ritter Rudolf von Hornstein (bezeugt 1338 und 1349), seinen Sohn Mantz (bezeugt 1349 und 1403) und den Enkel Rudolf (bezeugt 1374[2] und 1427) identifiziert und ausgeführt, am Anfang der Inschrift sei wohl der unbekannte Vater des ersten Rudolf genannt gewesen. Er hat das Deesis-Bild in das 14. Jahrhundert datiert. Dem könnte jedoch die Form der Wappenschilder entgegenstehen. Es handelt sich um Halbrundschilde, die – anders als der Dreieckschild neben dem Nikolausretabel – unten halbkreisförmig gebildet sind; solche Schilde weisen eher in das 15. Jahrhundert.[3] Es stellt sich auch die Frage, ob das Deesis-Bild nicht ein Werk zum Gedächtnis an die genannten Ritter sein sollte. Die beiden ersten waren bei der Entstehung des Bildes sicherlich schon verstorben. Der Enkel Rudolf hatte keine Nachkommen[4]; vielleicht war er der Stifter des Bildes. Nimmt man dies an, so käme als Datierung das Jahrzehnt 1420–30 in Betracht.

Die Kirche, ehemals St. Leonhard, in ***Riederich*** (Lkr. Reutlingen) war ursprünglich eine kleine, rechteckige Saalkirche des 13. Jahrhunderts, die im 15. Jahrhundert um einen polygonalen Chor erweitert wurde. In den Jahren 1957/58 trat ein höherer und nach Süden stark ausgeweiteter Neubau an ihre Stelle; dabei wurde ein Teilstück der alten Nordwand des Schiffes übernommen. An diesem Mauerteil hat man Reste von drei Bilderstreifen freigelegt, oben von einem Passionszyklus, in der Mitte vom Erzengel *68*
Michael und von Heiligen, unten von einer Arkadenreihe als Abschlußfries.

Das erste Bild des Passionszyklus mit seiner starken Strichelung durch den Restaurator ist schwierig zu deuten. Es könnte vielleicht ein Abendmahlsbild gewesen sein, wohl

[1] Hochgotische Wandmalereien in Heiligkreuztal. In: Heilige Kunst 12/13, 1957/58, S. 22/23.

[2] Nicht: „1347". So: Wie Anm. 1, S. 23. Diese falsche Jahreszahl geht wohl auf einen Druckfehler zurück in: Edward Frhr. v. Hornstein: Die von Hornstein und von Hertenstein, Konstanz 1911, S. 140; die richtige Jahreszahl ist angegeben: ebd., S. 140, Nr. 171 a.

[3] Carl Alex v. Volborth: Das Wappen. Limburg/Lahn 1977, S. 12.

[4] Edward v. Hornstein: Wie Anm. 2, S. XVIII.

68 Riederich, Kirche ehem. St. Leonhard. Aus der Passion Christi. Erzengel Michael. Heiligenmartyrien. Um 1430.

nicht die Fußwaschung und auch nicht die Salbung in Betanien, wie in der Literatur ausgeführt.[1] Möglicherweise ist es unrichtig restauriert: an Stelle der Strichelung zwischen den beiden vorderen Personen, die auf übereckgestellten Bänken sitzen, kann man sich eine Tischplatte vorstellen, um die herum Christus in der Mitte und die Jünger sitzen. Es könnte die Ankündigung des Verrats dargestellt gewesen sein; dafür spricht, daß der Blick der Jünger und auch die Handgebärde des Jüngers vorn rechts sich auf die Person links ohne Nimbus, also auf Judas, richten. Das folgende Bild der Ölbergszene entspricht dem herkömmlichen Schema. Auf der Darstellung der Gefangennahme Jesu, wahrscheinlich mit Judaskuß, zeigt sich die Vorliebe des Spätmittelalters für das Ereignis mit Malchus; es ist besonders betont im Mittelfeld dargestellt: Petrus hat ihm ein Ohr abgehauen und steckt sein Schwert wieder ein, Malchus sitzt auf dem Boden und langt nach der gelben Laterne, die ihm entfallen ist, während Christus (vorn rechts) seine Wunde berührt, um sie zu heilen. Das anschließende Bild stellte wohl das Verhör Jesu durch Pilatus dar. Von der Gestalt Jesu sind nur noch die Füße und der untere Teil des

[1] Herbert Hoffmann: Die neuaufgedeckte gotische Wandmalereien zu Kohlstetten, Riederich und Altingen. In: Nachrichtenbl. d. Denkmalpflege in Bad.-Württ. 2, 1959, S. 13.

Gewandes erhalten, ebenso von zwei Schergen hinter ihm; das Bild des Pilatus ist zerstört, vorhanden ist nur noch der untere Teil seines erhöhten Richtersessels, der mit einer gewissen Tiefenwirkung dargestellt ist.

Der Erzengel Michael ist als Drachentöter vorgestellt. Der rechte untere Teil mit dem Drachen ist zerstört. Michael, mit weit ausgebreiteten Flügeln, schwingt sein Schwert hoch über das Haupt und holt zum Schlage gegen den Drachen aus.

Die Heiligendarstellungen beginnen mit Sebastian; er ist mit über dem Kopf gekreuzten Armen an einen Baum gebunden; von zwei Bogenschützen sind noch Reste sichtbar. Das Martyrium des hl. Vitus (Veit), eines der Vierzehn Nothelfer, und die Mantelteilung durch den Hl. Martin von Tours sind in einem Bild zusammengefaßt. Vitus sitzt in einem runden Ölkessel, unter dem ein Feuer brennt, das zwei Schergen unterhalten. Die Darstellung der Mantelteilung scheint unvollständig restauriert worden zu sein: Martin sitzt ursprünglich wohl auf einem Pferd, das nach rechts gewandt ist und von dessen Vorderbeinen das eine schräg nach vorn auf dem Boden steht und das andere angewinkelt ist. Der Heilige wurde als Legionär bei der Mantelteilung meist zu Pferd dargestellt. Ein Vergleichsbeispiel bietet die Martinskirche in Gruibingen (Lkr. Göppingen), wo in der Chorwand das gleiche Motiv dargestellt ist, mit einem nach links gerichteten Pferd (um 1430).[2] Der Bettler kniet in Riederich und in Gruibingen in gleicher Weise auf dem Boden, neben ihm steht seine niedrige, dreibeinige Krücke, auf die er sich, auf den Knien rutschend, mit einer Hand stützen kann. Das Bild in Gruibingen ist mit der – richtig gesehenen – Riedericher Darstellung eng verwandt.

Beachtung verdient in der Riedericher Kirche der untere Abschlußfries. Er ist wie in der Erhardkapelle zu Trochtelfingen als Arkade mit Segmentbögen gebildet, die aber nicht wie dort auf Pfeilern, sondern auf Säulchen mit Basen und Kapitellen ruhen. In einer Arkade erscheint ein(e) nicht zu deutende(r) Heilige(r). Die Bilder sind schlecht erhalten, die Farben sind vorwiegend Rotbraun und Graublau. Die Malerei dürfte wie die in Gruibingen wohl etwa um 1430, vielleicht auch etwas früher, entstanden sein.

Die romanische Chorturmkirche, ehemals St. Petrus und Paulus, in ***Grabenstetten*** (Lkr. Reutlingen) hat ein spätgotisches Langhaus. An dessen Südwand sind Fragmente eines Weltgerichtsbildes und einer Himmelfahrt Mariens erhalten. *69*

Von dem ersteren Bild ist nur noch der linke Teil ohne den Weltenrichter vorhanden. Es ist in zwei Registern komponiert. Der Maler hat es „abgekürzt“: der Weltenrichter hat keine Mandorla, es fehlen die Apostel als Beisitzer und auch Engel mit Passionswerkzeugen, nur Maria kniet fürbittend zwischen zwei Posaunen blasenden Engeln, ihr gegenüber auf der anderen Seite dürfte Johannes d. T. dargestellt gewesen sein. Die stilisierten Lilien, die aus dem Munde des Richters kommen, bezeichnen sinnbildlich die geistliche Macht, Recht zu sprechen.[1] Anders als bei sonstigen Weltgerichtsbildern, z. B. in Gruorn, erscheinen die erlösten Auferstandenen als Nackte in „Auferstehungslei-

---

[2] Abbildung in: Hummel: Wandmalereien im Kreis Göppingen, Abb. 11.

---

[1] LCI 3, Sp. 101.

69 Grabenstetten, Kirche ehem. St. Petrus und Paulus. Weltgericht (Fragment). 1430–1440.

bern“. Petrus mit dem Schlüssel ist nach dem herkömmlichen Portraittypus gemalt. Zum Weltgerichtsbild gehören im Gewände des rechten Fensters ein Posaune blasender Engel und ein Engel mit brennender Lampe.

Das Bild von der Himmelfahrt Mariens gehört zu dem Typus, nach welchem sie, von Engeln an ausgebreiteten Armen emporgetragen, bereits zum Himmel aufgefahren ist, wo Christus sie segnend empfängt.

Die Figuren haben sich gegenüber dem „Weichen Stil“ verändert, sie sind nicht mehr betont groß und schlank, eher realistisch; ihre Gewänder umhüllen die Körper, die Falten fallen röhrenförmig herab ohne Weichheit der Linien. Eigentümlich ringartig sind die Wolken gebildet, in denen die blasenden Engel schweben; sie erinnern an die Wolken um die Engel in Ödenwaldstetten. Die Entstehungszeit der Bilder wird man noch in die erste Hälfte des 15. Jahrhunderts, aber in die Zeit nach dem Abklingen des „Weichen Stils", etwa in das Jahrzehnt 1430–40, datieren können. Bemerkenswert sind noch die gemalten Fensterumrahmungen mit stilisierten Krabben, die, wenn sie auch einfacher sind, an die Fenstereinfassungen in der Kirche von Eriskirch denken lassen.

Die schon erwähnte Kapelle St. Ulrich in ***Elmenau*** (Gem. Neukirch, Bodenseekreis), ursprünglich ein kleiner Rechtecksaal aus dem 12./13. Jahrhundert, wurde vor der Mitte des 15. Jahrhunderts um einen polygonalen Chor erweitert, der wohl um 1440/50 mit Fresken von der Geburt und Passion Jesu sowie vom Pfingstereignis *XXXIII*
(Apg 2, 1–4) ausgemalt wurde.[1] *XXXIV*

Die Darstellungen von der Geburt in drei Bildern beginnen an der Südwand mit der Begegnung von Maria und Elisabet. Das Bild folgt dem Typus, nach welchem sich die Frauen die Hände reichen und am Arm berühren. Sie begrüßen sich vor einem felsigen dunkelroten Hintergrund und wohl vor dem Hause des Zacharias. Ihre Worte (Lk 1, 42 ff.) standen auf Schriftbändern, die von ihnen ausgehen; erhalten ist nur die Frage von Elisabet: „Et ... Dni veniat ad me?" Et (unde hoc mihi ut mater) Domini veniat ad me?. (Wer bin ich, daß die Mutter meines Herrn zu mir kommt?). Das anschließende Bild ist selten[2]: Maria im Stall von Betlehem unmittelbar vor der Geburt Jesu. Sie kniet betend am Boden; hinter dem Stall, durch den man hindurchblickt, schauen Hirten wohl nach dem Stern oder dem Engel. Die Inschrift auf dem Schriftband über Maria ist nicht mehr lesbar; sie könnte gelautet haben: „Factum est autem, cum essent ibi, impleti sunt dies ut pareret" (Lk 2, 6: Als sie dort waren, kam für Maria die Zeit ihrer Niederkunft). Die Bilderfolge wird gegenüber an der Nordseite mit dem Bild der Anbetung der Drei Könige fortgesetzt: Maria sitzt links seitlich, auf ihrem Schoß das Kind, hinter ihr steht Josef; die Könige sind angekommen, der erste ist niedergekniet und reicht dem Jesuskind sein Geschenk, einen großen Kelch, die anderen stehen noch wartend mit ihren pokalartigen Gaben.

Es folgt die Passion Jesu in fünf Bildern, beginnend mit seinem Gebet am Ölberg nach herkömmlichem Bildschema, über Jesus ein Engel und ein dunkelroter Himmel. Bei dem anschließenden Bild der Geißelung fällt dem Betrachter sogleich die ungewöhnliche athletische Figur des entkleideten Christus auf, außerdem seine Stellung im Kontrapost. Die Gestalt vor dunkelbraunem Hintergrund und unter rundbogigen Arkaden hinterläßt einen nachhaltigen Eindruck. Das Bild der Kreuztragung unterscheidet sich von anderen mit diesem Thema dadurch, daß Christus innehält und nach rückwärts blickt, wohl auf die Frauen, die ihm folgen. Hier könnte die Szene aus Lk 23, 28 dargestellt

---

1 Nach Jürgen Michler: Die Kapelle St. Ulrich in Elmenau und ihre Wandmalereien. Kulturdenkmale in Bad.-Württ.; Kleine Führer, Blatt 54, Stuttgart 1988.

2 Wie Anm. 1.

sein: „Jesus wandte sich zu ihnen um und sagte: Ihr Frauen von Jerusalem, weint nicht über mich; weint über euch und eure Kinder!" Während Jesus sich umwendet, holt ein Soldat aus, um ihn brutal mit der Faust ins Gesicht zu schlagen. Im Hintergrund sieht man die Türme und Dächer von Jerusalem unter einem düsteren Himmel. Das Kreuzigungsbild ist symmetrisch komponiert: Maria, eine weitere Frau (Maria Magdalena) und Johannes rechts vom Crucifixus, der Hauptmann und zwei Männer links davon. Die Handgebärden von Maria und Johannes sind auf anderen Kreuzigungsbildern in unserem Gebiet nicht zu finden: Maria weist mit der Linken auf den Jünger, dieser hält Mariens Rechte. Die Gebärden könnten ausdrücken, daß Jesus an seine Mutter gewandt die Worte gesprochen hat: „Frau, siehe, Dein Sohn!" und an den Jünger gerichtet: „Siehe, Deine Mutter!" (Joh 19, 26–27). Das Schriftband über dem Hauptmann, der auf Jesus zeigt, hat sicherlich die Inschrift enthalten: „Vere hic homo iustus erat" (Das war wirklich ein gerechter Mensch: Lk 23, 47) oder: „Vere Filius Dei erat iste" (Wahrhaftig, das war Gottes Sohn: Mt 27, 54). Das folgende Bild der Kreuzabnahme ist mit dem Motiv der Beweinung Christi und des Vesperbildes verbunden: Maria hält vor dem leeren Kreuz den Oberkörper Jesu auf dem Schoß, während Maria Magdalena seinen linken Arm ergriffen hat; Johannes und zwei andere Frauen stehen dahinter. Die Darstellung des Pfingstereignisses schließt den Zyklus ab: als Zentralfiguren sitzen sich Maria und Petrus, einander zugewandt, in weißen Gewändern auf Sitzbänken gegenüber, die übrigen Apostel in grünen, grauen, violettfarbenen Gewändern sitzen rechts und links hinter ihnen, sechs hinter Maria, fünf hinter Petrus; dabei sind jeweils drei in eine zweite Reihe hinter die vorderen gesetzt. Eigenartig ist, daß sowohl die Geist-Taube als auch die Feuerflammen fehlen. Das Bild erinnert an jenes mit dem gleichen Thema im Spital von Blaubeuren.

Gerahmt wird die Bilderfolge oben von einem schmalen Blattornament, unten von einem breiten Band von Akanthusranken, in welches Medaillons mit Apostel-Brustbildern komponiert sind. Der untere Streifen des Bandes enthielt ursprünglich das Apostolische Glaubensbekenntnis, von dem unter dem Pfingstbild noch zu lesen ist[3]: „ich gloube i de heilige geist, i die heilige Kirche . . . gemeinschafft der heiligen". In der Sokkelzone schloß ein gemalter Wandvorhang die Bilderfolge ab.

Der Zyklus hebt sich nach Inhalt und Form, wie dargelegt, von anderen Bilderfolgen dieser Themen ab. Das gilt auch für die Maltechnik: Die Bilder sind die einzigen in unserem Gebiet, die als Fresken, also auf frischen Kalkputz, gemalt worden sind.[4] Jürgen Michler hat überzeugend darauf hingewiesen, daß in der Malerei italienische Stileinflüsse erkennbar sind.[5]

---

[3] Wie Anm. 1.
[4] Wie Anm. 1.
[5] Wie Anm. 1.

Die zweite Hälfte des 15. Jahrhunderts

Nachdem die Stadtkirche, ehemals St. Marien, in ***Blaubeuren*** (Alb-Donau-Kreis) um 1420/30 im Tympanon des Westportals ein qualitätvolles Vesperbild erhalten hatte, wurde sie um die Jahrhundertmitte im Langhaus vollständig ausgemalt. Erhalten sind nur noch wenige Bilder.

An der Nordseite im westlichen Teil wird die Wand zwischen den beiden Fenstern von einer monumentalen Schutzmantelmadonna beherrscht. Das Bild ist ein herausra- *XXXV*
gendes Denkmal der Marienverehrung im 15. Jahrhundert. Es gehört zu dem Typus mit dem Jesuskind, im Unterschied z. B. zu der Schutzmantelmadonna in Scharenstetten (1340/50), die ohne das Kind dargestellt ist. Maria trägt eine sehr hohe Krone mit einem Kreuz an der Spitze, umgeben von einem großen Nimbus, der innen rot, außen golden ist. Im linken Arm hält sie das Kind, in der rechten Hand den Apfel als Symbol der Erlösung von der Sünde. Ihr hellblaues Gewand ist gegürtet und liegt eng am Körper an, am Hals und an den Ärmeln trägt sie Strahlenkränze, der Mantel ist innen mit Ähren verziert, außen weiß, oben und an den Seiten wird er von Engeln gehalten. Über dem Haupt Mariens schweben weitere Engel. Unter dem Schutzmantel knien links von Maria Schutzsuchende in roten, hell- und dunkelblauen Mänteln betend vor ihr, an vorderster Stelle gekrönte Personen. Das hier mit der Vorstellung von der Schutzmantelmadonna verbundene Motiv der Ährenkleid-Maria geht wohl auf das Hohelied 7, 3 zurück: „Dein Leib ist ein Weizenhügel, mit Lilien umstellt." Die Verbindung der beiden Bildgedanken ist in unserem Gebiet sonst nicht zu finden. Oben wird das Bild durch einen gemalten Kielbogen mit Lilienornamenten an der Innenseite geschlossen.

Im östlichen Teil der Nordwand sind Fragmente erhalten, die schwierig zu deuten sind. Zu erkennen sind noch zwei entkleidete Männer mit Binden um die Augen und ein Soldat in Zaddeltracht, der offenbar auf einen der beiden mit der Faust einschlagen will, sowie eine schräggestellte Leiter. Die Fragmente könnten die Reste eines großen Kreuztragungsbildes sein, die beiden Figuren mit Binden die Schächer. Zum Vergleich ließe sich an die Scheibe von Hans Acker im Fenster der Chormittelachse des Berner Münsters denken; dort werden auch die beiden Schächer mit verbundenen Augen von einem Soldaten abgeführt.[1] Da drei kleine noch vorhandene bemalte Scheiben aus der Stadtkirche von Blaubeuren von einem Fensterauftrag des Glasmalers Hans Acker für diese Kirche zeugen[2] und die Darstellung der Schächer mit verbundenen Augen selten ist[3], könnte man sich vorstellen, daß Acker dort auch das Wandbild gemalt hat, zumal er auch als Wandmaler tätig geworden ist, wie das Leonhard-Wandbild im Ulmer Münster

[1] Abbildung in: Wilhelm Lehmbruck: Hans Acker, Maler und Glasmaler von Ulm. Ulm 1968, Abb. 75.

[2] Wie Anm. 1, S. 52.

[3] LCI 4, Sp. 57.

zeigt. Ein weiteres Vergleichsbeispiel für die Darstellung der Schächer mit verbundenen Augen aus der Plastik ist die Lorcher Kreuztragung (1404).[4]

XXXVI Die Südwand trägt ein monumentales Kreuzigungsbild, das im unteren Teil leider zerstört ist. Es ist eine figurenreiche, von Symmetrie beherrschte Darstellung mit einem tief angelegten Bildraum, in den man gleichsam von einem hohen Standort hineinblickt. Christus, eine große Gestalt, ist als Sterbender dargestellt, sein Haupt ist nach rechts unten geneigt, das Haar fällt über die rechte Schulter, die Arme wirken wie gedehnt von der Last. Er ist flankiert von den Schächern, die mit den Armen über die schräggestellten Querbalken angebunden sind. Zwischen den Kreuzen agieren vier Berittene, links seitlich dargestellt, rechts von vorn. Dazu gehören links Longinus, der Christus die Lanze in die Seite stößt und mit der linken Hand auf seine wieder klar gewordenen Augen weist[5], während ein anderer Berittener durch einen Griff an die Lanze den Stoß unterstützt. Auf der anderen Seite des Kreuzes zeigt der berittene Hauptmann auf Christus, seine Worte stehen auf einem Schriftband: „ Ecce vere filius Dei erat iste „ (Wahrhaftig, das war Gottes Sohn: Mt 27, 54). Auffallend ist das seltene Motiv der Soldaten neben den Kreuzen der Schächer, die ihnen die Beine zerschlagen (Joh 19, 32). Im unteren (teils zerstörten) Bereich ist links eine der Frauen am Kreuz, rechts ein Soldat und, stark verkleinert, eine betende Stifterfigur, von der ein Schriftband (die Inschrift ist erloschen) ausgeht, zu erkennen. Die Komposition des Bildes und die gemalte Rahmung im oberen Teil, die an jene im Chor von Eriskirch erinnert, lassen es wie ein auf die Wand gemaltes Tafelbild erscheinen. Vielleicht bestand eine Beziehung zu einem solchen Bild. Man kann zum Vergleich die um die Jahrhundertmitte entstandene Tafel des „Meisters der Kemptener Kreuzigung“[6] heranziehen, mit der mehrere Entsprechungen bestehen: Beide Bilder sind figurenreich, das Wandbild ist in der Zahl der Figuren allerdings reduziert; Haupt und Oberkörper Jesu sind ähnlich gestaltet; das Kreuz ist auf beiden Bildern T-förmig mit einem kleinen Stab, an dem der Titulus befestigt ist; die Schächer sind übereinstimmend an die Querbalken, die schräggestellt sind, angebunden; die Berittenen sind gleichartig links seitlich, rechts von vorn dargestellt; Kopf und Geste des Longinus sind ähnlich; ein Soldat unterstützt in vergleichbarer Weise dessen Lanzenstoß; der Harnisch des Hauptmanns ist entsprechend gebildet. Das Motiv der die Beine der Schächer zerschlagenden Soldaten findet sich auch auf der Kreuzigungstafel des „Meisters der Sterzinger Flügelbilder.“[7] Mit dem Blaubeurer Kreuzigungsbild kündigt sich auch für unser Gebiet an, daß in der letzten Phase der mittelalterlichen Wandmalerei, der zweiten Hälfte des 15. Jahrhunderts, die Tafelmalerei einen noch stärkeren Einfluß als bisher auf die Wandbilder haben wird.

Schließlich enthält die Kirche noch ein Wandbild des hl. Martin zu Pferde am rechten Teil der Triumphbogenwand; bei forciertem Schritt-Tempo des Pferdes zerschneidet er seinen Mantel, während der nackte Bettler überaus klein am Boden hockt.

---

[4] Abbildung in: Wilhelm Pinder: Die deutsche Plastik vom ausgehenden Mittelalter bis zum Ende der Renaissance. 1. Teil. Potsdam 1929, S. 152, Abb. 116.

[5] Legenda aurea, S. 236.

[6] Abbildung in: Stange VIII, Abb. 248.

[7] Abbildung in: Stange VIII, Abb. 3.

Etwa in der Zeit um 1450 erhielt die Kirche St. Gallus in ***Hermentingen*** (Stadt Veringenstadt, Lkr. Sigmaringen) im Chor eine Bilderfolge aus dem Leben Jesu. Die Kirche war wohl in der ersten Hälfte des 15. Jahrhunderts erbaut worden. Von den Wandbildern sind in zweireihigen Fragmenten einige Bilder an der Südwand aus der Kindheitsgeschichte Jesu und aus den Ereignissen nach seiner Auferstehung erhalten.

Auf dem Bild der Darbringung im Tempel hat Maria das Kind, bereits mit Kreuznimbus, auf den Altar gestellt. Wie in den Bildern mit dem gleichen Thema in Ennabeuren und Weingarten gilt die Darstellung des Kindes auf dem Altar als Vorzeichen seines späteren Kreuzestodes und als Gleichnis des eucharistischen Opfers. Simeon streckt seine zum Zeichen der Devotion verhüllten Hände aus, um das Kind zu empfangen. Auf dem runden Altar steht ein dreiteiliger Leuchter, vorn liegt ein Buch. Das anschließende Bild ist eine Simultandarstellung von zwei zeitlich nacheinander folgenden Ereignissen: vom *70*
lehrenden zwölfjährigen Jesus im Tempel und seiner Abholung von dort nach dem Wiederfinden (Lk 2, 46 ff.). In der ersteren Szene sitzt Jesus frontal dargestellt und erhöht mit lehrender Geste. Unterhalb hocken im Halbkreis vier Schriftgelehrte, einer mit Judenhut; sie sind erregt und gestikulieren heftig, einer rauft sich sogar die Haare. Die zweite Szene zeigt ein in unserem Gebiet einzigartiges Motiv, das ein Bild aus dem Alltagsleben in eine Darstellung des Lebens Jesu überträgt: das Jesuskind an der Hand seiner Mutter beim Verlassen des Tempels nach dem Wiederfinden. Beide kommen durch ein Portal, die Mutter strebt vom Tempel weg, das Kind weist aber dorthin zurück. Damit sind seine Worte veranschaulicht: „Warum habt Ihr mich gesucht? Wußtet ihr nicht, daß ich in dem sein muß, was meinem Vater gehört?" (Lk 2, 49). Die Darstellung des Kindes an der Hand seiner Mutter gehört zu den Genre-Motiven, die im 15. Jahrhundert die innige mütterliche Beziehung zwischen Maria und dem Jesuskind vergegenwärtigen wollten. Das Bild erinnert an die Motive der spinnenden Maria in Talheim und Unterhausen. Das folgende Bild ist zur Hälfte zerstört. Es stellte die Taufe Jesu dar; erhalten ist nur Johannes d. T. Er wird als Asket gezeigt, mit langem Haar und Bart, in einem Gewand aus Tierhaaren und mit einem umgehängten Fell, barfuß. In der Hand hält er eine Schale, mit der er Jesus übergießen will. Die untere Reihe zeigt links eine Darstellung der Höllenfahrt Christi.[1] Aus dem Tor der als Zwingburg aufgefaßten Hölle treten die Voreltern nackt heraus, andere recken die Arme hoch in der feurigen Glut. Ein übermäßig großer Satan ist an eine rote Säule gefesselt; er ist – wie auch in früheren Bildern – dargestellt als der „von Christus gänzlich besiegte und daher nach antikem Brauch gefesselte, zornig widerstrebende Feind".[2] Die linke Seite des Bildes mit Christus ist zerstört oder übertüncht. Das nächste Bild ist ein Teil einer Himmelfahrt Christi.[3]

---

[1] Nicht: „eine Gruppe von Verdammten". So: Die Kunstdenkmäler Hohenzollerns. Kreis Sigmaringen. 1948, S. 147. – Auch nicht: „Jüngstes Gericht". So: Dehio, S. 212; Gradmann-Meckseper: Kunstwanderungen in Württemberg u. Hohenzollern. Stuttgart 1970, S. 350.

[2] Hecht: Die frühmittelalterliche Malerei, S. 330, Anm. 46.

[3] Nicht: „Zug von schreitenden Aposteln". So: Die Kunstdenkmäler Hohenzollerns (wie Anm. 1), S. 147.

70 Hermentingen, Kirche St. Gallus. Der zwölfjährige Jesus im Tempel und seine Abholung nach dem Wiederfinden. Um 1450.

Erhalten ist nur der linke Teil mit sechs knienden Jüngern und, nur zur Hälfte, wohl Maria in der Mitte des Bildes; über ihr schwebt ein Engel, der in Wolken auf einer Fiedel spielt. Neben dem Engel waren vielleicht die untere Körperhälfte oder nur die Füße des emporschwebenden Christus nach dem im Spätmittelalter vorherrschenden Typus dargestellt.

Die Bilderreihen sind durch einen breiten weißen Streifen mit einer roten Wellenlinie getrennt, das gleiche Ornament dient als Abschluß des unteren Streifens. Die Darstellungen sind von einem Streben des Malers nach realistischer Wiedergabe von Gestalten und Szenen bestimmt; die Schriftgelehrten zeigen eine Neigung des Malers zu drastischer Charakterisierung bis hin zum Karikaturhaften. Die Bilder sind flächig, eine gewisse Räumlichkeit zeigen sie nur durch ansteigende Stufen und durch Maßwerkbögen, unter denen sich die Szenen abspielen, über den ersten beiden Bildern.

Die Chorturmkirche St. Magnus in ***Altingen*** (Gem. Ammerbuch, Lkr. Tübingen) war, wie ausgeführt, wohl um 1400 im Chorgewölbe, vielleicht auch an den Chorwänden, in den Leibungen und an den Abschrägungen des Chorbogens ausgemalt worden. Etwa 50 Jahre später wurden die Nord- und Ostwand des Chores neu verputzt und etwaige vorhandene Malereien auf ihnen durch einen Zyklus von 20 Bildern ersetzt. Die Bilderfolge erstreckt sich in drei Reihen übereinander, an der Nordwand in der oberen Reihe beginnend, fortlaufend von einer Wand zur anderen. Die Bilder sind stark abgerieben und durch Pickelhiebe so zerstört, daß sie teilweise nur noch undeutlich zu erkennen sind. Sie erzählen ausführlich von der Legende um die Eltern Mariens[1], vom Leben Mariens[2] bis zur Geburt Jesu und dessen Leben bis zur Passion.

Der Zyklus beginnt mit der Abweisung des Opfers von Joachim wegen seiner Kinderlosigkeit; der Hohepriester steht neben einem Altar mit Buch und Geräten und weist Joachim von den Opfern zurück, worauf dieser den Tempel verläßt. Das nächste Bild zeigt Joachim mit dem Hirtenstab in der Einsamkeit bei den Hirten; ein Engel verheißt ihm die Geburt einer Tochter Maria. Die darauf folgende Begegnung an der Goldenen Pforte in Jerusalem ist fast ganz zerstört. Dann erscheint Anna im Wochenbett. Sie liegt unter einer blauen Decke, vor dem leicht schräggestellten Bett scheint eine Frau mit einem Wasserbottich zu knien (?). Der Tempelgang Mariens zeigt links Anna und Joachim, Anna übergibt die kleine Maria dem Hohenpriester. Es folgt Maria als Tempeljungfrau inmitten anderer Mädchen vor dem Tempel. Das nächste Bild könnte die Szene der Legende mit Josef und den anderen Freiern darstellen. Das folgende zeigt die Vermählung, der Hohepriester ergreift die Hände von Maria und Josef. Bei der Verkündigung kniet der Engel, nach rechts gewandt, vor Maria. Sie sitzt an einem Lesepult und neigt ihr Haupt leicht dem Engel zu. Die Spruchbänder sind erloschen. Der Besuch Mariens bei Elisabet weist die Besonderheit auf, daß Maria von Josef, mit Wanderstab, begleitet wird. Die Frauen stehen vor dem Haus des Zacharias und begrüßen sich mit Umarmung. Im Hintergrund sind Häuser und Türme der „Stadt im Bergland von Judäa" (Lk 1, 39) zu sehen. Das neugeborene Kind vor dem Stall ist von einem Strahlenkranz umgeben, neben ihm stehen Maria und Josef, im Stall Ochs und Esel. Das Bild der Anbetung des Kindes ist stark zerstört. Der zwölfjährige Jesus im Tempel sitzt auf einem hohen thronartigen Sessel, neben ihm gestikulieren Schriftgelehrte. Vom Bild der Taufe Jesu sind nur noch undeutliche Reste vorhanden; zu erkennen sind außer dem Haupt Jesu mehrere Bäume, deren Größe sich vermindert und die so eine gewisse Tiefenwirkung hervorrufen. Das Bild der Versuchung Jesu zeigt simultan zwei Ereignisse: die Versuchung in der Wüste (Mt 4, 1–4) durch den Teufel, mit monströsem Kopf dargestellt, und in der mit mehreren Häusern angedeuteten „Heiligen Stadt" (Mt 4, 5 ff.) auf dem Tempel. Die Passionsbilder, beginnend mit dem Einzug in Jerusalem, sind fast ganz zerstört.

Die beiden Chorwände wirken wie „Bilderwände"; sie müssen einst in voller Farbigkeit einen nachhaltigen Eindruck auf den Betrachter gemacht haben. Trotz grober Zerstörungen lassen die Bilder an ihren Umrißzeichnungen eine erstaunliche Sicherheit der Linienführung erkennen. Der Maler dürfte ein erfahrener Meister gewesen sein.

Die Kirche St. Nikolaus in ***Markdorf*** (Bodenseekreis) birgt Fragmente einer Bilderfolge von der Passion Jesu. Das Langhaus der dreischiffigen, flachgedeckten Basilika wurde um 1400 erbaut. Die Fragmente von acht Bildern befinden sich an der Ostwand des südlichen Seitenschiffes in zwei Reihen übereinander.

---

[1] Legenda aurea, S. 680/681.

[2] ebd.

Das erste Bild, das Gebet Jesu am Ölberg, ist nach dem überkommenen Schema gebildet: Jesus kniet vor einem Felsen im Mittelgrund, im Vordergrund hocken drei schlafende Jünger; über dem Felsen erscheint ein Engel, seine Worte, die Jesus neue Kraft gaben (Lk 22, 43), einst auf einem Schriftband, sind erloschen. Das nächste Bild vereinigt traditionell den Verrat des Judas, die Gefangennahme Jesu und die Malchusszene. Das in anderen Bildern beliebte und eindrucksvolle Motiv der Heilung des Malchus durch die Hand Jesu ist hier nicht dargestellt. Die folgenden Bilder Jesus vor Pilatus, Geißelung, Dornenkrönung, Kreuztragung, Kreuzigung, Grablegung sind in den Binnenzeichnungen so stark zerstört, daß die Figuren nur schemenhaft hell vor abwechselnd dunkelblauem und braunrotem Hintergrund erscheinen.

Die Darstellungen sind durch dreifach gezeichnete, senkrechte Leisten voneinander getrennt, waagerecht durch zweifache Leisten. Gemeinsam sind die acht Bilder durch ein Ornamentband aus rhombischen, übereckgestellten, von einem Stab durchzogenen, offenen Würfeln auf dunkelblauem Grund gerahmt; es erinnert an den Fries im Mittelschiff von Bermatingen. Jürgen Michler hat die Gesamtheit der Bilder wie jene im Chor von Bermatingen überzeugend als „Bilderwand" oder als Vorform dazu aufgefaßt.[1]

Unmittelbar im Anschluß an die Darstellungen der „Bilderwand" und in der Größe ihrer Bilder wurden an der Südwand des Seitenschiffes zwei Bilder hinzugefügt: die Auferstehung Christi und die Erscheinung des Auferstandenen vor Maria Magdalena: Noli me tangere. Sie sind durch Wellenranken gerahmt und könnten vielleicht später, nach der Bilderwand, hinzugefügt worden sein. Die theologische Aussage der Bilderwand, die mit dem Tode Christi und der Grablegung endet, war ohne Darstellung der Auferstehung unvollendet. Man kann die Fragmente wohl etwa in die Zeit um 1450 datieren.

Die Stadtkirche, ehemalige Karmeliterklosterkirche, in ***Ravensburg*** war – wie dargelegt – schon im 14. und in der ersten Hälfte des 15. Jahrhunderts links und rechts vom Chorbogen sowie an der südlichen Chorwand mit Wandbildern bemalt worden.

Um die Mitte des 15. Jahrhunderts erhielt die Wand rechts vom Chorbogen ein Bild der Kreuztragung Jesu, von dem nur noch ein Teil erhalten ist: Maria mit zwei Frauen und ein Kriegsknecht. Das Bild muß sich, da die drei Frauen nach links gewandt sind und die Darstellung am Chorbogen abbricht, an den abgetragenen Teilen des Lettners zwischen Chor und Langhaus (1817 abgebrochen), fortgesetzt haben. Maria ist in tiefer Trauer mit gefalteten Händen dargestellt. Der Kriegsknecht in Rüstung und zaddeligem Waffenrock wendet sich dreist nach ihr um und scheint sie mit frecher Geste zu belästigen oder zu verspotten; dieses Motiv könnte auf den Einfluß der Passionsspiele zurückgehen.[1] Über der Gruppe erscheinen Propheten mit Schriftbändern, deren Inschrift erloschen ist. Die Farben sind fast ganz vergangen, die sicher geführte Binnenzeichnung ist

---

[1] Michler: Gotische Ausmalungssysteme, S. 49, Anm. 35.

---

[1] LCI 2, Sp. 651.

teils erhalten. Die komplizierte Körperhaltung des Kriegsknechts zeugt von entsprechenden Studien des Malers. Ihm ist es gut gelungen, die Demütigung Mariens und ihre trostlose Trauer eindrucksvoll zu veranschaulichen.

Aus der Zeit um die Jahrhundertmitte könnte auch das Abendmahlsbild an der Südseite des Chores stammen. Es ist stark zerstört. Man erkennt aber noch, daß es nach Komposition und Ausführung von geringer Qualität ist.

Gleichfalls wohl aus der Zeit um 1450 stammen einige Fragmente, die im Chor der Kapelle St. Peter und Paul von ***Schnerkingen*** (Stadt Meßkirch, Lkr. Sigmaringen) aufgedeckt wurden. Im oberen der beiden übereinander gemalten Streifen sind die Apostel dargestellt, im unteren Szenen der Passion Christi, die aber fast ganz zerstört sind. Die Apostel stehen nebeneinander, je sechs an der Nordost- und Südostseite des dreiseitigen Chores, der Ostseite zugewandt, die durch den barocken Altar verdeckt ist. Sie erscheinen wohl als Begleiter Christi, der vermutlich an der Ostseite in irgendeiner Szene dargestellt ist. Die Figuren sind in lange Mäntel und Gewänder gehüllt, die teilweise schwungvoll drapiert sind. Im unteren Streifen kann man nur noch an der Südostseite aus Bildresten auf die ursprünglichen Darstellungen schließen: rechts vielleicht auf die Kreuztragung Christi, dem die Schächer (?) und die drei Frauen folgen, im Hintergrund Türme von Jerusalem (?), anschließend nach der Mitte hin auf eine Kreuzigungsgruppe (zum größten Teil verdeckt). An der Nordostseite sind nur noch Reste von drei Köpfen (?) mit Heiligenscheinen (?) zu erkennen, vielleicht von einer Beweinung oder Grablegung.

Zu den wenigen datierten Wandmalereien in unserem Gebiet gehören die Reste einer Folge von sechs Szenen der Katharinenlegende in der südlichen Eingangshalle im Westteil des ***Ulmer Münsters***. Auf einem Inschriftband ist der Zyklus auf das Jahr 1456 datiert.

Dargestellt sind, soweit die stark abgeriebenen Bilder erkennen lassen, wohl folgende Szenen: Die gekrönte Katharina steht mit einem Buch in der Hand vor dem Kaiser Maxentius, der als Zeichen seines Amtes ein Zepter trägt; zwischen beiden Personen ist eine dünne Säule aufgerichtet, auf der ein teufelartiger Götze steht. Das nächste Bild scheint die Disputation Katharinas mit den vom Kaiser herbeigerufenen Philosophen und Kaiserin Faustina darzustellen. Die folgende Szene könnte den Flammentod der Philosophen und die Ermutigung zum Martyrium durch Katharina enthalten. Das nächste Bild zeigt die in der Malerei bevorzugte Szene ihres Martyriums unter einem mit Nägeln beschlagenen Rad, das offenbar gerade zerstört wird. In der folgenden Szene kniet Katharina, während der Henker zum Schwertstreich ausholt und ein Engel erscheint. Das letzte Bild zeigt drei Engel, die den Leichnam zum Berge Sinai tragen.[1]

[1] Legenda aurea, S. 924.

Die Dramatik dieser Legende wird in den Bildern nicht in entsprechender Weise veranschaulicht. Die Figuren stehen oder knien vielmehr fast reglos, steif und ohne Ausdruck, mit Ausnahme des Henkers, der den Schwertstreich führt, aber auch nur das Notwendigste an Bewegung aufweist. Demgegenüber hatte der Katharinenzyklus in der Katharinenkapelle der Marienkirche zu Reutlingen, rund 150 Jahre früher im ersten Jahrzehnt des 14. Jahrhunderts entstanden, das erregende Geschehen so nachhaltig zum Ausdruck gebracht, daß der Betrachter das Martyrium noch heute nachempfinden kann. Alfred Stange hat die Ansicht vertreten, der Zyklus im Ulmer Münster stehe stilistisch der Art Jakob Ackers nahe.[2] Nach Bruno Bushart[3] erinnert die Bilderfolge an die zwei von Stange erwähnten Katharinen-Tafeln[4] im Württembergischen Landesmuseum in Stuttgart. Dem Ulmer Maler Jakob Acker hat Stange zwei weibliche Heiligengestalten eines Tafelbildes des Flügelaltars in der Kirchhofkapelle St. Leonhard zu Rißtissen zugeschrieben.[5] Sie haben eine ganz andere Figur als die hl. Katharina im Ulmer Münster: diese ist groß und überaus schlank mit enganliegendem Kleid dargestellt, jene dagegen voluminös mit ausladenden Gewändern. Man wird deshalb der Ansicht von Stange, der Zyklus im Ulmer Münster stehe stilistisch der Art Jakob Ackers nahe, nicht folgen wollen.

An den Wänden des Nordseitenschiffes des Ulmer Münsters wurden bei der letzten Restaurierung in den Jahren 1965 bis 1970 mehrere Wandbilder freigelegt, die als Retabel zu nebeneinanderstehenden Altären gehörten. Sie sind mit Ausnahme eines Bildes stark zerstört. Zu erkennen sind Fragmente einer Verkündigung an Maria, einer Dornenkrönung und Geißelung Jesu, eines Gnadenstuhls und einer Grablegung. Der die Geburt Jesu ankündigende Engel kniet nach links zu Maria gewandt, mit einem Spruchband, dessen Inschrift mit den Grußworten erloschen ist. Maria sitzt auf einer Bank an einem Betpult vor einem Fenster oder Vorhang, auf dem Pult liegt ein Buch. Als Sinnbild des Heiligen Geistes schwebt eine Taube auf das Haupt Mariens zu. Kompositorisch ist das Gleichgewicht der Gestalten Mariens und des Engels gewahrt. Von der Dornenkrönung und Geißelung Jesu sind die Gestalten nur noch in schemenhaften Umrissen zu erkennen. Der gegeißelte Jesus erscheint sehr schlank. Vom Gnadenstuhl ist nur noch undeutlich Gottvater auf einem Stuhl mit hoher Lehne thronend zu erkennnen, vor sich das Kreuz mit dem Sohne haltend, hinter ihm schwebende Engel. Allein das Bild der Grab-
71 legung ist so erhalten, daß eine nähere Betrachtung möglich ist. Christus wird in einen kastenförmigen Steinsarkophag gelegt, an der Kopfseite hält ihn Nikodemus an den Schultern, sein Kopf ist an dessen Brust zurückgefallen. Der Körper ist mit Ausnahme des Oberkörpers und der Arme von einem Tuch umschlungen, am Fußende erfaßt Josef von Arimathäa seine Beine. Hinter dem Sarkophag steht Maria und neigt sich dem Haupte ihres Sohnes zu, danach erscheint Johannes, daneben Maria Magdalena mit

---

[2] Stange VIII, S. 37.

[3] Studien zur altschwäbischen Malerei, S. 135.

[4] Wie Anm. 2, S. 5.

[5] ebd. Abb. 30. Die beiden Heiligenfiguren auf Abb. 31 sollen nach Bushart entgegen der Ansicht von Stange nicht von Jakob Acker stammen (wie Anm. 3, S. 139).

71 Ulm, Münster. Grablegung Jesu. Um 1460.

Salbgefäß. Über der ganzen Gruppe symbolisch das leere Kreuz. Das Bild erinnert lebhaft an ein Tafelbild[6] mit dem gleichen Thema in der Stuttgarter Staatsgalerie, das dem „Meister der Sterzinger Flügelbilder", einem Mitarbeiter von Hans Multscher, zugeschrieben wird.[7] Auffallend ähnlich ist die Komposition der Bilder: der nach oben geknickte Oberkörper Jesu, die Lage seiner Arme, die Gestalt des Nikodemus, dessen turbanähnliche Kopfbedeckung, die Körperhaltung Mariens, die Positionen von Johannes und Maria Magdalena mit dem Salbgefäß, die Form des Steinsarkophags mit seinen Profilkanten, schließlich das über dem Grabe ragende leere Kreuz. Man könnte anneh-

[6] Abbildung in: Stange VIII, Abb. 4.
[7] Stange VIII, S. 7 ff.

men, daß zwischen dem Wand- und dem Tafelbild eine Beziehung bestand. Sollte der „Meister der Sterzinger Flügelbilder“ auch die qualitätvollen Wandbilder im Nordseitenschiff geschaffen haben? Als Zeit ihrer Entstehung wird „um 1460“ vorgeschlagen; 1452 war das Nordseitenschiff eingewölbt, anschließend wurde die Innenwand verputzt.[8]

Die alte romanische Kapelle, ehemals St. Wolfgang, in ***Rottenacker*** (Alb-Donau-Kreis) wurde im Jahre 1485 umgebaut; man brach sie bis zur halben Höhe ab, verkürzte sie am Ostteil und errichtete aus den verbliebenen Bauteilen den Chor einer Kirche, deren Langhaus im Anschluß daran gebaut wurde.[1]

Aus der Zeit vor dem Umbau der Kapelle stammen zwei Wandbilder der „fünf klugen und der fünf törichten Jungfrauen“, je eines an der Nord- und Südwand.[2] Die fehlenden Bilder dürften dem Umbau und der Verkürzung der Ostseite zum Opfer gefallen sein. Die Parabel der fünf klugen und fünf törichten Jungfrauen (Mt 25, 1–13) ist eine Mahnung, an das kommende Weltgericht zu denken. Die klugen Jungfrauen, die ihre Lampen und außerdem noch Öl in Krügen nahmen und dem Bräutigam entgegengingen, entsprechen den Seligen des Gerichts, die törichten Jungfrauen, die ihre Lampen mitnahmen, aber kein Öl, den Verdammten. Die Jungfrauenbilder zeigen Gestalten mit langen blonden Locken, die über die Schultern fallen, und mit auffallend stoffreichen, weit ausladenden Gewändern und Mänteln.

Nach dem gleichen Frauentypus sind auf die südliche Seite der Triumphbogenwand zwei nebeneinanderstehende weibliche Heilige gemalt: Dorothea mit dem Blumenkörbchen und Barbara mit einem Kelch, über dem vielleicht ursprünglich eine Hostie zu sehen war.

Der Figurentypus im Chor und an der Chorbogenwand ist den beiden Heiligengestalten eines Tafelbildes des Flügelaltars in der Kirchhofkapelle zu Rißtissen, die im Zusammenhang mit dem Katharinenzyklus im Ulmer Münster erwähnt wurden, auffallend ähnlich.[3] Der Altar ist mit dem Namen des Ulmer Malers Jakob Acker und der Jahreszahl 1483 signiert. Der Maler ist schon seit 1461 in Ulm nachweisbar.[4] Wenn man annehmen will, der Maler des Tafelbildes und der Wandbilder sei der gleiche, wird man für die Entstehung der Wandbilder das Jahrzehnt 1460–70 annehmen, nicht dagegen eine Zeit im Zusammenhang mit dem Tafelbild in Rißtissen (1483), weil die Bilder wohl nicht erst kurz vor ihrer teilweisen Zerstörung durch den Umbau der Kapelle im Jahre 1485 in Auftrag gegeben wurden. Will man eine Identität von Wand- und Tafelmaler

---

8 Reinhard Wortmann: Das Ulmer Münster. Stuttgart, 2. Aufl. 1981, S. 18.

---

1 Nach Jakob Unsöld u. Manfred Lipp: 500 Jahre Kirche St. Wolfgang Rottenacker. Rottenacker 1985, S. 15.

2 Das hockende Männchen neben dem Jungfrauenbild ist später über dieses Bild gemalt worden; es wird später erörtert.

3 Abbildung in: Stange VIII, Abb. 30.

4 Stange VIII, S. 16.

nicht akzeptieren, so wird man jedenfalls eine Abhängigkeit des Tafelbildes von den Wandbildern annehmen können. Eine besonders starke Ähnlichkeit besteht zwischen den beiden weiblichen Heiligen an der Chorbogenwand und den gleichen Heiligen eines weiteren Tafelbildes im Bayerischen Nationalmuseum München, das Alfred Stange ebenfalls als Werk von Jakob Acker veröffentlicht hat.[5] Ohne besondere Begründung hat Bruno Bushart dieser Zuschreibung widersprochen.[6] Wenn man in Jakob Acker den Maler der Wandbilder sehen will, würde die Ähnlichkeit mit dem Münchner Tafelbild wohl für dessen Zuschreibung durch Stange sprechen.

Die Kirche St. Nikolaus in ***Ehestetten*** (Stadt Hayingen, Lkr. Reutlingen) besitzt einen frühgotischen Chor mit geradem Abschluß. An seiner Ost- und Südseite sind Reste von Zyklen aus dem Marienleben und der Passion Christi sowie eine Darstellung des Schmerzensmannes erhalten. Die Bilder der Ostwand sind durch ein Altarretabel verdeckt; ein Teil davon wurde abgepaust und die Zeichnungen wurden veröffentlicht.[1]

Der Zyklus aus dem Marienleben beginnt an der Ostseite in der unteren Reihe mit der Verkündigung. Die Zeichnung zeigt Maria auf einem Betschemel kniend vor einem aufgeschlagenen Buch, sie wendet sich dem Engel zu und erhebt zum Gruße ihre Hände, während der Engel ihr die Botschaft verkündet. Als Sinnbild des Heiligen Geistes schwebt auf einem Lichtstrahl eine Taube auf Maria zu mit einem kleinen, voll ausgebildeten Jesusknaben unter sich, über dessen Kopf ein Kreuz erscheint. Dieses im Spätmittelalter beliebte, aber wieder aufgegebene Motiv[2] ist in unserem Gebiet nur in Ehestetten anzutreffen. Die Komposition des Bildes ist auffallend: Maria erscheint wegen ihrer beherrschenden Größe und Stellung in der Bildmitte gegenüber dem Engel als die weitaus Bedeutendere. Das sonst übliche Gleichgewicht der beiden Gestalten, z. B. in der Erhardkapelle von Trochtelfingen und im Nordseitenschiff des Ulmer Münsters, wird geradezu aufgehoben, weil der Engel klein gestaltet und an die äußerste rechte Seite gerückt ist. Das nächste Bild (Zeichnung) ist gleichfalls einmalig in unserem Gebiet: der an der Unberührtheit Mariens zweifelnde Josef und die schwangere Maria (Mt 1, 18–19) sitzen sich im Gespräch mit Redegesten gegenüber.[3]

Der Passionszyklus beginnt an der Ostwand links oben mit der Ölbergszene (als Zeichnung nicht abgebildet). Es folgt die Gefangennahme Jesu. Die Zeichnung zeigt nicht die sonst im Spätmittelalter übliche Verbindung mit dem Judaskuß; neben der beherrschenden, hohen Gestalt Jesu ist aber wie z. B. in Riederich die beliebte Malchus-

---

[5] Stange VIII, Abb. 31.

[6] Studien zur altschwäbischen Malerei, S. 139.

---

[1] In: Archiv für christliche Kunst 1896, Nr. 1.

[2] LCI 4, Sp. 431.

[3] Nicht: „Maria die Tempeljungfrau, die von einem Greis belehrt wird." So: Die Kunst- u. Altertumsdenkmale in Württ., OA Münsingen, 1926, S. 58. Der Nimbus der männlichen Person spricht dagegen.

szene dargestellt: Petrus hat das Schwert erhoben und ist im Begriff, dem am Boden liegenden Diener des Hohenpriesters ein Ohr abzuhauen. Die Soldaten tragen Harnische, einer von ihnen hat seinen Stechhelm zurückgeklappt. Der Zyklus wird an der Südseite mit zwei Bildern fortgesetzt: Jesus an der Geißelsäule und „Ecce homo". Die langgestreckte Gestalt Jesu steht aufrecht an der Säule, der rechte Arm ist über dem Kopf, der linke hinter dem Rücken an die Säule gefesselt, der Scherge links holt gerade zum Schlage aus. Auf dem Bild der Schaustellung Jesu steht er mit entblößtem Körper und lose umgehängtem Mantel, gefesselt, nach der Qual der Geißelung mit leicht geneigtem Haupt und gespreizten Beinen vor Pilatus. Dieser hebt mit einer Hand den Mantel an und zeigt mit der anderen auf ihn mit den Worten: „Ecce homo" (Joh 19, 5). Zwischen Jesus und Pilatus und hinter ihnen stehen Priester und „das Volk".

Über dem Spitzbogen des Südfensters erscheint der Schmerzensmann in Halbfigur, mit erhobenen Armen seine Handwunden weisend.

Der Passionszyklus wird an der Ostseite fortgesetzt. Auf der Zeichnung, welche die Auferstehung Jesu wiedergibt, steht er aufrecht nach links gewandt im Grabe mit entblößtem Körper, über den Rücken fällt ein Mantel, seine rechte Hand ist zur Segensgeste erhoben, in der linken hält er die Kreuzfahne; zwei Wächter, der eine mit einer Lanze, der andere mit einer Stachelkeule, sind in Schlaf versunken.

Im Gewände des Südfensters könnte der hl. Stephanus dargestellt sein, wenn man in seinen Händen Steine als Attribute erkennen will; die weibliche Heiligengestalt auf der anderen Fensterseite läßt sich nicht deuten.

Die Figuren sind sehr schlank wiedergegeben, die Falten ihrer Gewänder fallen senkrecht ohne weiche Linien herab. Für die Datierung kann man das Ecce-homo-Bild heranziehen: Das Motiv des gegeißelten Jesus mit entblößtem Körper und gefesselten Händen, leicht vornübergebeugt, mit umgehängtem Mantel, wird in das spätere 15. Jahrhundert datiert[4]; danach kann man für die Entstehung der Chorausmalung in Ehestetten die gleiche Zeit annehmen.

Die Marienkirche in ***Upfingen*** (Gem. St. Johann, Lkr. Reutlingen) wurde nach der Inschrift auf der steinernen Tafel über dem Südeingang im Jahre 1448 erbaut. Die Südseite des Schiffes trägt ein großes Christophorus-Bild, auf das sich sogleich der Blick richtet, wenn man die Kirche durch den Nordeingang betritt. Es fällt auf, daß die hohe, übermäßig schlank und dünn wiedergegebene Gestalt an Beinen und Händen verzeichnet ist. Nach den Unterlagen der Gemeinde wurde das Bild nach seiner Freilegung im Jahre 1928 „so gründlich restauriert, daß wir nicht mehr sagen können, was daran alt und was neu ist". Es hat damit seinen dokumentarischen Wert eingebüßt. Bemerkenswert wären die Wassertiere in dem seltsamerweise durch einen Rundbogen abgegrenzten Fluß, falls sie noch dem Original entsprechen: Fische, Krebse und Biber (?). Das ursprüngliche Bild dürfte, da die Gläubigen seinen Anblick erwarteten, bald nach dem Bau der Kirche gemalt worden sein, vielleicht im Jahrzehnt 1450–1460.

---

[4] LCI 1, Sp. 559.

Mit den zehn Bildern über das „Pilgerwunder“, eine Legende[1] um Jakobus den Älteren (Major), besitzt die St.-Jodokus-Kapelle in ***Überlingen*** (Bodenseekreis) eine bedeutende Wandmalerei.

Die Bilder an der Nordseite des Langhauses erzählen folgende Geschichte: Eine Pilgerfamilie, Eltern und ein Sohn, ziehen nach Santiago de Compostela (verdeckt). In einem Gasthaus sieht der Wirt (zerstört), wie aus dem Reisesack des Pilgersohnes, den dieser über dem Bett ausschüttet, ein Silberbecher fällt. Der Wirt selbst oder dessen Tochter, die sich in den Sohn verliebt hat, aber von ihm verschmäht worden ist, hatte den Becher heimlich hineingelegt. Der Pilgersohn wird des Diebstahls beschuldigt und ergriffen (teilweise zerstört). Er wird in Anwesenheit des Richters und weiterer Amtspersonen und Zuschauer gehenkt. Die Pilgereltern sind nach Santiago zu Jakobus geeilt. *72*
Zurückgekehrt stehen sie am Galgen, an dem ihr Sohn hängt; dieser lebt aber, weil er von Jakobus, der unter seinen Füßen mit Pilgerhut, Wanderstab und Buch sitzt, gestützt wird. Die Eltern suchen das Haus des Richters auf. Dieser erklärt, ihr Sohn sei so lebendig wie die gebratenen Hühner auf seinem Herd; darauf entfliegen die Hühner, obwohl von einem Bratspieß durchbohrt. Zwei Männer ergreifen den anwesenden Wirt, der als Zeuge falsch ausgesagt hatte. Der Sohn wird in Gegenwart der Eltern vom Galgen genommen. Nun hängt der meineidige Wirt am Galgen. Die Eltern mit Sohn knien betend in einer Kirche, vielleicht in der Kathedrale von Santiago, vor Jakobus; er thront mit Pilgerhut, Stab und Buch vor einem Altar, der mit gotischem Wimperg und Kreuzblume, Lilienornament und seitlichen Fialen geschmückt ist. Wohl als Zeichen der lebendig gewordenen Hühner erscheint zum Schluß neben einer gotischen Kirchenfassade, auf deren Spitze symbolisch ein Galgen zu stehen scheint, ein Hahn in einem Käfig. Der Meister dieser Bildgeschichte hat die einzelnen Szenen überaus lebendig und anschaulich und mit ausgeprägtem Realismus geschildert. Der Betrachter erhält einen Eindruck vom Aussehen der Menschen des späten 15. Jahrhunderts; sie sind unverkennbar nach Alter und Stand unterschieden, und auch ihre Gemütsbewegungen hat der Meister in ihren Gesten treffend zum Ausdruck gebracht. Er war ein sehr gewandter Zeichner, die Linie bestimmte die Art seiner Malerei. Man könnte graphische Vorbilder vermuten. Vielleicht war der Meister auch in graphischen Künsten tätig. Alfred Stange hat zum Vergleich an die Bilder der in Konstanz entstandenen Richenthalschen Konzilschronik gedacht.[2] Die Bildergeschichte entspricht in ihrem treffenden Realismus in der Tat manchen Bildern dieser Handschrift: so ist z. B. die drastische Szene des umgekippten Papst-Wagens[3] und der realistische Fischverkaufsstand[4] durchaus mit der Szene der davonfliegenden Hühner vergleichbar. Stange hat die Wandbilder auf die Zeit um 1460 datiert[5] und die Entstehung der Richenthalschen Chronik zwischen 1420 und

---

[1] Legenda aurea, S. 493/494.

[2] Stange IV, S. 26.

[3] Abbildung in: Stange IV, Abb. 7.

[4] Abbildung: ebd., Abb. 10.

[5] ebd., S. 26.

72 Überlingen, St.-Jodokus-Kapelle. Aus dem „Pilgerwunder“ (Legende um Jakobus den Älteren). Um 1460.

1430.[6] Die Jodok-Kapelle wurde 1424 gestiftet und 1462, wahrscheinlich zum zweiten Mal, geweiht.[7] Als Schöpfer der Bilder hat man Konrad Bitzer vermutet, der als Maler in Überlingen in dieser Zeit urkundlich bezeugt ist.[8]

Die Südseite des Langhauses der Jodok-Kapelle trägt im östlichen Teil ein Wandbild, das zwei Themen vereinigt: eine Kreuzigungsgruppe und die drei Lebenden und die drei
73 Toten.[9] Ein Nebeneinander beider Themen, wenn auch nicht in ein und demselben Bild, gibt es noch in den Kirchen Sainte-Ségolène in Metz, St. Martin zu Kirchbühl bei Sempach und in Knockmoy Abbey (County Galvay).[10] Ob die Zusammenfassung zu einem Bild in Überlingen ursprünglich ist, dürfte offen sein; wie die senkrechte Trennleiste in der oberen Zone zeigt, könnten die Motive getrennt nebeneinander gestanden haben und später durch den durchgehenden dunkelgrünen Wandteppich hinter den Figuren zusammengezogen worden sein. Die Musterung des Teppichs entspricht der Altardecke

---

[6] ebd., S. 12.

[7] Wolfgang Bühler: Malerei und Plastik v. d. Romanik bis zum Klassizismus. In: Überlingen, Bild einer Stadt. Weißenhorn 1970, S. 94.

[8] ebd., S. 93.

[9] Hierzu: Willy Rotzler: Die Begegnung der drei Lebenden und der drei Toten. Winterthur 1961, S. 116–119.

[10] ebd., S. 98, 104, 190.

73 Überlingen, St.-Jodokus-Kapelle. Kreuzigung Christi. – Die drei Lebenden und die drei Toten. Um 1460.

auf dem Bild des Jakobus in Santiago, wo sie nachträglich gemalt zu sein scheint. Der Gekreuzigte in Überlingen ist realistisch mit blutenden Wunden dargestellt, über ihm der Titulus I.N.R.I. sowie Sonne und Mond. Neben dem Kreuz steht Johannes in rotem Gewand, zwischen ihm und dem Kreuz kniet am Boden in kleiner Gestalt ein Stifter. Seine Worte auf dem von ihm ausgehenden Spruchband sind erloschen, ebenso die des(r) anderen Stifters(in) auf der anderen Seite des Kreuzes. Die Gestalt der Maria ist zerstört. Die drei Lebenden und die drei Toten stehen sich, nebeneinander aufgereiht, gegenüber, die Toten aufrecht stehend, als „lebende" Tote. Das Bild gehört also zu dem französischen Typus, den Willy Rotzler nach diesen Merkmalen so genannt hat.[11] Die Lebenden sind junge Adlige. Sie tragen reiche, vornehme Gewänder aus damaszierten roten, gelben und ockerfarbenen Stoffen mit Pelzbesatz und als Kopfbedeckungen große Kappen. Der mittlere hat ein Zepter in einer Hand, auf der anderen trägt er einen Falken; auch der linke trägt einen Falken auf der vorgestreckten Hand. Die Lebenden scheinen Vertreter verschiedener Standesstufen zu sein. Alle drei reden mit gestikulierenden Händen auf die drei Toten ein. Diese, grau in grau dargestellt, waren einst königliche Personen, wie ihre Kronen zeigen; sie reden ihrerseits auf die Lebenden ein. Was die beiden Gruppen sprechen, geht aus den gewundenen Spruchbändern über ihnen hervor. Über den Lebenden steht in gotischer Textura: „ so·wie·dise·da·ohn·ein·namen·

[11] Wie Anm. 9, S. 73 ff.

werden ·wier·die nemblichen"; über den Toten: „·der·ir·da·sind·der·waren ·wier·der·wier·sind·der ·went·ir". Eindringlicher als in den Bildern des gleichen Themas in Scharenstetten und Eriskirch ist hier für den Betrachter die Vergänglichkeit des Menschen und seiner Macht in der Welt veranschaulicht mit der Mahnung: „memento mori", aber auch mit dem unübersehbaren Hinweis: der Tod nimmt keinen aus, auch nicht gekrönte Personen. Bemerkenswert ist der farbige Kontrast der lebensvollen Jugendlichen und der abgeschiedenen Toten. Die Darstellung ist wohl etwa in dieselbe Zeit wie die Bilderfolge des Pilgerwunders zu datieren; sie stammt aber von einem anderen Meister. Mit ihrem gemalten Rahmen wirkt sie wie ein Tafelbild; der Meister könnte ein Tafelmaler gewesen sein. Unter die Darstellung ist ein Vorhang gemalt, er ist in senkrechte Streifen unterteilt, die mit Blütenmustern und geometrischen Ornamenten ausgefüllt sind.

Im Westteil der Südwand des Langhauses enthält die Jodok-Kapelle ein in unserem Bereich seltenes Bild eines „Volto santo" (heiliges Antlitz). Das Bild zeigt Christus, wohl lebend, mit geneigtem, nimbiertem Haupt, Krone (?) und Brustkreuz, mit ausgebreiteten Armen am Kreuze schwebend, bekleidet mit einer Ärmeltunica und einem goldfarbenen Gürtel, von dem ein langes Ende vor dem Leib herabhängt. Das Motiv geht auf einen großen Holzcrucifixus im Dom zu Lucca[12] zurück, als Gnadenbild das Ziel von Wallfahrten und Gegenstand vieler Nachbildungen.[13] „Seit dem 15. Jahrhundert werden Volto-Santo-Kopien, die man oft heilige Hilfe oder ähnlich nennt, weithin als Darstellung einer weiblichen, gekreuzigten Heiligen mißverstanden, was zur Bildung der Legende um die heiligen Wilgefortis, Ontkommer, Kümmernis, Liberata usw. führt."[14] Die Darstellung in Überlingen wird man nicht in dieser Weise mißverstehen können, denn das Gesicht des Gekreuzigten ist männlich und auch der Gürtel mit dem herabhängenden Ende spricht eindeutig für ein Volto-Santo-Bild. Ein Brustkreuz trägt das Vorbild in Lucca zwar nicht; bei anderen Volto-Santo-Darstellungen ist es aber zu finden, z. B. in der Kirche St. Petri zu Soest in Westfalen.[15]

Eine späte Wiederkehr von gemalten Fenstern wie in der Clarissenkirche zu Pfullingen (zweite Hälfte des 13. Jahrhunderts) stellen die Fragmente der gemalten Fenster mit Butzenscheiben an der Nordwand des Chores dar. Sie haben aber eine andere Funktion als in Pfullingen. Während diese von rein ornamentaler Art sind, teils mit einem sakralen Kreuzmotiv, sollen die Überlinger Butzenscheibenfenster das gleichgestaltete reale Fenster in der Ostseite des Chores für das Auge sozusagen fortsetzen, so wie ein plastisches Blendfenster, z. B. im Chor der Marienkirche in Reutlingen.

Um 1420/30 hatte das Tympanon über dem Westportal der Stadtkirche, ehemals St. Marien, zu ***Blaubeuren*** (Alb-Donau-Kreis) ein Vesperbild erhalten, um 1450 war das

---

[12] Abbildung in: LCI 1, Sp. 405/406, Abb. 18.

[13] LCI 4, Sp. 471/472.

[14] ebd.

[15] Abbildung in: Dorothea Kluge: Gotische Wandmalerei in Westfalen 1290–1530. Münster 1959, Abb. 36.

Langhaus vollständig ausgemalt worden. Im Jahre 1461 wurden in die beiden Flachbogennischen der Vorhalle zu Seiten des Westportals weitere Wandbilder gemalt und mit der Jahreszahl signiert. Das Bild an der Nordseite stellt eine Beweinung Christi dar, das an der Südseite seine Auferstehung. Die Darstellung der Beweinung zeigt den toten Christus wie im Tympanon ausgestreckt auf dem Schoße Mariens, sein Kopf wird wohl von ihr gehalten, der rechte Arm fällt herab, die Beine sind an den Knien eingeknickt. Neben Maria stehen trauernd Johannes und zwei Frauen, vor dem herabhängenden Arm Christi kniet eine weitere Frau. Über der Gruppe ragt das leere Kreuz auf. Im rechten Teil des Bildes scheint der Sarkophag zu stehen. Damit soll vielleicht die Beweinung bei einer Unterbrechung auf dem Wege zur Grablegung angedeutet werden. Auffallend ist die unmittelbare Nähe des Bildes zu dem Vesperbild im Tympanon über dem Portal (vor der Abnahme). Sein Sinn erschließt sich zusammen mit dem gegenüber in die andere Flachbogennische gemalten Bild der Auferstehung: Christus entsteigt frontal dem Sarkophag, er erhebt seine rechte Hand zum Segensgestus, in der linken hält er die wehende Kreuzfahne. Er ist vom Tode auferstanden, sein Tod bedeutet nicht den Zusammenbruch seines Werkes. Das Kreuz über der Beweinung ist nicht Symbol seines Scheiterns, seine Kreuzfahne zeigt das Kreuz vielmehr als Symbol des Sieges über den Tod.

Die Besonderheit der St.-Moriz-Kirche in ***Rottenburg a. N.***, Wandbilder an den Rundpfeilern der Basilika zu besitzen, wurde schon mehrfach erörtert. Ausgenommen waren davon die Bilder am dritten und vierten Pfeiler der Südseite und am vierten Pfeiler der Nordseite. Diese drei Bilder haben u. a. Bischofsgestalten zum Gegenstand. Für sie werden in der Literatur verschiedene Entstehungszeiten angenommen, jedoch in keinem Falle später als 1440.[1] Hier soll ein anderer Datierungsvorschlag gemacht werden, der nicht unerheblich später liegt: das letzte Drittel des 15. Jahrhunderts. Zur Begründung wird auf die Form der Bischofsstäbe der drei dargestellten Bischöfe hingewiesen. Die Krümme ist nicht mehr wie bei einem wirklichen Hirtenstab und in der ursprünglichen Form aus der Achse verlagert, sie hat vielmehr die Form eines Fragezeichens, bei der das Zentrum über dem Stabe liegt; diese Form ist erst im späten 15. Jahrhundert entstanden.[2] Die Deutung der thronenden Bischofsgestalt am dritten Pfeiler der Südseite ist kontrovers. Man hat sie als den hl. Bernhard von Clairvaux, den hl. Martin von Tours und den hl. Silvester interpretiert. Die Deutung als Martin, Patron der anderen Rottenburger Kirche, dürfte wohl die richtige sein. Der Heilige wird bei Einzeldarstellungen meist als Bischof in Pontifikalien dargestellt.[3] Daß drei Engel ihm die Mitra aufsetzen, könnte

---

[1] Stange IV, S. 85: um 1420. – Eva Benesch: Die Stiftskirche St. Moriz in Vergangenheit und Gegenwart. In: Der Sülchgau 14, 1970. S. 22, 24: um 1430. – Dieter Manz; St. Moriz in Rottenburg-Ehingen. Rottenburg a. N., 2. Aufl., 1989, S. 17: zwischen 1400/20 und 1430/40. – Gottfried Hauff: Die Wandmalereien des 15. Jhs. in St. Moriz zu Rottenburg-Ehingen. Magisterarbeit Tübingen 1981, S. 43: 1400–1430.

[2] LCI 5, Sp. 412.

[3] LCI 7, Sp. 573.

bedeuten: Auf Grund seines frommen Büßerlebens und seiner verschiedenen Wundertaten wurde er durch das Verlangen des Volkes zum Bischof von Tours gewählt, obwohl ihn der höhere Klerus ablehnte.[4] Für die Interpretation dürfte auch noch von Bedeutung sein, daß der am nächsten Pfeiler dargestellte und durch Inschrift gekennzeichnete hl. Florentius, Bischof von Straßburg, von Martin ordiniert wurde.[5] Florentius, am vierten Pfeiler der Südseite, sitzt ebenfalls in Pontifikalien auf dem Bischofsthron, seine rechte Hand ist zur Segensgeste erhoben. An seiner linken Seite kniet, klein wiedergegeben, eine Frau mit Kopfschleier und rotem Gewand, an der rechten Seite steht eine weitere Frau mit Kind. Wen die Frauen, die Stifterinnen des Bildes, darstellen, kann nicht als geklärt angesehen werden. Die Ansicht von A. Pfeffer[6], es seien die beiden Hohenberger Gräfinnen Margarethe von Nassau, gest. 1370, und Herzogin Agnes von Teck, gest. 1366, letztere mit ihrem Sohn Friedrich von Teck, wiedergegeben, ist mit der hier vorgeschlagenen Datierung des Bildes in das letzte Drittel des 15. Jahrhunderts nicht vereinbar. Überzeugender erscheint der Gedanke von Gottfried Hauff[7], es könnte sich um Familienangehörige eines Chorherren handeln. Die Inschrift über dem Bild in gotischer Textura lautet: „·S·Florenci(us)·epus (episcopus) ·arge(ntinenis)“ [Hl. Florentius Bischof von Straßburg]. Der vierte Pfeiler der Nordseite zeigt die hl. Barbara mit ihrem Attribut, dem Turm, sowie die Gestalt eines hl. Bischofs mit Insignien und einem Kirchenmodell in der Hand, über beiden Figuren das Schweißtuch mit dem Antlitz Christi. Die Deutung des Bischofs ist ebenfalls kontrovers. Er wird als hl. Wolfgang von Regensburg und hl. Burkhard von Würzburg interpretiert. Richtig dürfte die erstere Meinung sein. Wolfgang wurde seit der zweiten Hälfte des 14. Jahrhunderts mit Kirchenmodell wiedergegeben, zwar häufig mit einem Beil, aber nicht stets.[8] Für Burkhard sind Darstellungen mit Kirchenmodell nicht bekannt.[9]

An der südlichen Chorseite von St. Moriz ist eine Nische mit einem flachen Segmentbogenabschluß in die Wand eingelassen. Auf ihre Rückwand ist ein Wandbild gemalt, das seine ursprüngliche Farbigkeit, da die Nische lange Zeit zugemauert war, wohl weit-
XXXVII gehend erhalten hat. Dargestellt ist die Ankunft von Reliquien des Kirchenpatrons, des hl. Mauritius von Agaunum, in der ehemaligen Stiftskirche. Mauritius war Anführer der Thebaischen Legion, die sich vorwiegend aus Christen von Ägypten zusammensetzte. Er führte unter Diokletians Mitregenten Maximian die Legion durch Italien über die Alpen ins Rhonetal. Als der Kaiser von den Soldaten verlangte, Götzen zu opfern, flohen sie. Nach einer erneuten Weigerung wurden sie bis auf den letzten Mann enthauptet. Zur Translation von Reliquien des hl. Mauritius in die Stiftskirche Rottenburg hat

---

[4] So auch: Erich Schorp: St. Martin oder St. Bernhard. In: Rottenburger Post 1963.

[5] LCI 7, Sp. 575.

[6] Die neuentdeckten mittelalterlichen Wandmalereien i. d. Stiftskirche St. Moriz in Rottenburg-Ehingen. In: Reutlinger Geschichtsblätter 21, 1910, S. 31.

[7] Wie Anm. 1, S. 47.

[8] LCI 8, Sp. 627.

[9] LCI 5, Sp. 453/454.

sich eine Legende gebildet.[10] Das Wandbild zeigt rechts in Seitenansicht ein von zwei Führern begleitetes zweihöckriges Kamel; es trägt auf der sichtbaren Seite ein goldenes Reliquienkästchen. Der Führer hinter ihm treibt es mit einer Peitsche an, während der Führer vor ihm es gerade anzuhalten scheint. Die Mitte des Bildes nimmt ein gemauerter Altar mit einer gestreiften Altardecke ein; auf ihn setzen von rechts ein weißgekleideter Engel und von links ein Geistlicher in grünem Pluviale mit Agraffe einen Reliquienschrein ab, der dem Reliquienkästchen auf dem Kamel gleicht. Die linke Bildseite zeigt Christus thronend, in großem, herabwallendem, rotem Gewand mit gekröntem Haupt und Kreuznimbus; auf dem Schoß hält er mit der linken Hand die Weltkugel, die rechte ist zum Segensgestus erhoben. Zwischen ihm und dem Altar steht ein weiterer Engel in rosafarbenem Gewand, der eine Kerze in den Händen hat. Über dem Altar schwebt segnend ein dritter Engel. Den Fußboden der Kirche bildet ein schachbrettartig gemusterter, in schwarzer und hellgrüner Farbe wechselnder Fliesenbelag, den Hintergrund ein einheitliches Lichtblau. Das Bild ist gerahmt durch eine ornamentale Bemalung an den profilierten Kanten und in der Leibung der Nische. Das Translationsbild dürfte als Simultandarstellung zu verstehen sein.[11] Rechts kommt das Reliquienkästchen gerade an, das Kamel ist noch in voller Bewegung und wird von dem Führer hinter ihm angetrieben, von dem vorderen aber angehalten. Die Szene in der Mitte zeigt, wie das gleiche, dem Kamel abgenommene Kästchen auf den Altar gestellt wird. Die zeitlich an sich getrennten Ereignisse werden durch die ausschwingenden Flügel der Engel zu einer einheitlichen Komposition zusammengeschlossen. Die Darstellung Christi als König war, nachdem sie in Bildern der Marienkrönung ihre vorwiegende Formulierung gefunden hatte, auf weitere Bildthemen übertragen worden. Die Position des Christkönigs in dem Translationsbild außerhalb der Mitte und sogar auf dem Boden einer Kirche ist auf den niedrigen Segmentbogen zurückzuführen, der eine angemessene Darstellung über dem Altar und dem Reliquienschrein in einer oberen Sphäre nicht zuließ. In der Zuordnung des Wandbildes ist man sich in der Literatur einig, und zwar zu Werken der Ulmer Schule von Hans Multscher.[12] Gottfried Hauff hat zur Begründung auf das Verkündigungsbild[13] des zwischen 1456 und 1459 entstandenen „Sterzinger Retabels" der Multscher-Werkstatt hingewiesen, wo ein Engeltypus dargestellt sei, der dem des Rottenburger Bildes nahestehe.[14] Außerdem hat er darauf aufmerksam gemacht, daß bei der Dreikönigsdarstellung[15] eines „zweiten Sterzinger Altarflügels" im Vordergrund ein Pferd abgebildet sei, dem das Kamel der Rottenburger Malerei in Haltung und Ansicht verwandt sei, ferner, daß ein zweites Pferd im Hintergrund eine Kopfform zeige, die mit der des Kamels beinahe identisch sei. Diesen Argumenten kann man zustimmen mit folgen-

[10] Hierzu: Dieter Manz: Reliquiengrab und Grafengruft. In: Der Sülchgau, 1980, S. 14.

[11] So auch: Gottfried Hauff: Wie Anm. 1, S. 88/89.

[12] Eva Benesch: Wie Anm. 1, S. 25. – Dieter Manz: Wie Anm. 1, S. 21. – Gottfried Hauff: Wie Anm. 1, S. 91/92.

[13] Abbildung in: Stange VIII, Abb. 5.

[14] Wie Anm. 1, S. 91.

[15] Abbildung in: Manfred Tripps: Hans Multscher, Abb. 256.

den Einschränkungen. Die Bezeichnung für das Bild als Dreikönigszug und zu einem „zweiten Sterzinger Altarflügel" gehörig ist in zweifacher Hinsicht unzutreffend; dieses Bild im Württembergischen Landesmuseum stellt nicht die Drei Könige dar, sondern das Gefolge; es stammt von einem anderen Altar und auch nicht vom Meister der Sterzinger Altarflügel, sondern von einem Maler, der unter dessen Einfluß stand.[16] Bei dem zweiten Tierkopf im Bildhintergrund des Dreikönigszuges handelt es sich wohl nicht um einen Pferde-, sondern um einen Kamelkopf mit runden Ohren, ebenso wie bei dem Tierkopf am äußersten rechten Bildrand. Die Datierung des Translationsbildes in die sechziger oder siebziger Jahre des 15. Jahrhunderts durch Gottfried Hauff[17] ist überzeugend. Die Qualität des Bildes ist – wie auch Hauff meint – geringer als die der Tafelbilder, an denen sich der Wandmaler orientiert hat. Er ist sicherlich nicht identisch mit dem Tafelmaler.

In der St.-Wendelins-Kapelle der kleinen ***Burg Ramsberg*** bei Großschönach (Lkr. Sigmaringen) sind Decken- und Wandbilder erhalten, die der bäuerlichen Volkskunst nahestehen. Die Decke des Chores zeigt die Evangelistensymbole mit aufgerollten Schriftbändern, die in gotischer Textura die Namen der Evangelisten enthalten (der Name des Matthäus ist zerstört). Sie sind mit Ausnahme des „Menschen" seitlich dargestellt, der Löwe wendet aber seinen Kopf dem Betrachter zu. Die Tiergestalten sind im Zeichnerischen durchaus gewandt und in ihrer Stilisierung von einer reizvollen Ursprünglichkeit. Ihnen ist die Jahreszahl 1467 beigegeben. An den Chorwänden sind im wesentlichen nur noch Umrisse von Bildern erhalten. Zu erkennen sind mehrere Heiligenfiguren in einer durch Bäume und ein Schloß angedeuteten Landschaft: Florian über dem brennenden Schloß, auf das er Wasser gießt, rechts daneben vielleicht Agatha[1], ebenfalls als Feuerpatronin mit einer Kerze in der Hand, links außen Wendelin mit einer Wurfschaufel (?) und einem Tier (Lamm?) im Arm, unter ihm Federvieh. Der zwischen ihm und Florian stehende Heilige, an dem ein Hase hochspringt, könnte der Eremit Albert von Siena sein, zu dem sich nach der Legende während einer Jagd ein Hase flüchtete.[2] Unter dem Bild ist ein Ornament aus einem Zackenfries (Deutsches Band) und darunter ein gemalter Wandbehang erhalten. Unklar ist, wen der offenbar von einer Kanzel predigende Geistliche mit Mitra, Pluviale und Agraffe darstellt, einen Bischof oder Abt, vielleicht den Kapellenpatron Wendelin als Abt.

Die ehemalige Friedhofskapelle in ***Biberach*** an der Riß nördlich der Pfarrkirche wurde im Jahre 1533 durch Einbau von Stockwerken als Mesnerhaus eingerichtet. Beim Umbau des oberen Geschosses zu einem Gemeindesaal deckte man einen fragmentierten Bilderzyklus der Passion Christi in zwei Reihen auf, in einem Nebenraum Reste einer Darstellung des Jüngsten Gerichts.

---

[16] Bruno Bushart: Studien zur altschwäbischen Malerei, S. 135, 136.
[17] Wie Anm. 1, S. 93.

---

[1] LCI 5, Sp. 45.
[2] LCI 5, Sp. 76.

Der Passionszyklus beginnt mit dem Gastmahl in Betanien (Joh 12, 1 ff.). Erhalten ist nur ein Teil der linken Bildhälfte. Hinter einem bildparallel gestellten Tisch sind zwei Männer mit Kappen und eine Magd sichtbar, die offenbar Speisen aufträgt. Über den Tisch ist ein weißes Tischtuch gelegt, darauf liegen runde, rotbraune Brote, außerdem stehen eine Schale mit Speisen und ein zinnerner Becher darauf. Die Beine des Holztisches sind in geschwungenen Formen zugeschnitten. Vor dem Tisch stehen ein kleiner Bottich mit Henkeln, wohl zum Weinkühlen, und eine Truhe mit einem seitlichen Ausschnitt. Von Christus ist nur noch ein Teil seines violetten Gewandes sichtbar, außerdem ein Fuß auf einem hellen Fliesenboden. Der Einzug in Jerusalem ist nach dem herkömmlichen Schema gemalt. Das folgende Bild zeigt die Aussendung von zwei Jüngern *XXXVIII*
zur Vorbereitung des Paschamahls (Lk 22, 7 ff.) in einer ausgewogenen zweiteiligen Komposition: der linke Teil umfaßt den Zug der Jünger, der, geführt von Jesus, von hinten nach vorn strebt, der rechte Teil ist mit Petrus und Johannes, die sich auf den Weg machen, sowie mit einem halbkugelförmigen Berg im Hintergrund ausgefüllt. Auffallend sind die hellgelben, mit Kreisen vor dem Rand hervorgehobenen Nimben der Jünger. Sie haben die Form von undurchsichtigen Tellern, die perspektivisch nicht verkürzt sind. Sie sind also dinglich und räumlich aufgefaßt und überdecken das Gesicht des jeweils dahinter stehenden Jüngers, so daß von diesem nur noch der obere Nimbenrand erscheint. Das Hintereinander der Jünger wird durch ein Übereinander der Nimbenränder angedeutet. Die Jünger tragen farbige Gewänder, Petrus einen zinnoberroten Mantel und ein weißes, nach blauen Farbresten früher wohl blaues, Unterkleid, Johannes ein hellgrünes Gewand, die anderen Jünger Gewänder in Gelb, Karminrot und Dunkelgrün. Eigenartig ist an dem Bild die Verwendung von Zinnoberrot für den Hintergrund und Braunrot für den linken Vordergrund. Das nächste Bild zeigt die ausgesandten Jünger in einer Simultandarstellung. Im linken Teil wird gezeigt, wie sie die Stadt betreten, das Stadttor haben sie bereits durchschritten und sie folgen einem Mann mit einem Krug. Hierbei hat sich der Maler wörtlich an den Text von Lk 22, 10 gehalten: „Wenn ihr in die Stadt kommt, wird euch ein Mann begegnen, der einen Wasserkrug trägt. Folgt ihm in das Haus, in das er hineingeht.“ Der rechte Teil des Bildes zeigt ein hohes schräggestelltes Haus; durch ein großes Rundbogenfenster erblickt man die beiden Jünger bei der Zubereitung des Paschalammes. Die Stadt ist von einer Mauer mit Schießscharten umgeben, rechts ist ein Turm zu sehen, im Hintergrund zwei parallelgestellte Häuser. Die untere Reihe der Bilderfolge zeigt die erste Verleugnung Jesu durch Petrus. Auch hierbei hat sich der Maler an den Wortlaut der Bibel gehalten (Joh 18, 16–17): „Petrus aber blieb draußen am Tor stehen. Da kam der andere Jünger, der Bekannte des Hohenpriesters, heraus; er sprach mit der Pförtnerin und führte Petrus hinein. Da sagte die Pförtnerin zu Petrus: Bist du nicht auch einer von den Jüngern dieses Menschen? Er antwortete: Nein.“ Die Vorführung Jesu vor dem Hohenpriester Kajaphas geschieht in einem mit einer Holztonne gewölbten Raum, der links von einer Säule mit Kapitell begrenzt ist und rechts ein Fenster mit grünen, rautenförmigen Scheiben hat. Jesus wird von zwei Soldaten gehalten, beide tragen eine hellgraue Rüstung, der linke einen roten zaddeligen Schulterkragen und rote Beinlinge; ein weiterer Soldat daneben hat einen grünlichen Zaddelkragen. Von Jesus in der Mitte des Bildes ist nur noch ein Teil seines violettfarbenen Gewandes zu sehen. Rechts sind einige Reste vom erhöhten Stuhl des Hohenprie-

sters erhalten. Das Bild, das die Ereignisse um Judas zum Thema hat, ist eine Simultandarstellung. Der linke Teil spielt sich im gewölbten, säulengetragenen Tempel mit kielbogenförmigen Fenstern und grünen Scheiben ab: Judas, in gelbem Gewand und mit roten Haaren dargestellt, erscheint in heftiger Bewegung und bringt vier Priestern die Silberlinge zurück. Die Priester sind in lange, braune, rote und grüne Gewänder mit großem Schulterkragen und Hermelin-Pelzbesatz gekleidet. Der rechte Teil des Bildes zeigt den toten Judas, der sich an einem Baum erhängt hat; ein kleiner schwarzer Teufel reißt ihm aus dem geplatzten Leib die Seele heraus. Über dem Bild stehen in einem Band die Worte in gotischer Textura: „ Da·kam·judas·zu·den· ... und·sprach·er·hat ·unrecht·getan·an·dem· ... da·sprached·sy". Das letzte Bild zeigt Jesus vor Pilatus in einer Simultandarstellung mit der Überschrift: „Da·fragend·pilatus·unsser·here·fil·do·sprach·unsser·her · ich·bin·kumen·in·die·wel·dz·ich ..." Zu ergänzen ist wohl nach Joh 18, 37: „für die Wahrheit Zeugnis ablege". Der linke Teil des Bildes zeigt Jesus und Pilatus nebeneinander, diesen mit rotem Helm, rotem Mantel und Zepter; sie führen offenbar das in der Überschrift angegebene Gespräch. Im rechten Teil liefert Pilatus Jesus den Hohenpriestern aus, Jesus blickt schmerzlich bewegt zurück. Die Szenen spielen sich vor dem Prätorium des Pilatus ab, das mit runden Ecktürmchen und einem vorspringenden Erker gekennzeichnet ist. Die einzelnen Bilder sind waagerecht durch Schriftbänder, senkrecht durch schablonierte Wandleisten aus gereihten schwarzen Punkten und kleinen Dreiecken in ihren Zwickeln getrennt. Der Maler hat das Wesentliche der Ereignisse anschaulich wiedergegeben und die Figuren in voller Aktion mit lebendigen Gebärden, die ihre Gemütsbewegung zeigen, gestaltet. Die Falten ihrer Gewänder zeigen keine Schwünge, sie verlaufen vielmehr in einfachen gleichförmigen Röhren. Die bestimmende Technik des Malers war die Verwendung der Farbe mit hellen und dunklen Tonwerten; dabei modellierte er die Schatten zusätzlich durch parallele Strichlagen. Zu den Architekturen hat er die Figuren nicht in ein richtiges Größenverhältnis bringen können. Die Bilder haben den Charakter von Tafelbildern. Bei der Suche nach einer Entsprechung in der Tafelmalerei stößt man auf die vier Bilder aus dem Marienleben, die einst die Flügel eines kleinen, ursprünglich im Ulmer Wengen-Kloster stehenden Marienaltares bildeten.[1] Ähnlichkeiten in beiden Bilderfolgen sind mehrfach vorhanden: im Gastmahl von Betanien das Tischtuch mit seinen Falten im überhängenden Teil und die Tischtücher auf den Altären der Tafelbilder; der Bottich vor dem Tisch in Betanien und der im Tafelbild der Geburt; die Bodenfliesen auf beiden Bildern; bei der Aussendung der zwei Jünger der halbkugelartige Hügel und ähnliche runde Kuppen im Bild der Goldenen Pforte; die parallel gezeichneten Finger auf den Wandbildern und die der hl. Anna beim Tempelgang Mariens; im Bild des Judas, der die Silberlinge zurückbringt, die Hermelin-Pelzbesätze der Priestermäntel und ebensolche Besätze beim Tempelgang; die hauptsächlich senkrecht verlaufenden Röhrenfalten; schließlich die Betonung der Gewandschatten durch parallele Strichelungen[2], z. B. bei der Aussendung von zwei Jüngern auf den Mänteln von Petrus und Johannes, bei der Verleugnung durch Petrus auf

[1] Abbildungen in: Stange VIII, Abb. 32, 33.

[2] Für die Tafelbilder: Stange VIII, S. 19.

dem Mantel von Johannes, beim Judasbild auf dem Gewand des Judas. Die Ähnlichkeiten sind insgesamt erheblich. Sollten die Wandbilder von dem Tafelmaler stammen? Den Meister der Tafelbilder hat Alfred Stange in Ludwig Schongauer, dem Bruder von Martin, gesehen und ihm auch die Holzschnitte in der im Jahre 1473 in Ulm erschienenen Übersetzung von Boccaccio[3] zugeschrieben.[4] Demgegenüber hat Bruno Bushart die Ansicht vertreten, die Tafelbilder des Marienaltares und die Holzschnitte stammten zwar von einer Hand, aber nicht von Ludwig Schongauer.[5] Die Biberacher Wandbilder kann man vielleicht in die Zeit um 1470 datieren.

Die Ostwand der ehemaligen Friedhofskapelle trug einst über dem Chorbogen ein großes Wandbild des Jüngsten Gerichts. Seine ganz geringen Reste befinden sich jetzt in einem Nebenraum. Zu erkennen sind noch mehrere Gräber, aus denen sich Tote mit Gebärden des Erschreckens erheben. Am linken Rand ist ein roter Gewandteil übriggeblieben, der wohl zu einem Michael mit der Seelenwaage gehört hat. Im unteren Bereich öffnet sich die Hölle. Aus ihr treten groteske braune Teufelsgestalten in heftiger Bewegung hervor. Der eine mit zottigem Fell und tierartigem Kopf ist gerade dabei, mit einer „Morgenstern"-Keule auf seine Opfer einzuschlagen, ein anderer mit einem Einhorn auf dem Schädel, riesigen Tierohren und Fledermausflügeln stößt grinsend mit einer wohl glühenden Stange auf Verdammte ein. Bemerkenswert ist an diesem Dämon, daß er an der Brust eine weitere Teufelsfratze hat, die wie ein Katzengesicht, allerdings mit zwei Hauern, aussieht. Die Art, weitere Fratzen am Teufelskörper anzubringen, erinnert an die Teufelsdarstellungen in Feldstetten und Veringendorf. Es ist schwierig, aus den geringen Resten des Bildes auf eine Datierung zu schließen; vielleicht ist es im zeitlichen Zusammenhang mit dem Passionzyklus, also um 1470, entstanden. Der Maler dürfte aber ein anderer gewesen sein.

In der Nikolaikirche zu ***Isny im Allgäu*** (Lkr. Ravensburg) befindet sich über der Sakristei eine Prädikantenbibliothek. Ihre Anfänge liegen in der zweiten Hälfte des 15. Jahrhunderts. Nach Dokumenten sah man 1465 ein Gewölbe für die Bücher als notwendig an. Das danach gebaute Kreuzrippengewölbe ist mit dunkelgrünen Ranken auf hellgrünem Grund ausgemalt, dazwischen mit Halbfiguren der vier großen lateinischen Kirchenväter Ambrosius, Augustinus, Hieronymus und Gregor in Rundmedaillons zusammen mit den Evangelistensymbolen, gleichfalls in Rundmedaillons. Die Gelehrsamkeit der Kirchenväter, die Bücher in den Händen halten, sollte wohl den Prädikanten Vorbild sein. Die Fenstergewände enthalten Bilder von Christus und Maria. Die Malerei ist die einzige mittelalterliche Ausmalung einer Bibliothek in unserem Bereich. Sie ist teilweise durch Bücherregale verstellt. Man wird sie in die Zeit um 1470 datieren können.

---

[3] Einige Abbildungen in: Ernst Weil: Der Ulmer Holzschnitt im 15. Jahrhundert. Berlin 1923, Abb. 7–10.

[4] Stange VIII, S. 18.

[5] Studien zur altschwäbischen Malerei, S. 142.

74 Ravensburg, Stadtkirche, ehem. Kirche des Karmeliterklosters. Gregoriusmesse. Um 1470.

Die schon mehrfach erwähnte Stadtkirche, ehemals Karmeliterklosterkirche, in ***Ravensburg*** erhielt im späteren 15. Jahrhundert an der Südseite des Chores ihr qualität-
74 vollstes Wandbild. Es stellt die Gregoriusmesse dar: Christus erscheint als Schmerzensmann auf dem Altar vor Papst Gregor I. bei der Feier der Eucharistie. Das Bild ist der linke Teil einer Gesamtdarstellung um eine (heute leere) Wandnische, in der früher wohl ein Andachtsbild stand. Die Nische ist von einer gemalten, spätgotischen Rahmenarchitektur mit zwei Pfeilern und Kielbögen, darüber Fialen, eingefaßt. Im rechten Teil kniet der Stifter in einem langen Gewand mit Pelzbesatz; nach dem beigefügten Wappen mit Deckelbecher ist er als ein Mitglied der Patrizierfamilie Besserer zu erkennen.[1] Auf dem Bild der Gregoriusmesse erscheint Christus in Halbfigur in einem schräggestellten Sar-

---

[1] Nach Schnell, Kunstführer Nr. 1467: Evangelische Stadtkirche Ravensburg. 1984, S. 10.

kophag, der auf dem Altar steht, mit erhobenen Armen seine Wunden weisend und umgeben von einigen arma Christi. Der Papst hat eine Hostie in der Hand, vom Kelch erstreckt sich ein Blutstrahl auf einen jungen Priester. Hinter Gregor kniet sein Gefolge aus Kardinälen, Bischöfen und Priestern in roten, blauen und dunkelgrünen liturgischen Gewändern, in der Tür stehen einige Bürger. Die Szene spielt sich in einem Kirchenraum ab, der mit Diensten, Kreuzrippengewölbe, rundbogigen Fenstern und einer Skulptur an der Wand wiedergegeben ist und sich nach hinten stark verjüngt. Man blickt von einem hohen Punkt in ihn hinein. Das Bild ist durch Streifen, oben rundbogig, gerahmt. Es vermittelt den Eindruck eines Tafelbildes. Die Frage nach der Entstehung der Gregoriusmesse läßt sich nicht beantworten: „Quellen, die eine Entstehung der Darstellung ... eindeutig beweisen, sind nicht bekannt ... Von einer Erscheinung des Gekreuzigten vor Gregor beim Meßopfer wird in einem französischen Stundenbuch (15. Jahrhundert) berichtet.“[2]

Von geringerem Wert als dieses Bild sind die Fragmente einer Kreuztragung Christi an der rechten Seite der östlichen Chorwand. Die Körperdrehung Christi ist unorganisch, er erscheint nicht wie unter der drückenden Last des Kreuzes.

An der nördlichen Chorseite über dem Eingang zur Gesellschafts-Kapelle ist das gleiche Thema dargestellt wie an der Südwand des Langhauses von St. Jodok in Überlingen: das Bild eines „Volto santo“.[3] Es zeigt Christus mit Kreuznimbus, Brustkreuz, mit ausgebreiteten Armen am Kreuze schwebend, bekleidet mit einer Ärmeltunica und einem goldfarbenen Gürtel, von dem ein langes Ende vor dem Leib herabhängt. Links unterhalb von ihm sind Reste des Bildes eines Spielmanns zu sehen. Mit dem Thema des Volto santo war die Geigerlegende in Zusammenhang gebracht worden: Christus schenkt einem geigenden Spielmann einen seiner Schuhe aus Edelmetall.[4]

Im Langhaus befindet sich auf der Nordseite über dem zweiten Pfeiler (von Osten) auf dem Kapitell zwischen den Arkadenbögen das launige Bild eines kleinen gebückten Mannes in roter Bekleidung; er hatte früher den Schalldeckel der an dieser Stelle stehenden Kanzel mit beiden Händen zu „halten“. Die Grisaillemalerei von „Krabben“ über den Arkadenbögen erinnert an die scheinplastischen Einfassungen der Fenster in Eriskirch.

Die erörterten Malereien kann man etwa in die Zeit um 1470 datieren.

Die kleine Kapelle St. Leonhard in ***Gaisbeuren*** (Stadt Bad Waldsee, Lkr. Ravensburg) stammt aus dem 12. Jahrhundert. An der Nordseite des Rechteckschiffes wurden Reste einer Bilderfolge der Passion Christi freigelegt. Die Folge besteht aus drei Reihen mit je drei Bildern, von denen die östlichen durch eine Fensternische fast zur Hälfte zerstört sind, ebenso die ehemals dort anschließenden Bilder. Erhalten sind die Darstellungen mit den Themen: Einzug in Jerusalem, Abendmahl, Ölbergszene, Christus wird von

[2] LCI 2, Sp. 199.
[3] Nicht: „St. Kümmernis“. So: Wie Anm. 1, S. 11.
[4] LCI 4, Sp. 472.

Pilatus zur Schau gestellt, Kreuztragung, Entkleidung Christi, Grablegung, Auferstehung; das letzte Bild ist zerstört. Die Bilder entsprechen in Komposition und Ausführung den überlieferten Formen. Bemerkenswert ist das Abendmahlsbild; hier hatte der Maler Schwierigkeiten, die Nimben der ganz oder teilweise mit dem Rücken zum Betrachter sitzenden Jünger darzustellen: bei drei schräg Sitzenden schwebt der Nimbus rund, also perspektivisch unverkürzt, hinter den Köpfen, bei einem Jünger, der mit dem Rücken zum Betrachter sitzt, ist er vor das Gesicht gesetzt. Das „Ecce-homo"-Bild entspricht dem Typus, der sich im späten 15. Jahrhundert gebildet hatte: Christus erscheint entblößt und mit einem zum Spott umgehängten Purpurmantel (die Farbe ist wohl nachgedunkelt). Das Thema der Entkleidung Christi kommt in unserem Gebiet selten vor. Die Darstellungen haben zum großen Teil ihre Binnenzeichnungen und Farben verloren. Die perspektivisch gemalte Rahmung mit rostroten Leisten soll wohl den Eindruck erwecken, es handle sich um Tafelbilder. In ihrer naiven, aber ausdrucksvollen Bildsprache ist der Zyklus ein typisches Beispiel für die Ausmalung dörflicher Kirchen und Kapellen. Man kann sie wohl etwa in die Zeit um 1470 datieren.

XXXIX Das riesige Wandbild eines Weltgerichts über dem Triumphbogen des ***Ulmer Münsters*** zieht sogleich den Blick des eintretenden Besuchers auf sich. Drohend, aber auch voll Verheißung, mahnt es den Betrachter an die Endzeit mit dem Schicksal des einzelnen Menschen und der Welt. Es ist auf die große Ostwand des Langhauses, die durch das Zusammentreffen des hohen Gewölbes im Mittelschiff mit dem wesentlich niedrigeren des Chores entstanden war, gemalt. Die Ostwand wurde etwa in der Mitte waagerecht geteilt und der obere Teil durch zwei große Blendfenster und zwei kleinere Öffnungen gegliedert; der untere Teil von den Sohlbänken der Blendfenster an über dem Triumphbogen und in den Zwickeln zu beiden Seiten bis hinunter in die Höhe der Chorbogenkapitelle wurde zum Träger des Bildes, das dort offensichtlich zur Ausfüllung dieser Fläche (145 m^2, von den Zwickeln an 17,7 m hoch und 14,5 m breit) von Anfang an geplant war. Die Komposition des Bildes ist der Wand, die in der unteren Partie durch den erhöhten Spitzbogen geteilt ist, in vollendeter Weise angepaßt.

Zuoberst thront – über den Bildrand hinaufreichend – Christus als Richter in dem dramatischen Weltgeschehen. Sein Oberkörper ist entblößt und er weist seine Handwundmale vor; das Gewand ist purpurrot. Er ist umgeben von einer goldgelben Lichthülle in Form einer Mandorla mit den Sphärenfarben Rot, Gelb, Blau und thront auf einem Regenbogen aus den gleichen Farben. Der Kopf ist leicht nach rechts geneigt, der rechte Arm segnend erhoben, der linke weist nach unten zur Verurteilung der Verdammten. Die Füße ruhen auf der Erdkugel. Um ihn ist ein Spruchband gelegt mit den Worten: „Venite benedicti patris mei" (Kommt ihr Gesegneten meines Vaters, Mt 25, 34). Unter ihm ist der himmlische Bereich vor azurblauem Hintergrund in drei Zonen gegliedert. In der ersten Zone knien zu seinen Füßen links Maria, gekrönt und mit fürbittend erhobenen Händen, rechts Johannes d. T. Seitwärts von ihnen sitzen je sechs Apostel als Beisitzer des Gerichts auf schräg zur Mitte gestellten Bänken mit ihren Attributen: links (von Christus) Petrus mit Schlüssel, von ihm ausgehend der Spruch: „iudicia tua manifesta" (Deine gerechten Taten sind offenbar geworden, Apk 15, 4), Matthäus mit Schwert, Geldbeutel und Buch, Simon mit Säge, Philippus mit einem T-förmigen Kreuz, Thomas mit Lanze, Jakobus der Ältere mit Schwert; rechts Andreas mit X-förmigem Kreuz und Buch, über ihm die Worte: „Salus deo nostro ... Appoc ... septimo (Heil unserem Gott, Apk 7, 10) „Advenit tempus reddere mercedem. AppX. . .“ (Es kommt die Zeit, den Lohn zu geben, Apk 10), Johannes mit Kelch und Buch, Paulus mit Buch und Schwert, Bartholomäus mit Messer, Jakobus der Jüngere mit Walkerstange und Buch, Matthias mit Hellebarde. Hinter den Aposteln in den dreieckigen Räumen, die durch die Schrägstellung der Apostelreihen entstanden sind, drängen sich die Propheten und Patriarchen des Alten Bundes mit phantasievollen Kopfbedeckungen, links z. B. Moses mit Hörnern, der die zehn Gebote an den Fingern herzählt, um ihn die Worte: „Hono(r) beneficio deo nostro“ (Ehre sei unserem gütigen Gott).

In der mittleren Zone des himmlischen Bereichs, kompositorisch ein stumpfwinkliges Dreieck mit der Spitze nach oben, sind drei Gruppen von je sieben Märtyrern untergebracht: in der Mitte heilige Frauen, links und rechts männliche Heilige. An der Spitze der mittleren Gruppe sitzt die hl. Agnes, sie liest im Evangelienbuch und weist auf das zu ihren Füßen stehende Lamm als Sinnbild der Menschwerdung Gottes. Neben ihr erscheinen die Heiligen Dorothea mit Körbchen, Katharina mit Schwert und Krone, Barbara mit Kelch und Hostie, Ursula mit Krone und Pfeil (?) sowie dazwischen zwei weitere nicht näher zu deutende Heilige. In der Gruppe links sitzt ein heiliger Papst mit Tiara sowie Buch und Schwert, neben ihm knien Stephanus mit Steinen in den Händen, Georg mit Schwert und Schild, Sebastian mit Pfeil, hinter ihnen drei weitere Heilige. In der rechten Gruppe sind ein weiterer Papst mit Tiara und Kreuzstab, ein Bischof, ein Ordensgeistlicher, Nikolaus von Myra als Bischof mit drei goldenen Kugeln in den Händen, dazwischen drei weitere Heilige untergebracht. Außen in den spitzen Winkeln des Dreiecks haben Engel ihren Platz. Von hier an trennt der Triumphbogen die Darstellungen des Bildes. In der nach unten folgenden Himmelszone schweben über der Erde sieben Engel herab; sie verkünden mit ihren Trompeten den Anbruch des „Jüngsten Gerichts“, auf den auch die von ihnen entrollten Spruchbänder hinweisen, auf der Seite der Seligen mit den Worten: „Ecce dominus venit“ (Siehe der Herr kommt), „omnes san(cti) an(geli) cum eo“ (alle heiligen Engel mit ihm, Mt 25, 31); auf der Seite der Verdammten: „Justum iudicium“ (Gerecht ist das Gericht), „surgite mortui“ (Steht auf, ihr Toten), „sepa(ra)te vos impii“ (Hinweg ihr Gottlosen), „Tempus amplius non erit“ (Viel Zeit wird nicht mehr sein). Unter den Trompeten erheben sich die Toten aus ihren Gräbern in „Auferstehungsleibern“. In den Zwickeln darunter ziehen links in einer dichten Schar die nackten Gestalten der Seligen aus der Tiefe kommend zum Himmelstor, von wo andere schon auf einer Wendeltreppe zum Himmel emporsteigen. Auf der anderen Seite des Triumphbogens herrscht Schrecken und Entsetzen; denn in einem fürchterlichen Höllensturz zieht es die nackten Verdammten, von grausigen Teufeln gepackt, in turbulentem Fall in die Tiefe der Hölle: ein Betrüger mit seiner falschen Waage, ein Quacksalber mit Uringlas, ein Schlemmer mit einer Schüssel, auf der ein Schweinskopf liegt, ein Liebespaar, ein Kardinal, ein Papst, ein Kaiser mit der Kaiserin, ein Mönch mit Beutel, Falschspieler mit Brettspiel, Würfeln und Spielkarten, und unten erwartet sie der Höllenrachen mit nach oben gerichteten Hauzähnen.

Das Bild erscheint in frischer Farbigkeit von überwiegend originalem Bestand[1]; in harmonischer Abwechslung tragen die Figuren rote, blaue, ockerfarbene, weiße Gewänder. Die Inschriften sind in gotischer Textura gemalt. Das Werk unterscheidet sich von anderen Weltgerichtsdarstellungen in unserem Gebiet inhaltlich dadurch, daß hinter den Apostelbeisitzern auch die Propheten und Erzväter erscheinen. Auch durch ein weiteres Motiv, das sich sonst nicht findet, ist es einzigartig: es läßt die Verdammten in dramatischem Sturz in die Hölle hinunterfallen. Daß dabei auch ein Papst, ein Kardinal, ein Kaiser mit Kaiserin in die Hölle fahren, zeigt unverhüllte Kritik an kirchlichen und sozialen Verhältnissen der Zeit. Andererseits fehlen dem Bild Motive, die sich auf anderen Darstellungen des Themas finden, z. B. das Kreuz als Majestassymbol, das sonst eine zentrale Rolle im Weltgerichtsbild hat und gleichsam als Legitimation des Weltenrichters angesehen wurde, ferner Engel, welche die Seligen von den Verdammten trennen, und der Erzengel Michael mit der Seelenwaage, der wegen des Triumphbogens nicht untergebracht werden konnte. Die Anzahl „sieben“ bei den drei Gruppen von Heiligen und den Trompeten blasenden Engeln haben die geistlichen Initiatoren des Bildes mit Bedacht gewählt; denn diese Zahl ist religionsgeschichtlich bedeutsam: sie findet sich in einer Reihe von Textstellen der Bibel, z. B. im Alten Testament: Gen 2, 3; Ex 24, 16; Jos 6, 1–16; Gen 4, 15, 24 – im Neuen Testament: Mt 6, 9–13; 15, 37; Apg 6, 5, ferner in der christlichen Literatur des Mittelalters und in selbständigen Bildmotiven und -gruppen wie „der siebenarmige Leuchter, die sieben Augen Gottes“ u. ä.[2]

Die Ulmer Bildschöpfung nimmt in ihrer Monumentalität, in ihren Ausmaßen mit 180–184 Figuren, ihrer den Betrachter bewegenden Schilderung der Eschatologie und der meisterhaften Komposition einen herausragenden künstlerischen Rang ein. Die Meisterschaft der Komposition zeigt sich nicht so sehr in den Himmelszonen als in der Bewältigung der grundverschiedenen Vorgänge auf der Seligen- und der Verdammten-Seite links und rechts vom Triumphbogen in den vorgegebenen Zwickeln. Während sich für den Höllensturz in die Tiefe der Raum als günstig erwies, erforderte das Heranziehen der Seligen in dem gleichgeformten Raum eine ganz andere Komposition: sie ziehen aus der Tiefe des Raumes, die durch ein Übereinander der Köpfe angedeutet ist, nach dem Vordergrund, der in den tiefsten Punkt des Zwickels gelegt ist; von hier aus steigen sie auf einer Wendeltreppe, die mit dem Aufbau des Sakramentshauses korrespondiert, hinauf in den Himmel. Der hohe Rang des Bildes zeigt sich auch in der vollendeten Beherrschung der Darstellung nackter Körper, und zwar in den verschiedensten Stellungen, besonders beim Höllensturz, ferner in der individuellen Gestaltung der Gesichter aller Figuren.

Für die Datierung des Werkes kann man folgendes in Betracht ziehen: An der Ostwand wurde mindestens noch im Jahre 1469 gearbeitet; denn in diesem Jahr verpflichtete sich der Baumeister Moritz Ensinger, „innerhalb der nächsten zwei Jahre das Fensterwerk im Hochmünster, den Giebel an dessen Ostende sowie das Gewölbe ganz zu

[1] Mitteilung von Münsterbaumeister Lorenz v. 29. 6. 1987.

[2] Nach LCI 4, Sp. 154 ff.

beschließen."[3] Vorher war die Arbeit an dem Bild unter dem Giebel sicherlich nicht möglich. Rechts unterhalb des Bildes ist die Jahreszahl 1471 gemalt; diese Zahl dürfte die Vollendung des Werkes anzeigen. Dies könnte bedeuten, daß das Bild in weniger als drei Jahren – von 1469–1471 – geschaffen worden ist. Dabei wird jedoch zu berücksichtigen sein, daß die Entwürfe, da die Maße bekannt waren, wohl schon vorher in der Werkstatt des Meisters erarbeitet worden waren. Für die Arbeit dienten dem Meister und seinen Gehilfen die für die Ostwand und das Gewölbe des Mittelschiffes aufgestellten Gerüste.

Wer aber war der Meister? Von ihm wurden bisher keinerlei Urkunden gefunden. Man hat auf Friedrich Herlin und Hans Schüchlin[4] geschlossen, Friedrich Haack[5] und Rudolf Pfleiderer[6] haben einer solchen Zuschreibung widersprochen; Alfred Stange hat es für möglich gehalten, daß das Bild von Schüchlin stammt.[7] Hier soll versuchsweise ein neuer Gedanke zur Meisterschaft geäußert werden: Könnte nicht der Maler der Flügelbilder[8] des aus der Werkstatt von Hans Multscher stammenden Sterzinger Marienaltars (1456–1459) der leitende Meister des Bildes gewesen sein? Dieser Maler war Schüler und Gehilfe Multschers und wesentlich jünger als er.[9] Hans Multscher war im Jahre 1467 gestorben. Man könnte sich vorstellen, daß der „ehrenvollste Auftrag, den sie (die Stadt Ulm) zu vergeben hatte"[10], schon vor seinem Tode an die Multscher-Werkstatt ergangen war. Es ist wohl kaum denkbar, daß diese Werkstatt bei der Auftragserteilung übergangen wurde. Dort könnte der Gehilfe Multschers, der zehn Jahre vorher die Sterzinger Tafeln gemalt hatte, die Entwürfe für das Wandbild, vielleicht sogar noch unter dem Einfluß Multschers, geschaffen haben. Nach dessen Tode könnte dann in den Jahren 1469–1471 das Bild im Münster gemalt worden sein. Das Menschenbild in den Sterzinger Tafeln erscheint mit dem des Wandbildes vergleichbar. Der künstlerische Rang beider Werke ist gleich hoch.

So wie die Wandbilder aus der ehemaligen Kapelle St.Bernhard in Münzdorf und aus der Kirche, früher St. Stephan, in Gruorn abgenommen und anderweitig aufgestellt wurden, hat auch ein Wandbild aus der Kirche des Barfüßerklosters in ***Ulm*** seinen Platz verlassen müssen. Es war ursprünglich in eine spitzbogige Nische an der Ostseite des nördlichen Seitenschiffes gemalt. Das Kloster, im Jahre 1348 nach einem Brand wieder aufgebaut, wurde 1875 abgebrochen. Vorher war das Bild in die Valentins-Kapelle auf dem südlichen Münsterplatz verbracht worden. Von dort kam es im Jahre 1984 in die

---

[3] Reinhard Wortmann: Das Ulmer Münster. Stuttgart, 2. Aufl. 1981, S. 20.
[4] H. Merz, W. Lübke: Das neu hergestellte große Jüngste Gericht im Münster. In: Münsterblätter 3 u. 4, Ulm 1883, S. 109 ff., 119 ff.
[5] In: Friedrich Herlin: Straßburg 1900, S. 63.
[6] In: Münsterbuch. Ulm 1907, S. 55 ff.
[7] Stange VIII, S. 15.
[8] Abbildungen in: Manfred Tripps: Hans Multscher, Abb. 241–248.
[9] ebd., S. 127.
[10] Wie Anm. 5, S. 63.

frühere Dreifaltigkeitskirche, jetzt Haus der Begegnung, in Ulm. Hier wurde es in die Südwand des Chores eingelassen.

Dargestellt ist die Taufe Jesu. Entkleidet im Wasser des Jordan stehend wird Jesus von
XL Johannes dem Täufer mit einer Kanne durch Begießen des Hauptes getauft. „Der Wechsel des Taufritus im frühen 14. Jahrhundert vom Eintauchen des Täuflings zum Begießen aus einer Schale, Muschel, später auch Kanne spiegelt sich unmittelbar in der Kunst."[1] Über Jesus schwebt die Taube des Heiligen Geistes in den von Gottvater, der im Zenit des Himmels erscheint, ausgehenden Strahlen (Mt 3, 13–17; Mk 1, 9–11; Lk 3, 21–22; Joh 1, 29–34). Durch diese Theophanie werden die Worte der Evangelisten vergegenwärtigt: „Das ist mein geliebter Sohn, an dem ich Gefallen gefunden habe." Hinter Jesus und Johannes stehen drei Engel, von denen der rechte das violettfarbene Gewand Jesu bereithält. Von beiden Seiten kommen Kranke, Gebrechliche, Alte und Junge zu der Gruppe heran: Links schleppt sich eine alte Frau auf Händen und Knien mit Handkrücken heran, eine andere badet Hände und Füße im Wasser, ein weiterer streift sich das Gewand über den Kopf, rechts kommen weitere Gestalten, eine Frau mit einem Kind im Arm und einem anderen auf den Schultern, im Vordergrund ein Blinder, der an einem Stab geleitet wird. Oberhalb der Szene steht – nach der seitlichen Inschrift – Naaman, der Feldherr des Königs von Aram, ebenfalls im Wasser des Jordan; ihn, der am Aussatz erkrankt war, hatte der Prophet Elischa geheißen, sich siebenmal im Jordan zu waschen (2 Kön 5, 10 ff.). Am Ufer rechts hält ein Knecht sein prächtiges, rotes, mit Blumenornamenten geschmücktes Gewand; eine zu ihm gehörige Gruppe mit phantastischen Kopfbedeckungen und farbigen Gewändern, voran ein Mann mit Schwert, treten zu dem Vorgang heran. Die Heilung Naamans vom Aussatz durch das Wasser des Jordan ist eines der Beispiele aus dem Alten Testament für die typologische Beziehung zur Taufe Jesu. Die Inschrift auf der Tafel neben Naaman lautet: „Naaman lavit se in Jordane sepcies juxta sermonem Helye et mundatus est – 4. Reg. 5." Im Hintergrund weitet sich eine Landschaft mit Bäumen unter einem düsteren, dunkelblauen, von Wolken verhangenen Himmel, der aber in der Höhe von der Lichterscheinung um Gottvater erhellt wird.

Das Bild ist gut in den vorgegebenen Spitzbogen komponiert, die formale Mitte ist Jesus und der Vorgang der Taufe. Um diese Mitte erstreckt sich eine Landschaft, in die man von einem hohen Punkt „hineinsieht". Durch eine größere Zahl von Figuren unterscheidet sich das Bild von vielen anderen Darstellungen dieses Themas. Das einzige Vergleichsbeispiel in unserem Gebiet in der Erhardkapelle zu Trochtelfingen ist mit nur drei Figuren gestaltet: Jesus, Johannes und einem Engel; es ist allerdings viel kleiner. Der Jordan des Ulmer Bildes ist nur als schwaches Rinnsal angedeutet. Der Maler dürfte aus einer Ulmer Werkstatt gekommen sein. Man denkt an einen Vergleich mit dem Weltgerichtsbild im Münster. Der künstlerische Rang dieser Darstellung wird aber im Tauf-Bild nicht erreicht. Als Zeit der Entstehung kann man wohl das Jahrzehnt 1470–1480 annehmen.

---

[1] LCI 4, Sp. 250.

XXXVII. *Rottenburg a. N., Stiftskirche St. Mauritius (St.-Moriz-Kirche). Ankunft der Reliquien des Kirchenpatrons. 1460/70.*

XXXVIII. *Biberach/Riß, ehem. Friedhofskapelle, später Mesnerhaus, jetzt Gemeindehaus. Aussendung von zwei Jüngern zur Vorbereitung des Paschamahls. Um 1470.*

XXXIX. Ulm, Münster. Weltgericht. Um 1470.

XL. *Ulm, ehem. Dreifaltigkeitskirche, jetzt Haus d. Begegnung. Taufe Jesu. 1470–1480.*

XLI. Upfingen, Marienkirche. Fürbitte Christi und Mariens vor dem zürnenden Gottvater. 1475/76.

XLII. Upfingen, Marienkirche. Der seine Wunden weisende Christus (Ausschnitt von XLI). 1475/76.

XLIII. Trochtelfingen, Kirche St. Martin. Weltgericht. Um 1480.

XLIV. Hermentingen, Kirche St. Gallus. Abendmahl. Um 1490.

XLV. *Blaubeuren, Stadtkirche ehem. St. Marien. Kreuzallegorie. Um 1500.*

XLVI. *Engstlatt, Kirche ehem. St. Petrus. Kreuzigungsgruppe. Um 1500.*

Die Marienkirche in ***Upfingen*** (Gem. St. Johann, Lkr. Reutlingen) besitzt an der Nordwand des Chorjoches ein großes Wandbild[1], das bis in den Schildbogen hinauf- *XLI* reicht.

Es ist in drei Zonen gegliedert. In der oberen erscheint Gottvater in einer Wolke und spannt einen Bogen, mit dem er einen Krankheitspfeil auf die sündigen Menschen auf der Erde hinabschießen will; zwei Engel neben ihm halten seinen wehenden purpurroten Mantel. Darunter zeigen vor gelbrotem Himmel vier Engel Leidenswerkzeuge der Passion Christi: die Geißeln, das Kreuz, die Lanze, den Stab mit Schwamm und die Geißelsäule mit dem Hahn darauf. Durch eine ornamentierte Linie abgetrennt folgt nach unten die mittlere Zone. Dort steht im rechten Teil vor dunkelblauem Himmel Christus *XLII* als Schmerzensmann. Sein Haupt ist von einem goldgelben Nimbus umgeben; er richtet seinen Blick nach oben auf Gottvater. Sein Oberkörper ist entblößt, mit der einen Hand weist er auf sein Wundmal in der Seite, die andere erhebt er nach oben und zeigt ihre Wunde. Links von ihm und mehr in die Mitte der Bildzone gerückt steht eine Gestalt, so groß wie Christus und mit einem ebenso großen Heiligenschein, in einem weiten, ockergelben Gewand, das bis hinunter zur unteren Zone reicht. Sie erhebt beide Hände mit bittender Gebärde vor der Brust empor. Neben ihrem Haupt schweben vier Engel, je zwei links und rechts, in gleicher Reihe. Über die Schultern der Gestalt legen sich helle Partien eines Kleidungsstückes. Der übrige Raum der mittleren Zone ist fast ganz zerstört, offenbar durch Abschaben und Abkratzen sowie durch den Einbau einer Empore, die jetzt entfernt ist, von der aber die Spur eines Balkens längs der Wand noch deutlich zu erkennen ist. In der unteren Region sind unmittelbar unter der Gestalt im ockergelben Gewand drei Stifterfiguren zu sehen, eine männliche und zwei weibliche. Von ihnen sind nur noch die Umrisse der Vorzeichnung vorhanden, die Ausmalung ist abgeschabt. Zu erkennen ist aber noch, daß von den beiden weiblichen Personen die linke eine junge, die rechte eine ältere Frau ist, ferner, daß die drei Figuren kniend dargestellt sind. Unterhalb der männlichen Gestalt ist in einem Halbrundschild das württembergische Grafenwappen mit den Hirschstangen und den Mömpelgarder Fischen relativ gut, auch in den Farben, erhalten, unter der jungen Frau in einem Schild der gleichen Form ein Wappenbild mit einem roten Kreuz auf weißem Grund. Der übrige Raum der unteren Zone ist zerstört, es sind nur noch vereinzelte Striche der Vorzeichnung zu sehen. Das gesamte Wandbild ist von einem breiten, roten Streifen eingerahmt. Die Vorzeichnung des Bildes hat die Besonderheit, daß ihre Linien mit einem Stichel in den Wandputz eingegraben sind.

Herbert Hoffmann[2] hat die in ihrer Größe markante Figur in der Mittelzone des Bildes als hl. Valentin, Patron gegen Epilepsie (Fallsucht), gedeutet, wenn auch mit der Einschränkung: „Gewißheit darüber, ob wirklich der hl. Valentin gemeint ist, wird kaum zu erlangen sein, doch spricht der Zusammenhang für diese Deutung.“ Zur Begründung

---

[1] Der folgende Abschnitt ist veröffentlicht in: Reutlinger General-Anzeiger v. 15. 2. 1988 und Reutlinger Geschichtsblätter N. F. 27, S. 15–26.

[2] Ein Wandgemälde der Schongauer Werkstatt in Upfingen. In: Nachrichtenbl. d. Denkmalpflege in Bad.-Württ. 3, 1960, S. 90–98.

hat er im wesentlichen ausgeführt: Der Kirche Unsere Liebe Frau zu Upfingen, nach einer Inschrift erbaut im Jahre 1448, sei besondere Hilfe in Fällen von Epilepsie zugeschrieben worden und es habe sich deshalb im 15. Jahrhundert eine Wallfahrt dorthin entwickelt. In der zweiten Hälfte des Jahrhunderts seien offenbar einige Mitglieder des Hauses Württemberg von dieser Krankheit befallen gewesen. Mit Bestimmtheit sei dies von Graf Ludwig II. (1439–1457), dem jung verstorbenen älteren Bruder von Graf Eberhard V. (im Barte) überliefert; ihm habe man im Jahre 1453 geraten, nach Upfingen zu wallfahrten, um dort Hilfe gegen die Fallsucht zu erlangen. Auch von den beiden Söhnen des Grafen Ulrich V. (Stuttgarter Linie) sei der eine, Heinrich (gest. 1519), geisteskrank gewesen, während der andere, Eberhard VI., wegen mangelnder Regierungsfähigkeit 1482 im Münsinger Vertrag auf die Herrschaft zugunsten seines Vetters Eberhard im Barte verzichtet habe.

Die Darlegung von Hoffmann über die Kirche in Upfingen geht wohl auf die „Beschreibung des Oberamts Urach" zurück, wo es heißt[3], es scheine, daß der Kirche eine gute Wirkung gegen Epilepsie zugeschrieben worden sei. Als Quelle hierfür wird auf ein Gelübde verwiesen[4], das dem Grafen Ludwig II. wegen seiner epileptischen Krankheit von Geistlichen und Ärzten angeraten worden war. In dem Gelübde wurde ihm aber nicht – wie Hoffmann schreibt – geraten, nach Upfingen zu wallfahrten, um dort Hilfe gegen seine Krankheit zu erlangen. Vielmehr sollte er „unser lieben frowen gen Upfingen sin Leptag all Jar ein opfer bringen oder schicken". Er sollte nach dem Gelübde auch „den hl. Valentin verehren, jedoch den hl. Valentin als Patron der Wallfahrtskirche und des Spitals für Epileptiker zu Rufach (Benediktiner-Priorat) im Elsaß".[5] Dieter Mertens schließt daraus[6]: „Den hl. Valentin und Upfingen miteinander in Verbindung zu bringen, gibt es keinerlei Grund, da im Zusammenhang mit Upfingen allein Maria, die Patronin dieser Kirche, angeführt wird." Zu der Frage einer Wallfahrt nach Upfingen führt er aus: „Da die in Upfingen und nicht anderswo zu verehrende Maria als Helferin gegen Krankheit in der Liste (des Gelübdes) der zu bedenkenden Stätten genannt wird, liegt die Vermutung nahe, daß im 15. Jahrhundert Upfingen ein Ort besonderer Marienverehrung gewesen sein dürfte; der Bau der Kirche und die Erhebung Upfingens zu einer selbständigen Pfarrei im Juli 1449 sind ja etwa gleichzeitig mit dem Gelübde Ludwigs II.; vielleicht wurde das der Uracher Residenz und der Grablege in Güterstein nahe gelegene Upfingen seitens der Uracher Linie der Württemberger besonders gefördert. Das Wappen am Eingang könnte darauf hindeuten. Auffällig sind auch Güterbewegungen in der ersten Hälfte des 15. Jahrhunderts zwischen Uracher Bürgern und dem Kirchenfonds von Upfingen."

---

[3] S. 721.

[4] Abgedruckt in: Christian Friderich Sattler: Geschichte des Herzogthums Würtenberg unter der Regierung der Graven; 2. Teil, 2. Aufl. Tübingen 1775, S. 148/149. (Mitteilung von Prof. Dr. Dieter Mertens, Univ. Tübingen, Institut f. geschichtl. Landeskunde u. histor. Hilfswissenschaften.)

[5] D. Mertens (Anm. 4).

[6] ebd.

Der Deutung der Gestalt in der Mittelzone des Bildes als hl. Valentin durch Hoffmann wird hier eine andere Interpretation entgegengestellt: Diese Figur stellt Maria dar. Für eine solche Deutung spricht zunächst, daß die Kirche „Unsere Liebe Frau zu Upfingen" der Maria geweiht war. Noch heute wird die Kirche „Evangelische Marienkirche" genannt. Auch die Komposition des Wandbildes weist der Gestalt eine höhere Bedeutung zu als sie der hl. Valentin hätte. Sie hat dieselbe Größe wie Christus; es entsprach mittelalterlicher Auffassung, daß durch äußere Größe innerhalb einer Bildkomposition der innere Rang einer Gestalt in der christlichen Heilsgeschichte zum Ausdruck komme. Außerdem ist die Figur hin zur Mitte des Bildes gerückt, was ihr zusammen mit dem weiten und langen Gewand eine beherrschende Stellung im Bilde gibt, die einem menschlichen Heiligen neben Christus nicht zugekommen wäre. Vor allem aber sind es Einzelheiten, die in der Gestalt Maria erkennen lassen. So kann man die Reste der Vorzeichnung einer Krone auf ihrem Haupte feststellen: deutlich sieht man den Reif um die Stirn, von dem noch zwei, teilweise drei Bögen vorhanden sind; nicht so deutlich, aber immerhin erkennbar, sind Ornamente des Kronen-Aufbaus zu sehen. In dem Heiligenschein sind vor dem äußeren Rand Reste eines Kreisbogens sichtbar; den Nimbus von Christus umgeben an entsprechender Stelle drei Bögen. Das ovalförmige Gesicht der Gestalt erscheint weiblich mit kleinem Mund und vollen Lippen, mandelförmigen Augen, geschwungenen Augenbrauen und langer Nase. Blondes Haar tritt unter dem Kronenreif hervor; man sieht davon nur noch schwache Reste der Vorzeichnung über dem Ohr links und an der Wange rechts. Es legte sich früher wohl auf beide Schultern; eine leichte gelbe Tönung ist jetzt noch zwischen den Linien der Vorzeichnung, welche die Schultern begrenzen, und den etwa parallel darüber verlaufenden Linien zu sehen. Es bleibt aber unklar, ob das Haar dort gemalt war oder auf den hellen Partien auf den Schultern.[7] Es drängt sich die Frage auf: Sind bei der Restaurierung im Jahre 1960 Spuren des Haares an beiden Seiten des Marienhauptes und auf den Schultern unbeachtet geblieben, um dem Aussehen eines männlichen Kopfes näherzukommen, wie es der Deutung der Figur als hl. Valentin durch Hoffmann entsprach? Eine nochmalige Restaurierung könnte dies vielleicht klären; sie könnte außerdem die Verbindung des Haares am Haupt mit dem auf den Schultern liegenden Haar wieder herstellen. Die Argumente von Hoffmann gegen eine Deutung der Gestalt als Maria[8] überzeugen nicht. Zunächst: dagegen spreche die Farbe des Gewandes Ocker. Diese Farbe, die jetzt ockergelb erscheint, wird ursprünglich zinnoberrot gewesen sein. Die jetzige Farbe dürfte nur der Rest der Untermalung sein. Das ganze Wandbild, das nach der Reformation mehr oder weniger abgeschabt, abgekratzt und übertüncht wurde, enthält wohl in der Hauptsache nur die farbigen Grundierungen[9], die oberen Farbschichten sind vernichtet worden, abgesehen

[7] Fotos über den Zustand des Bildes vor der Restaurierung sind nicht vorhanden, weder beim Landesdenkmalamt in Tübingen noch bei dem Restaurator des Bildes, H.-D. Ingenhoff, Tübingen.

[8] Wie Anm. 2, S. 97, Anm. 9.

[9] Vgl. Paul Philippot: Die Wandmalerei. Wien und München 1972, S. 71: „Die (gotische) Malerei wird mit einer ölhaltigen Grundierungsschicht und eventuell mit einem Zusatz von Ocker vorbereitet, ..."

vom Kopf des Schmerzensmannes, der – offenbar geschont – viel von seiner originalen Farbigkeit erhalten zu haben scheint. Von einem „Bartanflug" bei der Gestalt, wie Hoffmann meint, kann nicht die Rede sein; es handelt sich im Gesicht von Maria nur um Schmutzpartikel, so unter ihrem linken Auge, auf der Stirn und am Kinn. Daß nach Hoffmann ein Kopftuch erwartet werden müßte, ist hinfällig, Maria trägt eine Krone. Die hellen Partien auf den Schultern wirken heute isoliert und auf den ersten Blick nicht recht erklärlich. Damit wird jedoch ein falscher Eindruck vermittelt; denn sie sind die auf den Schultern liegenden Teile des weiten Mantels einer Schutzmantelmadonna, der verblaßt und bei der Restaurierung nicht beachtet worden ist. Er schwingt über den ganzen Bereich der Mittelzone unterhalb der vier Engel aus. Von diesen Engeln wird er gehalten; ohne einen Schutzmantel hätten sie keine Funktion in dem Bild. Von ihnen sind – wenn auch nur in schwachen und undeutlichen Linien – Hände zu erkennen, die den Mantel an seinen oberen Teilen erfassen. Unterhalb des äußeren Engels links neben Maria sieht man zwei parallele Linien, die denen am oberen Teil des Mantels von Gottvater ähnlich sind. Zwischen den Engeln verläuft der Mantelsaum nicht waagerecht, er ist vielmehr gerafft von den Händen der Engel. Von dem Engel neben Christus fällt der Mantelrand – nur noch schwach zu sehen – fast senkrecht nach unten. Ohne den weiten, ausschwingenden Mantel von Maria wären die Räume seitlich von ihr leer, die Komposition des Bildes wäre unbefriedigend. Der Mantel fällt über die Stifter und über sicherlich weitere Personen rechts und links von den Figuren, die aber wegen der Zerstörung der unteren Bildseiten nicht mehr zu erkennen sind. Es ist nur noch eine undeutliche Vorzeichnung von zwei Armen einer Figur rechts neben der Darstellung einer älteren Frau zu sehen, außerdem sind links von der männlichen Figur mehrere in den Putz eingegrabene Linien für Gewandfalten vorhanden, die bei der Restaurierung nicht nachgezogen worden sind.

Das Wandbild hat die „Interzession" (Fürbitte) von Christus und Maria vor dem zürnenden Gottvater zum Thema.[10] Dieser Bildertyp geht auf das Bilderbuch des Speculum humanae salvationis (Heilsspiegel) zurück, das um 1324 entstanden ist.[11] Dort erscheint neben der Maria mediatrix die Figur der Schutzmantelmadonna. Ein anderes Bild zeigt Christus als Schmerzensmann, wie er im Oransgestus vor dem thronenden Gottvater auf seine Wundmale deutet, während Maria ihrem sie segnenden Sohne Christus ihre bloße Brust vorweist. Abweichend von diesen Vorbildern wurden der Schmerzensmann und die Schutzmantelmadonna kombiniert und fürbittend nebeneinandergestellt, ohne das auffallende Motiv der ihre bloße Brust vorweisenden Maria und ohne Darstellung von Gottvater. Ein Beispiel für diesen Typus findet sich in der Kirche in Wangen-Oberwälden (Lkr. Göppingen).[12] Später – im 15. bis 16. Jahrhundert – entstand der Bildertyp der kombinierten Interzession mit dem Schmerzensmann und Maria, die ihre bloße Brust zeigt, unter dem zürnenden Gottvater, der im Begriff ist, Krankheitspfeile auf die sündigen Menschen hinabzuschießen. Dabei erfaßt er ein Bündel von Pfeilen, zumeist

[10] Hinweis von Prof. Dr. Jürgen Paul, Univ. Tübingen, Kunsthistor. Institut.
[11] Hierzu und zum folgenden: LCI 2, Sp. 346 ff.
[12] Abbildung in: Hummel: Wandmalereien im Kreis Göppingen, Abb. 6/7.

drei oder in der Dreizahl.[13] Die drei Pfeile richteten sich gegen die drei Laster luxuria, avaritia und superbia, welche Pest (oder plötzlichen Tod), Teuerung (oder Hunger) und Krieg verursachen sollten. Auch mit Schwert, Wurfspieß und Lanze in der Hand wurde Gott dargestellt. Der historische Hintergrund dieser Bilder – Pestbilder genannt – waren die schweren Pestepidemien, die in der Zeit von 1348 bis 1666 immer wieder die Menschen in Europa heimsuchten. Das Bild in Upfingen könnte ein solches Pestbild sein, zum allgemeinen Schutz der Gläubigen gegen die Pest oder den plötzlichen Tod und gegen sonstiges Unheil. Abweichend von den anderen Pestbildern ist aber das Motiv der ihre bloße Brust vorweisenden Maria weggelassen und durch eine bittende Gebärde ersetzt. Das Bild unterscheidet sich auch insofern von anderen Pestbildern, als Gottvater nur einen Pfeil auf den Bogen spannt.

Besser als die Annahme, es handle sich um ein Pestbild zum allgemeinen Schutz der Gläubigen, ließe sich die Hypothese vertreten, daß das Bild von den beiden unter Maria knienden Personen zum Schutz gegen eigene Krankheiten gestiftet worden ist. Denn hierfür könnte man historische Fakten anführen. Dargestellt sind sehr wahrscheinlich Graf Eberhard V. und seine Ehefrau Barbara Gonzaga aus Mantua. Eberhard ist ausgewiesen durch das unmittelbar unter ihm gemalte württembergische Grafenwappen mit den Hirschstangen und den Mömpelgarder Fischen. Daß er ohne Bart erscheint, kann darauf zurückgeführt werden, daß nur die Vorzeichnung erhalten ist. Im übrigen ist es unwahrscheinlich, daß Eberhard seit seiner Wallfahrt nach Jerusalem stets einen Bart getragen habe.[14] Für die Deutung der jungen Frau als Barbara Gonzaga, die Eberhard im Jahre 1474 als Achtzehnjährige geheiratet hatte, spricht, daß sie auf dem Bilde ebenso wie Eberhard unmittelbar über einem Wappen mit rotem Kreuz auf weißem Grund erscheint; von den für ein Wappen der Gonzaga fehlenden schwarzen Adlern in den vier Feldern können die schwarzen Farbpartikel in den Feldern stammen. Die Annahme von Hoffmann, bei der jungen Frau handle es sich um die Tochter von Eberhard und Barbara (die Frau rechts sei also Barbara Gonzaga), ist abzulehnen. Deren Tochter, ebenfalls mit Namen Barbara, wurde am 2. 8. 1475 in Urach geboren.[15] Nauklerus, der erste Kanzler der Tübinger Universität und mit Eberhard eng verbunden, schreibt, daß sie bald gestorben sei; es gibt aber kein Dokument über den Todestag. Wenn sie – wie Hoffmann nach dem Aussehen der Figur auf dem Bilde meint – 10 bis 14 Jahre alt geworden wäre, hätte man das Datum ihres Todes sicherlich überliefert. Das Schweigen der Dokumente ist wohl nur damit zu erklären, daß die Tochter als Kleinkind gestorben ist. Ein Motiv für die Stiftung des Bildes durch Eberhard und Barbara könnte man darin sehen, daß Eberhard selbst unter häufigen Krankheiten litt; er konsultierte zahlreiche Ärzte, sammelte medizinische Literatur und ließ sie übersetzen.[16] Ein weiterer Grund könnte eine Krankheit oder der frühe Tod des Kindes von Eberhard und Barbara gewesen sein,

[13] Beispiel: Das Wandbild über der Westempore des Münsters in Schwäbisch Gmünd; abgeb. in: Nachrichtenbl. d. Denkmalpflege in Bad.-Württ. 10, 1967, S. 63.
[14] Nach D. Mertens (Anm. 4).
[15] Nach D. Mertens (Anm. 4).
[16] Nach D. Mertens (Anm. 4).

verbunden mit der Bitte um weitere vor Krankheiten geschützte Nachkommen. Sollte in dem Wandbild die Beschränkung auf nur einen Pfeil, den Gottvater auf den Bogen spannt, dahin verstanden werden können, daß nur der Schutz gegen Krankheiten (nicht auch gegen Hunger und Krieg) erbeten wurde? Die Figur rechts neben Barbara Gonzaga, die als ältere Frau erscheint, ist nicht mit einiger Wahrscheinlichkeit zu deuten, weil nur noch die Umrißlinien vorhanden sind und der Figur kein Wappen beigegeben ist. Dennoch soll die Frage gestellt werden: Könnte hier nicht die Mutter von Eberhard, Pfalzgräfin Mechthild von der Pfalz (von Österreich), dargestellt sein? Sie hatte nach dem Tode ihres ersten Ehemannes, des Grafen Ludwig I. von Wirtemberg, im Jahre 1452 den Erzherzog Albrecht von Österreich geheiratet; nach dessen Tod im Jahre 1463 lebte sie zumeist in Rottenburg am Neckar. Von ihr ist bekannt, daß sie hochgebildet war und mit ihrem Sohn Eberhard immer verbunden blieb. Ihre Darstellung auf dem Bild könnte damit erklärt werden, daß sie an Unternehmungen Eberhards, vor allem auch an solchen der Kunst, oft beteiligt war. Vielleicht wollte sie damit auch an dem Schicksal ihres – womöglich kranken – Enkelkindes teilnehmen. Sie starb im Jahre 1482 im Alter von 63 Jahren in Rottenburg. Die gleiche Fragwürdigkeit einer Deutung gilt für die Gestalt, die zwischen Eberhard und Barbara gemalt war. Die Figur ist offensichtlich mit Nachdruck zerstört worden. Zu erkennen ist aber noch, daß sie mit ihrem rechten Arm nach dem linken Unterarm von Barbara Gonzaga greift. Sollte hier die Schutzpatronin von Barbara, die hl. Barbara, dargestellt sein?[17] Diese Heilige war auch eine Patronin Eberhards und die Namenspatronin des Kindes von Eberhard und Barbara Gonzaga.[18] Sie könnte diese und vielleicht auch deren Kind als Anwältin dem Schutze von Maria empfehlen.

Als Schöpfer des Wandbildes hat Herbert Hoffmann die Werkstatt von Martin Schongauer angenommen.[19] Diese Erkenntnis hat er durch einen Vergleich mit dem Weltgerichtsbild im Münster zu Breisach gewonnen; dabei hat er Übereinstimmungen in der „Größe der Grund-Konzeption, der Gemessenheit der Bewegung und der Stimmung, der qualitätvollen Sorgfalt der Ausführung sowie in der Verwendung eines Kartons“ festgestellt. Diese Argumente erscheinen überzeugend. Der Versuch einer Datierung des Bildes könnte – wenn man für seine Entstehung die persönlichen Motive der Stifter Eberhard und Barbara gelten lassen will – an das Datum der Geburt ihres Kindes Barbara 2. 8. 1475 anknüpfen. Da es bald nach der Geburt gestorben ist, kämen die Jahre 1475 oder 1476 in Betracht.

Gleichzeitig malte ein Mitglied der Werkstatt die zwei Engel über dem Sakramentshäuschen im Chor, die einen roten Teppich über und hinter dem Häuschen und seiner Fiale halten. Die Engel sind jenen im Interzessionsbild geschwisterlich ähnlich.

Um 1470 wurde das Langhaus des Münsters St. Nikolaus zu ***Überlingen*** (Bodenseekreis) dadurch erweitert, daß die Seitenwände hinausverlegt und zwischen den Strebe-

---

[17] Nach J. Paul (Anm. 10).

[18] Nach D. Mertens (Anm. 4).

[19] Wie Anm. 2, S. 96.

pfeilern Kapellen angelegt wurden. Die erste Kapelle der Nordseite (vom Chor aus) erhielt um 1475 in der hohen, tiefen und dunklen Nische zwischen den Strebepfeilern des Nordturmes ein monumentales Wandbild, genannt „Maria in der Sonnen". Es stellt die gekrönte Maria dar, vor einem Strahlenkranz und auf einer Mondsichel stehend; im linken Arm trägt sie das Jesuskind, in der rechten Hand einen Apfel. Ihr Mantel ist weit und ausladend, er wird am Hals von einer großen Agraffe zusammengehalten. Engel spannen hinter ihr einen Purpurteppich. An beiden Seiten ist das Bild von gemalten Säulen, auf denen Skulpturen stehen, gerahmt. Als Vergegenwärtigung der Gottesmutter mit dem Kind gehört es zu den wichtigsten Typen des Andachtsbildes. Es erinnert an die Darstellung desselben Themas am Choreingang der früheren Klosterkirche in Bebenhausen (um 1410). Daß die Quelle des Motivs in der Apokalypse (Apk 12, 1,5) liegt und der Sinn der Quellenstelle sich gewandelt hat, ist bei der Erörterung des Bebenhauser Bildes dargelegt. Im Unterschied zu diesem Bild ist der Maria in Überlingen als „Neuer Eva" ein Apfel in die Hand gegeben, als Symbol der Erlösung von der Sünde. Die mächtige Mariengestalt mit dem weiten Mantel erinnert an die Maria in dem kleinen Tafelbild von Jan van Eyck „Madonna in der Kirche" (um 1425)[1]; vielleicht hat es der Maler gekannt. Das Überlinger Marienbild hat in „Reichenau-Mittelzell eine fast genaue Entsprechung."[2]

In der Friedhofskapelle St. Veit, der Kapelle des ehemaligen Heilig-Geist-Spitals, zu ***Markdorf*** (Bodenseekreis) ist ein Zyklus der Passion Christi an die Nordwand gemalt. Die Bilder, in zwei Reihen übereinander angeordnet, haben gleiche Maße. Sie sind getrennt durch Rahmenleisten, die wie Holzrahmen plastisch mit Licht und Schatten gemalt sind. Dadurch wirken sie wie Tafelbilder. Leider ist die obere Reihe durch den Einbau einer barocken Stuckprofildecke weitgehend zerstört worden. Gut erhalten ist die untere Reihe mit Bildern, welche Christus vor Pilatus, die Kreuztragung und die Höllenfahrt Christi zeigen. Das Pilatusbild weist eine gewisse Ähnlichkeit mit einem *75*
Tafelbild des gleichen Themas auf: mit dem Bild von Ludwig Schongauer oder Mitarbeiter.[1] Die Ähnlichkeit zeigt sich im Kopf des Pilatus und seinem Gesichtsausdruck sowie in der Gestalt und Geste seiner Frau. Das Wandbild der Höllenfahrt zeigt die Hölle wie eine Art Festung auf der Erde, nicht unter ihr, „als Antithese zur Himmelsstadt"[2]; von ihr zieht sich eine liebliche Flußlandschaft in den Hintergrund mit Hügeln, auf denen runde Sträucher und junge Bäume mit hohen, dünnen Stämmen stehen. Auch hierbei bietet sich ein Vergleich an mit der Landschaft, in die man durch das Fenster auf dem erwähnten Bild von Ludwig Schongauer oder Mitarbeiter blickt. Bei der Binnenausma-

---

[1] Abbildung in: Prop KG 7, Abb. 11.

[2] Wolfgang Bühler: Malerei und Plastik von der Romanik bis zum Klassizismus. In: Überlingen, Bild einer Stadt. Weißenhorn 1970, S. 94.

---

[1] Abbildung in: Bruno Bushart: Studien zur altschwäbischen Malerei, S. 142, Abb. 10.

[2] Hecht: Die frühmittelalterliche Malerei, S. 330, Anm. 43.

75 Markdorf, Friedhofskapelle St. Veit. Christus vor Pilatus. 1470–1480.

lung der Figuren spielt nicht mehr die Linie die Hauptrolle, sondern die Farbe, die durch helle und dunkle Tonwerte, durch Auflichtungen und Schatten den Stoffen der Gewänder plastische Wirkungen verleiht. Der Zyklus ist wohl in die Zeit 1470–80 zu datieren. Er ist von beachtlicher künstlerischer Qualität. Der Maler dürfte ein anerkannter Meister gewesen sein. Das zeigen nicht nur die überzeugend gelungenen Gestalten, sondern auch die perfekten Bildkompositionen.

Auf den Patron der Kapelle, den hl. Veit, weist ein einzelnes Wandbild. Der Heilige, dargestellt als Jüngling mit gelocktem, bis auf die Schulter fallendem Haar, gekleidet in einen langen vornehmen Mantel, hält als Attribut einen Palmzweig und einen Kessel in den Händen. Er steht auf einer perspektivisch gemalten sechseckigen Konsole; das Bild soll also wohl die Illusion einer farbigen Skulptur erwecken.

Das einzige Historien-Wandbild in unserem Raum birgt das Winterrefektorium im ehemaligen Zisterzienserkloster **Bebenhausen** (Stadt Tübingen). Der Speisesaal wurde in der Zeit von etwa 1470 bis 1515 gebaut. Das riesige Bild, das die ganze Breite der Nordwand einnimmt, zeigt eine Episode aus der Geschichte des den Zisterziensern angegliederten Ritterordens von Calatrava (Spanien). Dargestellt ist die Begegnung von zwei Gruppen: links kommt ein Zug von Rittern aus einer Kirche, rechts erwartet sie ein Kreis von Mönchen mit dem Abt an der Spitze, der dem Anführer der Ritter eine Urkunde (Statuten?) vorweist. Die Ritter sind wohl im Begriff, auf einen Kriegszug aufzubrechen; für sie stehen mehrere Schiffe bereit. Man hat den dargestellten Vorgang als Aufbruch der Ritter gegen die Mauren im Jahre 1158 gedeutet.[1] Als Anlaß für das Bild wird der Besuch des Ordensgenerals und Abtes von Citeaux Humbert von Loane im Jahre 1471, der einen neuen Abt in Bebenhausen einzusetzen hatte, vermutet.[2] Das Bild wurde wie alle Wandmalereien im Kloster Bebenhausen im 19. Jahrhundert stark übermalt; es hat deshalb seine Originalität verloren, dürfte aber ein zutreffendes Abbild des ursprünglichen Bildes sein. Bemerkenswert ist, daß die dargestellte spanische Kirche einen offenbar steinernen Dachreiter trägt, der dem der Klosterkirche Bebenhausen gleicht. Bruno Bushart hat ausgeführt[3], das Bild könnte dem Meister des Ehninger Altars[4] zuzuschreiben sein, eine Begründung hat er jedoch nicht gegeben. Als Entstehungszeit hat er „um 1480" angenommen.

Wer die Kirche St. Martin in ***Trochtelfingen*** (Lkr. Reutlingen) durch das Südportal betritt, dessen Blick richtet sich sofort auf das große Wandbild des Weltgerichtes über dem gegenüberliegenden Nordportal. Das Langhaus der Kirche wurde nach der Bauinschrift auf einem Wappenstein über dem Nordportal im Jahre 1451 errichtet. Das Bild, dessen starke Farbigkeit auffällt, ist in drei Zonen gegliedert. Die Szenen der beiden Himmelszonen spielen sich vor hellem Hintergrund ab. In der oberen Zone thront Christus, über den oberen Bildrand hinaufreichend, als Richter in der Mandorla vor gelbgoldenem Hintergrund auf einem Regenbogen mit den Sphärenfarben Blau, Rot, Gelb, Grün. Die Mandorla ist eigentümlich gestaltet: sie ist von einem wellen- und schlingenförmigen Ornament umgeben, das Wolken symbolisieren soll. Vom Haupt des Richters gehen kreuzförmige Strahlen aus. Seine Hände zeigen die herkömmlichen Gesten und weisen die Wundmale vor, der Oberkörper ist entblößt, das Gewand purpurrot, die Füße ruhen auf der Erdkugel. Ihm zur Seite thronen auf Wolken je sechs Apostel in roten, blauen, gelben Gewändern mit ihren Attributen als Beisitzer des Gerichts. Zu Füßen des Richters knien, in die mittlere Zone hineinreichend, als Fürbittende Maria in weißem Mantel über blauem Gewand und Johannes d. T. in rotem Mantel. Dorthin ragen auch zwei Engel mit ihren überlangen Trompeten hinein, die den Beginn des Weltgerichts verkünden. In der Mittelzone erscheinen jeweils auf kleinen bläulichen Wölkchen, symmetrisch angeordnet, fünf einzelne Gruppen. Links zeigen sich drei Erzengel, in ihrer Mitte Michael in einer Rüstung. Es folgen in dunklem Habit die Heiligen Otmar von Sankt Gallen als Abt mit Abtstab und einem Weinfäßchen als Attribut[1], Bernhardin von Siena als Franziskanermönch mit den Attributen einer runden Scheibe, die das Monogramm des Namens Jesu trägt, und einer Bischofsmitra unter

XLIII

[1] Dehio, S. 38.
[2] Eduard Paulus: Die Cisterzienser-Abtei Bebenhausen. Stuttgart 1886, S. 141.
[3] Studien zur altschwäbischen Malerei, S. 154.
[4] Hierzu: Stange VIII, S. 103 ff.; Abb. 215, 217–219.

[1] Attribute der Heiligen nach LCI.

seinen Füßen als Hinweis darauf, daß er drei Bischofstitel zurückgewiesen hat, schließlich Gallus als Benediktinermönch mit einem Wanderstab als Attribut, hinter den Heiligen ein junger Novize. In der Mitte erscheinen die Heiligen Ursula mit einem Pfeil, Barbara in einem vornehmen Brokatmantel mit einem Kelch (?) und Katharina von Alexandrien mit einem Schwert, zwischen ihnen Mädchengesichter. Daneben folgen die Heiligen Sebastian mit einem Pfeil, Stephanus als jugendlicher Diakon mit Steinen, schließlich Mauritius als Ritter in Rüstung mit einer Kreuzfahne. Neben den Heiligen steht rechts außen eine Gruppe von Propheten in farbigen Gewändern. In der unteren Zone spielen sich die Ereignisse vor dunklerem Hintergrund ab. In der Mitte steigen Tote nackt in voller Körperlichkeit aus ihren Gräbern. Links und rechts davon ziehen die Seligen und die Verdammten in ihrem „Auferstehungsleib", nun wieder mit ihren Gewändern, die sie im Leben getragen haben, jeweils ihrem Ziel entgegen. Sie haben lange, überwiegend noble, farbige Kleidung. Die Seligen, nach ihrem Aussehen wohl hauptsächlich Adlige und Bürger, unter ihnen auch ein Bischof und mehrere Nonnen, stehen schon auf bläulichen Wolken. Ein Heiliger in festlichem Brokatgewand empfängt sie am Himmelstor, welches das Aussehen eines Stadttores mit runden Ecktürmchen hat. In den Zug der Seligen zieht der Erzengel Michael einen einfacher gekleideten Mann, vielleicht einen Handwerker (Steinmetz mit breitem Meißel? oder den Maler des Bildes?) von der Erde zu sich empor. Die Verdammten scheinen wie die Seligen überwiegend vornehme Gestalten zu sein, darunter mehrere Bischöfe, ein Ritter mit Schwert und auch eine Nonne. Sie ziehen, von einer Kette umschlossen, und von einem Teufel, der sie mit einer „Morgenstern"-Keule traktiert, getrieben, unabänderlich in einen riesigen Höllenrachen hinein. Auf dem Rachen fährt in grotesker Weise ein von Schweinen gezogener Wagen mit einer Nonne und einem Mönch, die sogleich in ihr Verderben stürzen werden. Daneben überwältigt ein kleiner Teufel eine nackte Person, er wird sie alsbald in den Höllenrachen stoßen. Trotz all dieser Greuel scheint es schon am Hölleneingang einen gewissen Trost zu geben: der Hauptteufel, von Christus besiegt und daher nach antikem Brauch gefesselt, ist mit beiden Armen an eine Säule gebunden.

Der Meister des qualitätvollen Bildes hatte sicherlich das Gerichtsbild im Ulmer Münster vor Augen, als er für die beiden Himmelszonen die Komposition entwarf. Anders als in Ulm verläuft die Anordnung der Apostel in waagerechter Reihung, sie sitzen auch nicht auf Bänken, sondern schweben auf Wolken. Es fehlen die in Ulm dargestellten Propheten und Patriarchen des Alten Bundes. Der Bildgedanke von Ulm, in der Himmelszone Heiligengestalten erscheinen zu lassen, ist auch hier verwirklicht; sie bilden wie dort kompositorisch ebenfalls ein stumpfwinkliges Dreieck, aber mit der Spitze nach unten. Der Maler hat in einer klaren Komposition eine Vielzahl von schönen, großen und schlanken Gestalten in farbig abgewogenen Gewändern geschaffen, aber er hat es nicht erreicht, die Dramatik des endzeitlichen Geschehens auch nur mit einem Hauch von Weltuntergangsstimmung wiederzugeben. Hierzu tragen der helle freundliche Himmel und die isoliert und symmetrisch erscheinenden fünf Gruppen in der Mittelzone bei, die weniger am Himmel schweben als stehen, vor allem aber die Züge der Seligen und Verdammten: weder ist beim Zug der Seligen Freude und Seligkeit zu spüren noch beim Zug der Verdammten Schrecken und Verzweiflung, sie gehen vielmehr wie teilnahmslos dahin. Als Datierung des Bildes wird die Zeit um 1480 angenommen.

„Eine vorreformatische Spur franziskanischen Lebens im Ulmer Raum“[1] zeigt ein Wandbild in der Evangelischen Franziskuskirche von ***Ersingen*** (Gem. Erbach, Alb-Donau-Kreis). Es befindet sich an der Nordwand des Chores. Dargestellt ist die Stigmatisation des hl. Franziskus von Assisi. Er kniet im Vordergrund des Bildes in Gebetshaltung mit schräg nach oben gestreckten Armen vor einer Erscheinung Christi am Kreuz in T-Form, das sich ihm zuneigt. Christus ist von Seraphsflügeln umgeben, zwei oberhalb des Kreuzbalkens, zwei wie zum Fliegen ausgebreitet, zwei vor dem Körper. Von den Wundmalen gehen Strahlen aus zu den Händen, den Füßen und der Brust von Franziskus. Hinter ihm sitzt eine Gestalt im Mönchsgewand, die in einem Buch liest. Über ihr erhebt sich eine Kirche mit hohem rundbogigem Portal und Türmchen. In den Mittel- und Hintergrund erstreckt sich eine flache Landschaft. Es scheint, als habe der Maler die Fresken mit dem gleichen Thema von Giotto[2] und Pietro Lorenzetti[3] in der Ober- und Unterkirche S. Francesco in Assisi gesehen; vielleicht war er ein Franziskaner, der das Hauptkloster in Assisi kannte. Jedenfalls sind die wesentlichen Elemente der Fresken in Assisi im Ersinger Wandbild wiederzufinden: Franziskus kniet in gleicher Haltung, er wird in ähnlicher Weise von Strahlen aus den Wundmalen Christi getroffen; die Mönchsgestalt sitzt und liest ebenfalls in einem Buch, sie ist jedoch von der rechten auf die linke Bildseite versetzt; auch eine Kirche mit hohem rundbogigem Portal, stark vereinfacht, findet sich in dem Wandbild; schließlich ist die Erscheinung Christi in ähnlicher Weise gestaltet, aber näher an Franziskus herangerückt. Abzulehnen ist die Ansicht, die Figur hinter Franziskus sei die Äbtissin der Schwestern vom Dritten Orden des hl. Franziskus, sie stelle die Kirche von Ersingen unter den Schutz von Franziskus.[4] Es handelt sich vielmehr um den auch bei Giotto und Lorenzetti dargestellten Bruder Leo, den „stillen Zeugen“, der zum festen Bestandteil der Bilder von der Stigmatisation gehörte.[5] Der Hintergrund ist nicht wie auf den Bildern in Assisi ein felsiges Gebirge, sondern eine flache Landschaft. Ob sie, wie teilweise vermutet, die Donauebene bei Ersingen wiedergibt[6], kann wegen der starken Zerstörung des Bildes nicht geklärt werden. Als Datierung wurde die Zeit „um 1465“ vorgeschlagen; im Jahre 1461 war die Kirche den Schwestern vom Dritten Orden des hl. Franziskus übergeben worden.[7] Nachdem im Chor die Jahreszahl 1476 aufgedeckt worden ist, die vielleicht das Jahr der Vollendung des gotischen Chores angibt, wird man die Entstehung des Bildes in die Zeit von 1476 bis um 1500 annehmen müssen.[8]

---

1 So der Titel der Schrift von P. Hubert Frank. In: Thuringia Franciscana 2, 1963.
2 Abbildung in: P. Gerhard Ruf: Franziskus und Bonaventura. Assisi 1974, S. 191.
3 Abbildung in: P. Gerhard Ruf: Das Grab des hl. Franziskus. Freiburg · Basel · Wien 1981, Abb. 31.
4 So: Hubert Frank, wie Anm. 1. – Fritz Streitberger: Evang. Franziskuskirche Ersingen, 1983, S. 22/23.
5 LCI 6, Sp. 296.
6 So: Hubert Frank, wie Anm. 1. – Anderer Ansicht: Fritz Streitberger, wie Anm. 4, S. 23.
7 So: Hubert Frank: wie Anm. 1.
8 Nach: Fritz Streitberger, wie Anm. 4, S. 37.

In der Friedhofskirche von ***Balingen***, ehemals Pfarrkirche Unserer Lieben Frau (Zollernalbkreis), sind an der Westwand des aus dem 11. Jahrhundert stammenden Turmes – innerhalb des Kirchenschiffes – Fragmente zweier Wandbilder freigelegt worden, die vielleicht Teile eines größeren Wandbildes waren. Oben sieht man eine Stadtansicht, unten eine Frauengestalt. Die Frau sitzt auf einer einfachen Bank, neben ihr steht ein pfeilerartiges Gebilde, an das ein Rundbogen ansetzt. Sie könnte die Kirchenpatronin Maria sein. Nach der Geste ihres Kopfes und ihrer Hand, die Ergebenheit auszudrücken scheint, könnte der Augenblick der Verkündigung dargestellt sein. Die Stadtansicht zeigt dichtgedrängte Häuser, Dächer und eine Kirche mit rundbogigem Portal und einem Dachreiter mit hoher Spitze. Das Stadtbild wird geteilt durch einen hohen dünnen Pfeiler, an dem im oberen Teil ein runder Bogen ansetzt, das gleiche Motiv wie im unteren Bild. Die Bilder dürften nach der Tracht der sitzenden Frau in das letzte Viertel des 15. Jahrhunderts zu datieren sein.

In der Alten Kirche, jetzt Friedhofskapelle, auf dem Berg in ***Schlatt*** (Stadt Hechingen, Zollernalbkreis), die aus dem 14. Jahrhundert stammt, sind an der Südwand Reste zweier Wandbilder freigelegt worden. Das eine ist Teil einer Szene des Martyriums der hl. Katharina, das andere Teil einer Madonna auf der Mondsichel, vor einem Strahlenkranz stehend. Die Szene aus der Legende um die hl. Katharina ist schon in der Katharinenkapelle der Marienkirche zu Reutlingen erschienen: Ein Engel hat das an einem Gerüst befestigte Rad mit Messern, das die Heilige martern sollte, zum Teil zerstört, drei Schergen sind vor Schreck zu Boden gefallen, von einem vierten, der wohl auch am Boden liegt, sieht man nur noch eine Hand. Der übrige Teil des Bildes ist zerstört. Vom Bild der Maria auf der Mondsichel fehlt der ganze obere Teil und auch das Kind. Es handelt sich um denselben Bildtypus, der schon am Choreingang der ehemaligen Klosterkirche zu Bebenhausen und in der ersten Kapelle der Nordseite des Überlinger Münsters dargestellt wurde. Anders als in Bebenhausen ist das Gesicht unter der Mondsichel im Profil, nicht wie dort im Halbprofil, wiedergegeben. Es dürfte ein Frauengesicht sein, das als Eva zu deuten ist. Die Fragmente sind wohl in das letzte Viertel des 15. Jahrhunders zu datieren.

Die Kirche St. Christina, früher Kapelle, von ***Ravensburg*** außerhalb der Stadt birgt im Chor an der Südostwand ein Wandbild, das der Verehrung von Heiligen gewidmet ist. Die Kapelle wurde erstmals 1197 erwähnt und 1253 neu erbaut; 1476 wurde ein neuer, mit drei Seiten schließender Chor errichtet. Das Bild enthält mehrere Motive in seltener Kombination: die Dreifaltigkeit in der Form des Gnadenstuhls, flankiert von Anna selbdritt und Johannes d. T. und umgeben von mehreren Heiligen. Gottvater in langem, wallendem Mantel hält das Kreuz mit Christus. Neben seinem Haupt erscheint die Heilig-Geist-Taube (fast zerstört). Die Darstellung erinnert an die Wiedergabe des gleichen Themas im ehemaligen Spital von Blaubeuren. Links vom Gnadenstuhl steht die hl. Anna; sie hält Maria in der Gestalt eines Mädchens und Jesus als Kleinkind auf je einem Arm. Auch bei diesem Bild denkt man an das Spital zu Blaubeuren. Johannes

d. T. hält ein Buch, auf dem das Lamm Gottes liegt (Joh 1, 29, 36). Neben ihm und tiefer gesetzt ist der hl. Laurentius mit seinem Attribut, einem Rost, dargestellt. Rechts neben diesem erscheint eine weibliche Heilige mit einem Pfeil in der Hand, wohl die hl. Christina von Bolsena, die Patronin der Kapelle; sie wurde nach grausamen Martern durch Pfeile getötet.[1] Über diesen beiden Heiligen neben Johannes d. T. ist ein männlicher Heiliger mit Mitra und einer Leiter als Attribut dargestellt; es dürfte sich um den hl. Emmeram von Regensburg handeln, dem bei seinem Martyrium, an eine Leiter gebunden, Arme und Beine abgeschlagen worden sein sollen.[2] Unterhalb der hl. Anna steht eine weibliche Heilige mit Krone, links und unter ihr sind die Köpfe von zwei weiteren Heiligen zu sehen. Über der ganzen Gruppe schweben musizierende Engel. Das Bild ist weitgehend zerstört, besonders von Regenwasser, das wohl durch das darüberliegende Fenster eingedrungen ist. Die Farben sind zum Teil schwärzlich oxydiert. Als Entstehungszeit des Bildes kann man sich das letzte Viertel des 15. Jahrhunderts, nach Errichtung des neuen Chores, vorstellen.

In der Margaretenkapelle (Kapelle der hl. Margareta von Antiochien) des ehemaligen Klosters in ***Blaubeuren*** (Alb-Donau-Kreis), die an den östlichen Flügel des Kreuzganges angebaut ist, sind Fragmente einer Bilderfolge über die legendarischen Martyrien der Heiligen erhalten. „Mit ihrer ausführlichen Legendenhistorie über die vielfältigen Martern der Heiligen diente der kleine Raum zur Meditation und Andacht der Mönche, die dadurch zu einer mystischen Nachfolge Christi angeleitet werden sollten."[1] Der Zyklus war in einer heute erloschenen Inschrift mit dem Jahr 1486 datiert. Er ist teilweise zerstört.

In acht Bildern auf je zwei Spitzbogenfeldern der Nord- und Südseite – der gewölbte Raum besteht aus zwei quadratischen Jochen – sind nach der Legenda aurea[2] folgende Szenen dargestellt: Der Präfekt Olibrius hat die Jungfrau gesehen und läßt sie von seinen Knechten zu sich bringen. Nachdem sie ihm gegenüber auf ihrem Bekenntnis zum Christentum bestanden hat, läßt er sie an ein Gerüst hängen, mit Ruten schlagen und mit eisernen Kämmen foltern. Danach wird sie auf seinen Befehl in ein Gefängnis geworfen, dort tröstet sie eine weiße Taube über ihrem Kopf. Da sie einem heidnischen Gott nicht hat opfern wollen, wird sie nackt ausgezogen, nochmals an ein Gerüst gehängt und mit brennenden Fackeln gemartert. Anschließend wird sie in ein großes Faß mit Wasser gesetzt; über ihrem Haupt schwebt wieder die Taube. Nachdem sie vor dem versammelten Volk unversehrt aus dem Faß gestiegen ist und dadurch fünftausend Menschen gläubig geworden sind, werden sie in Anwesenheit der Heiligen enthauptet; sie tröstet

---

[1] LCI 5, Sp. 492.
[2] LCI 6, Sp. 148.

---

[1] Johannes Wilhelm: Die Bau- und Kunstgeschichte des Klosters Blaubeuren. In: Dopfel-Klein: Kloster Blaubeuren 900 Jahre. Stuttgart 1985, S. 82.
[2] Legenda aurea, S. 463 ff.

und segnet die Märtyrer. Der Richter befiehlt, auch die Jungfrau zu enthaupten, sie bittet noch um eine Frist zum Gebet. Auf dem letzten Bild hat ihr der Henker bereits das Haupt abgeschlagen. Engel tragen die Seele der am Boden liegenden Heiligen zum Himmel.

Die Ostseite der Kapelle ist in zwei Zonen geteilt. Oben stehen Maria und Johannes Ev. neben einem roten Vorhang, der von Engeln gehalten wird. Vor ihm befand sich wahrscheinlich ein Holzbildnis eines Crucifixus oder Schmerzensmannes im Aufsatz des nicht mehr vorhandenen Altars (an seiner Stelle steht heute das „Apostelaltärchen"). In der unteren Zone sind Johannes d. T. und St. Bartholomäus, wohl mit Pilger- oder Kreuzstab, dargestellt.

Die wie Tafelbilder konzipierten Darstellungen der Heiligenlegende mit ihren weiten Hintergrundlandschaften, für die bizarre Felsen charakteristisch sind, lassen an die Gemälde der Johannesgeschichte des Blaubeurer Hochaltars denken. In der Literatur werden die Wandbilder der Werkstatt von Bartholomäus Zeitblom[3], von anderen Bernhard Strigel[4], die an den Gemälden des Hochaltars beteiligt waren, zugeschrieben. Der heutige schlechte Zustand der Wandmalerei dürfte eine eindeutige Klärung der Meisterfrage nicht mehr zulassen.

Etwa in die gleiche Zeit, also in die achtziger Jahre, wird man die Wandbilder im Kapitelsaal neben der Margaretenkapelle datieren können. Sie stammen sicherlich von einem anderen Maler als dem der Kapelle. Die Bilder hatten wohl die Funktion von Retabeln zweier früherer Altäre in Nischen an der Nord- und Südwand. Dargestellt sind als verselbständigte Bilder aus der Passion Christi an der Südseite die Kreuzigung, an der Nordseite die Kreuzabnahme. Sie haben den Charakter von Andachtsbildern. Der Crucifixus ist langgestreckt am Kreuz, mit noch erhobenem Haupte, dargestellt, nicht als Sterbender. Unter dem Kreuz ist Maria zusammengebrochen, ein Motiv, das bisher in unserem Gebiet noch nicht zu finden war. Sie wird von Maria Magdalena gehalten, hinter ihr bemüht sich Johannes um sie. Die Gruppe links zeigt den Hauptmann mit Soldaten, neben ihm ein Schriftband: „Filius dei erat vere" (Wahrhaftig, das war Gottes Sohn! Mt 27, 54). Auf dem Bild der Kreuzabnahme[5] liegt Christus am Boden, der Oberkörper wird von Josef von Arimathäa leicht emporgehoben, unter dem Kreuz kniet die trauernde Maria, die einen Arm ihres Sohnes hält, hinter ihr steht Johannes, daneben Nikodemus an der Leiter. Über dem Bild stehen in einem aufgerollten Schriftband die Worte: „Oblatus est quia ipse voluit et vere languores nostros ipse (tulit)." („Er wurde preisgegeben und hat unsere Krankheiten auf sich geladen", Jes 53, 3, 4, 7). Wie die Bilder der Margaretenkapelle zeigen die Darstellungen Blicke in weite Landschaften mit Felsen, die wie dort durch die Umgebung von Blaubeuren angeregt sein dürften. In die Leibungen der Nischen sind Engelfiguren gemalt.

---

[3] So: Stange VIII, S. 30, 37. – Wie Anm. 1, S. 82.

[4] So: Dehio, S. 52. – Reclams Kunstführer. Deutschland II. Baden-Württemberg. Stuttgart. 7. Aufl. 1979, S. 70.

[5] Wohl nicht: „Beweinung". So: Johannes Wilhelm: Wie Anm. 1, S. 82. Bei der Beweinung hält Maria das Haupt oder den Oberkörper Christi auf dem Schoß.

76 *Überlingen, Münster St. Nikolaus. Thronverzicht der hl. Elisabeth von Thüringen. 1490.*

Nach der ersten Kapelle an der Nordseite des Münsters zu **Überlingen** (Bodenseekreis), ausgemalt um 1475, erhielt die zweite Kapelle an der Südseite ein mit der Jahreszahl 1489 datiertes Wandbild mit einer Darstellung der Heiligen Maria Magdalena, Barbara und Georg in drei Feldern nebeneinander. Maria Magdalena kniet am Fuß des Kreuzes, an dem Christus hängt; sie blickt zu ihm auf und umklammert das Kreuz mit beiden Händen. Hierbei handelt es sich um ein verselbständigtes Motiv aus Darstellungen der Kreuzigung Christi, das man z. B. auf dem Kreuzigungsbild des „Meisters der Sterzinger Flügelbilder“[1] finden kann. Barbara steht gekrönt neben einem hohen Turm, ihrem Attribut, das auf ihre Kerkerlegende zurückgeht; sie zeigt auf eine Hostie in einem der Turmfenster, die auf ihren Kult als Nothelferin in der Sterbestunde hinweist. Georg

[1] Abbildung in: Stange VIII, Abb. 3.

schließlich steht als jugendliche Gestalt in Ritterrüstung und Umhang mit Kreuzlanze und Schild über dem besiegten Drachen. Die beiden Frauen tragen rote Mäntel über grünen Gewändern, Georg hat einen roten Umhang über der Rüstung. Die drei Figuren stehen, wenn auch durch rote Leisten getrennt, auf einem durchgehenden grünen Streifen vor einem dunkelgraublauen Hintergrund. Die Gestalten von Barbara und Georg wirken steif und gekünstelt. Das dreiteilige Wandbild ist nicht von nennenswerter Qualität. Es vermittelt durch die gemalten roten Rahmenleisten den Eindruck von Tafelbildern eines Flügelaltars und stammt sicherlich von einem Tafelmaler.

Von ungleich höherem Niveau ist das Wandbild in der vierten Kapelle an der Südseite. Dargestellt ist in lebensvollen Figuren die dramatische Situation des Thronver-
76 zichts aus der Legende um die hl. Elisabeth von Thüringen. Die jugendliche Fürstin mit Krone und in einem reichen Brokatgewand kniet vor ihrem Gatten, dem Landgrafen Ludwig von Thüringen, während dessen Mutter, die Landgräfin Sophie, sie bei ihm in Anwesenheit von Hofleuten verklagt. Elisabeth greift nach ihrer Krone und spricht nach dem Spruchband, das sie in der Hand hält: „Niederlegen will ich die Krone der Ehre, da doch der Herr einst die Dornenkrone der Schmach auf dem Haupte trug.“[2] Bildhaften Ausdruck erhalten diese Worte durch die Vision der Dornenkrönung Christi[3] in einem rückwärtigen Zimmer, in das man hineinblickt und durch dessen Fenster eine baumbewachsene Landschaft sichtbar ist. Mit Recht ist darauf hingewiesen worden, daß dieses Wandbild „mit der Handschrift des Autors der Jakobslegende (in der Überlinger Jodokkapelle) zumindest verwandt ist.“[4] Datiert wird es auf 1490.

An der nördlichen Außenseite des Münsters an der Wand der zweiten Nische zwischen den Strebepfeilern sind Reste von Votivbildern der Familie Reichlin aus dem Jahre 1493 erkennbar.[5] Das eine zeigt aus einer Darstellung des Marientodes Apostel frontal aufgereiht, das andere aus einem Weltgerichtsbild den Richter mit Schwert und Lilie am Mund sowie Maria, Johannes d. T. und Posaunen blasende Engel.

Einen bemerkenswerten Passionszyklus enthält das Schiff der Kirche St. Gallus in ***Hermentingen*** (Stadt Veringenstadt, Lkr. Sigmaringen). Er erstreckt sich über die Nordwand, die Chorbogenmauer und einen Teil der Südwand.

Das erste Bild, der Einzug Jesu in Jerusalem, entspricht dem herkömmlichen Schema.
XLIV Die anschließende Darstellung des Abendmahls ist besonders eindrucksvoll und gegenüber der bisherigen Gestaltung des Themas neu komponiert. Jesus und die Jünger sitzen dicht gedrängt an einem rechteckig-länglichen Tisch, Jesus als geistiges und formales Zentrum in der Mitte der Längsseite hinter dem Tisch. Diese Anordnung war auch schon in den früheren Bildern in Veringendorf und Wendelsheim zu finden, jedoch in

---

[2] Nach Schnell, Kunstführer Nr. 540. Das Münster zu Überlingen. 13. Aufl. 1987, S. 8, 9. Danach ist der Text des Spruchbandes falsch ergänzt.

[3] Unrichtig: „legt ihre Krone vor dem Kruzifix ab“. So: LCI 6, Sp. 140.

[4] Wolfgang Bühler in: Der Kreis Überlingen. Stuttgart u. Aalen 1972, S. 55.

[5] Wie Anm. 2, S. 6.

der Weise, daß an der vorderen Längsseite des Tisches nur Judas seinen Platz hatte. In Hermentingen sitzen dagegen fünf Jünger, dabei Judas, diesseits des Tisches auf übereckgestellten Bänken. Das stumpfwinklige Dreieck, das kompositorisch so entstanden ist, steht dem Dreieck, das die Köpfe der hinter dem Tisch Sitzenden bilden, gegenüber. Als Kontrahent Jesu ist ihm Judas entgegengesetzt, den Rücken halb zum Betrachter, mit allen Zeichen der Degradierung: mit rotem Haar, gelbem Gewand und ohne Nimbus, vor seinem Mund ein kleiner Teufel. Jesus reicht ihm einen Bissen Brot (Joh 13, 26). Über die Teilnehmer des Abendmahls sind zwei Flachbögen auf drei Pfeilern gespannt. Der hinter der Gruppe liegende Raum ist durch eine perspektivisch gemalte Holzdecke angedeutet. Die Komposition des Bildes erinnert an die des Pfingstwunders im Wurzacher Altar von Hans Multscher.[1] Durch die beiden rechteckigen Fenster blickt man ins Freie, auch auf eine Kirche. Das Motiv des Durchblicks durch ein Fenster war schon im Bild des Thronverzichts der hl. Elisabeth von Thüringen im Münster von Überlingen zu finden. Die Bilder der Ölbergszene, Verurteilung durch Pilatus und Schaustellung, Kreuztragung und Auferstehung lassen wiederum an die entsprechenden Darstellungen des Wurzacher Altars denken. Vielleicht hat sie der Maler gekannt.

Er war wohl ein Tafelmaler; dafür spricht die Aufreihung seiner Bilder zwischen gemalten Rahmenleisten, die durch einen Zwischenraum voneinander getrennt sind. Die Bilder sind von beachtlicher Qualität. Die agierenden Personen erscheinen beseelt, ihre Gemütsbewegungen sind überzeugend dargestellt. Die Farben haben eine erstaunliche Frische. Man wird die Bilderfolge an das Ende der zweiten Hälfte des 15. Jahrhunderts, vielleicht um 1490, datieren müssen; denn die Darstellung Christi bei seiner Schaustellung mit entblößtem Körper und umgehängtem Purpurmantel ist ein Motiv aus der Spätzeit des Jahrhunderts.[2]

In der kleinen Dorfkapelle St. Mauritius in ***Waldbeuren*** (Gem. Ostrach, Lkr. Sigmaringen), die aus dem 12. Jahrhundert stammt, wurden an der Nordwand vier Wandbilder eines Passionszyklus freigelegt: das Abendmahl, Jesu Gebet am Ölberg, Gefangennahme mit Malchusszene, Geißelung. Bemerkenswert ist das Abendmahlsbild: hier hat der Maler die Teilnehmer auf einem durchgehenden sechseckigen Sitzmöbel mit Rükkenwand angeordnet. Auf dem Bild der Ölbergszene fällt auf, daß der Engel mit beiden Symbolen des Erlösungsleidens: Kreuz und Kelch, erscheint. Die Darstellung der Gefangennahme zeigt – wie schon seit langem üblich – die Malchusszene mit der heilenden Hand Jesu besonders betont im Vordergrund und in die Mitte des Bildes gerückt. Man kann die Malerei vielleicht in die gleiche Zeit wie jene in Hermentingen, also um 1490, datieren.

---

[1] Abbildung in: Manfred Tripps: Hans Multscher, Abb. 153.

[2] LCI 1, Sp. 559.

77 *Rottenacker, Kirche ehem. St. Wolfgang. Possenhafte Trägerfigur. Um 1490.*

Bei dem Umbau der Kapelle, ehemals St. Wolfgang, in ***Rottenacker*** (Alb-Donau-Kreis) zum Chor einer Kirche im Jahre 1485 wurden Kreuzrippen eingezogen, die man auf skulptierte Köpfe als Konsolen aufsetzte. Unter die plastischen Köpfe malte man –
77 wohl um 1490 – dazu passende Körper von Männchen in hockender Stellung auf Konsolen. Auf diese Weise entstand die Illusion von possenhaften Trägerfiguren. Die Erweiterung skulptierter Köpfe durch ergänzendes Malen dazugehöriger Körper zu ganzen Gestalten ist in unserem Gebiet nur in Rottenacker zu finden und auch sonst selten. Ähnliche Beispiele gibt es an den Langhauspfeilern der Nikolaikirche in Stralsund, wo unter die Männerköpfe an den Kämpferbändern zugehörige Körper gemalt sind (um 1370).[1] Sie unterscheiden sich aber von den „Trägerfiguren“ in Rottenacker darin, daß

[1] Abbildung in: Nickel: Mittelalterliche Wandmalerei in der DDR, Abb. 71.

sie nicht als „stützende“ Gestalten gemalt sind, sondern wie an den Pfeilern stehend wirken. Die gemalten Atlantenfiguren am Hochgaden der St. Morizkirche in Rottenburg a. N. unterscheiden sich von den tragenden Männchen in Rottenacker dadurch, daß sie keine plastischen Köpfe haben.

Die Kirche, ehemals St. Andreas, in ***Nellingen*** (Alb-Donau-Kreis) wurde vor 1492 erweitert und umgestaltet.[1] Anschließend erhielt sie eine neue Ausmalung.

An die Südwand des Schiffes wurde ein mit der Jahreszahl 1492 datiertes Weltge- *78*
richtsbild gemalt. Seine Besonderheit gegenüber den bisher erörterten Bildern dieses Themas liegt in dem Motiv: Die Wolken am Himmel sind aufgerissen, und in einem riesigen azurblauen Kreis, gerahmt von wellenförmigen Wolkenrändern, ist der Weltenrichter auf einem Regenbogen thronend, die Füße auf dem Erdball, erschienen. Von ihm gehen auf Spruchbändern die Worte aus, nach rechts: „Venite benedicti . . .“ (Mt 25, 34), nach links: „ . . . maledicti . . . ignem . . .“ (Mt 25, 41). Umgeben ist er von den beiden Fürbittenden und vier Engeln. Auf der Seite der Seligen, die in „Auferstehungsleibern“ nackt an den Stufen der Himmelspforte erscheinen, bald aber bekleidet eintreten, ist der Aufgang zum himmlischen Jerusalem wohl jenem am Triumphbogen des Ulmer Münsters nachempfunden. Der Erzengel Michael vollzieht das Urteil des Richters, indem er die Seligen und die Verdammten scheidet. Neben ihm ist ein Spruchband aufgerollt mit den Worten: „Quia tempus amplius non erit“ (Es wird keine Zeit mehr bleiben, Apk 10, 6). Der Stifter des Bildes, wohl ein Geistlicher, hat sich auffallend nah am Aufgang zum Himmel unterbringen lassen. Die wellenförmigen Wolkenränder erinnern an das gleiche Motiv in Münzdorf und in St. Martin von Trochtelfingen.

Eine andere Mahnung, an das Weltgericht zu denken und darauf vorbereitet zu sein, ist an die Leibung des Chorbogens gemalt: die Parabel der fünf klugen und fünf törichten Jungfrauen (Mt 25, 1–13). Die Jungfrauen sind in Dreiviertelfiguren innerhalb von runden Medaillons dargestellt; ihre Attribute sind Öllampen, welche die Klugen aufrecht, die Törichten umgekehrt nach unten halten. In die vier Kappen des Chorgewölbes sind in ausdrucksvollen Figuren die Evangelistensymbole gemalt; sie sind von einem stilisierten Lilienornament umrahmt.

Die Südwand zeigt ein kombiniertes Motiv: die Erscheinung des auferstandenen Christus vor Petrus (Lk 24, 34) und den Frauen (Mt 28, 9–10; Mk 16, 12). Jesus, nur mit dem Lendentuch bekleidet, weist auf seine Seitenwunde. Die anderen Figuren stehen frontal nebeneinander aufgereiht; sie wirken steif und unbeweglich. Die Darstellung vergegenwärtigt nicht den Bibeltext, wonach sich die Frauen vor Jesus niederwarfen und seine Füße umfaßten.

Ein in unserem Gebiet neu auftretendes Thema ist in dem weiteren Bild an der Südwand über die Aussendung der Apostel (Mt 28, 16–20) dargestellt. Jesus steht auf dem Berg, den er den Jüngern genannt hatte und segnet sie. Diese sind reisefertig gerüstet

[1] H. Koppenhöfer: Die Andreas-Kirche in Nellingen. 1972. S. 9.

78 *Nellingen, Kirche ehem. St. Andreas. Weltgericht. 1492.*

und verabschieden sich teilweise voneinander. Die Szene spielt sich vor den Mauern von Jerusalem ab. Möglicherweise gehörten die beiden Bilder zu einem Leben-Jesu-Zyklus.

An der Nordwand ist ein monumentales Bild der gekrönten Maria mit dem Kinde vor einem Strahlenkranz erhalten. Es erinnert an die „Maria in der Sonnen" im Münster zu Überlingen.

An Heiligenfiguren sind dargestellt: unter dem Bild der Erscheinung Christi: der Kirchenpatron Andreas, zu seiner Linken Odilia, Paulus und ein Bischof, rechts außen Thekla (?), unter ihr ein Löwe (?), die Gestalt daneben läßt sich nicht deuten; an der südöstlichen Ecke des Schiffes nach Inschriften St. Leonhard im Benediktinergewand mit Abtstab und Buch, über ihm St. Odilia mit Buch und darauf einem Augenpaar als ihrem Attribut. Nach der Legende wurde sie als blindgeborenes Kind vom Vater verstoßen, heimlich in einem Kloster aufgezogen und vom hl. Erhard geheilt.

Man kann die Malereien nach dem Datum des Weltgerichtsbildes in die Jahre 1492 und danach datieren.

Die Kirche St. Vitus in ***Schmiechen*** (Stadt Schelklingen, Alb-Donau-Kreis), eine Saalanlage des 13. Jahrhunderts, erhielt nach einer Inschrift im Jahre 1492 einen netzgewölbten Chor; gleichzeitig wurden die Langhauswände erhöht und ausgemalt. Von diesen Bildern ist als einziges das vollständig übermalte Fragment einer Grablegung Christi erhalten. Vor der Übermalung wurde es durchgepaust, die Zeichnung wurde als Skizze veröffentlicht.[1] Ein Vergleich läßt die Verfälschung des Bildes durch die Übermalung erkennen.

Von einem anderen Wandbild wurde bei der Renovierung der Kirche im Jahre 1889 eine weitere Zeichnung angefertigt. Sie zeigt, wie ein Scherge mit dem Schwert zur Enthauptung eines Jünglings, dem man schon Hände und Füße abgeschlagen hat, ausholt. Daneben sitzt eine Frau, die trauernd seine Hände und Füße vor sich hält. Auf der anderen Seite stehen weitere junge Männer (?). Die Szene stellt wohl das Martyrium der sieben Makkabäischen Brüder dar[2]; sie und ihre Mutter hatten sich gegenüber König Antiochus geweigert, die jüdischen Speisengesetze zu brechen (2 Makk 7, 1–42). Ihnen wurden vor der Tötung, die entgegen dem biblischen Text meist als Enthauptung dargestellt wurde[3], die Hände und Füße abgehackt. Dieser Deutung der Szene wird man gegenüber der anderen Ansicht, das Bild stelle die hl. Felicitas und ihre sieben Söhne dar[4], den Vorzug geben wollen. Felicitas wird mit Palme, Schwert, Buch als allgemeinen Attributen und mit den abgeschlagenen Köpfen ihrer Söhne als individuellen Attributen wiedergegeben[5], nicht dagegen in der Weise wie in Schmiechen.

Die Kapelle St. Mauritius in ***Volkertshaus*** (Stadt Bad Waldsee, Lkr. Ravensburg) auf einem Hügel über dem Ort stammt im Schiff wohl aus dem 12. Jahrhundert, sie erhielt im 15. Jahrhundert einen Chor mit dreiseitigem Schluß. In den Mauerwinkeln der Ostwand gegen die schrägen Chorwände und an der Nordwand des Chores befinden sich Fragmente von Wandbildern, die kaum noch erkennbar sind: Heiligenfiguren, der Erzengel Michael mit erhobenem Schwert, Taufe Christi, die hl. Katharina mit Rad. Sie sind wohl auf das Ende des 15. Jahrhunderts zu datieren.

---

[1] In: Kamerer Huck: Die Pfarrkirche in Schmiechen bei Ehingen und deren Restauration. In: Archiv f. christl. Kunst 8, 1890, S. 105.

[2] So auch: Huck: Wie Anm. 1, S. 104.

[3] LCI 3, Sp. 144.

[4] So: Anm. zu dem Aufsatz von K. Huck (Anm. 1, S. 104).

[5] LCI 6, Sp. 222.

79 Zainingen, Kirche ehem. St. Martin. Hl. Christophorus. 1496.

Die Südseite des Langhauses der Kirche, ehemals St. Martin, in ***Zainingen*** (Gem.
79 Römerstein, Lkr. Reutlingen) wird von einem riesigen Christophorus-Bild beherrscht. Der Heilige ist eine massige, schwere Gestalt mit stattlichem Haarschopf, dichtem grauem Bart und einer gewundenen Stirnbinde als Zeichen des Fährmanns. Er trägt eine enge grüne Schecke mit verziertem, gelbem Saumbesatz, am Gürtel hat er Messer und Reisetasche. In den Händen führt er einen Baumstamm, der Blätter treibt. Das Christuskind, in violettem Kleidchen, steht auf seiner rechten Schulter und hält sich nach der Art kleiner Kinder an einer Haarsträhne des Riesen fest, in der anderen Hand trägt es den Reichsapfel mit Kreuz. Die früher sicherlich vorhandenen Wassertiere in dem Fluß, den der Riese durchschreitet, sind durch aufsteigende Nässe in der Wand zerstört. Das Bild ist mit dem Jahr 1496 datiert. Von den bisherigen Christophorus-Wandbildern unterscheidet sich das Zaininger Bild. Der Heilige ist seitlich in einfacher Schrittstellung, nicht mit bewegten, watenden Schritten, wiedergegeben, das Kind ist ohne Segensgestus. Das Bild läßt die für den Riesen erregende Situation, unter der Last des Herrn fast zusammenzubrechen, vermissen, der Vorgang spielt sich vielmehr in nahezu heiterer Ruhe ab.

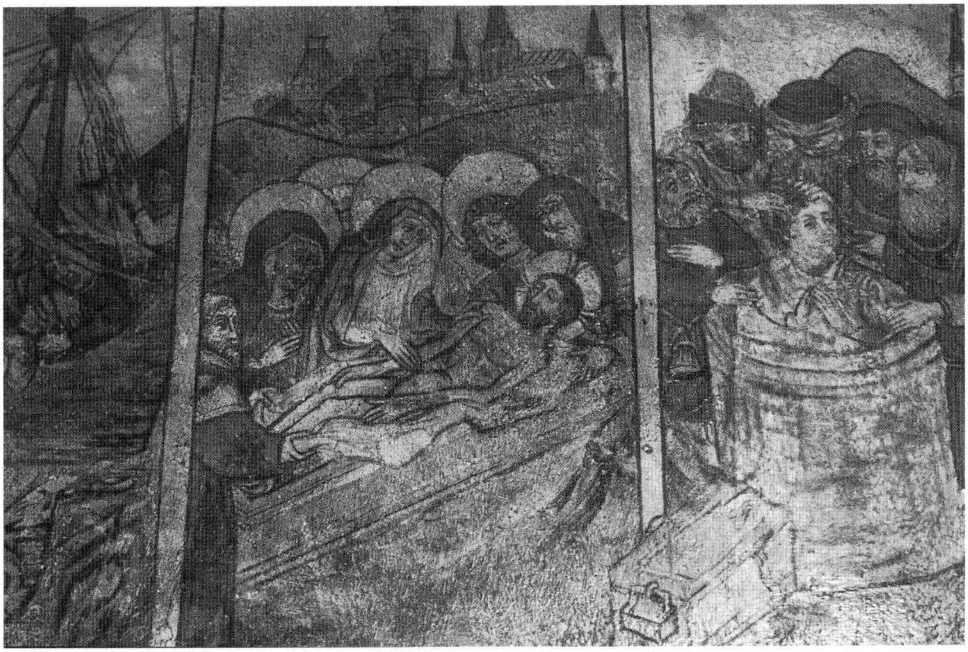

80 Bad Urach, Privathaus Lange Straße 29. Typologische Bildgruppe nach der Biblia pauperum. Um 1500.

In dem Privathaus in ***Bad Urach*** (Lkr. Reutlingen) Lange Straße 29, wurde im ersten Obergeschoß eine Folge von Wandbildern mit einem in unserem Gebiet einmaligen Inhalt freigelegt. Das Haus war ursprünglich das Stadthaus der Kartause Güterstein. Auf sechs Bildern sind, wie ein erster Blick zeigt, zwei Szenen nach dem Tode Christi, also aus dem Neuen Testament, inmitten von Begebenheiten aus dem Alten Testament dargestellt. Die erste Szene um Christus zeigt seine Grablegung; der Sarg ist schräggestellt, *80* die Personen dahinter neigen ihre Köpfe in Trauer, im Hintergrund steht auf einem Hügel eine reiche Stadtarchitektur mit Türmen und einer Bastion. Links von dem Bild ist dargestellt, wie Josef von seinen Brüdern in eine Zisterne geworfen wird (Gen 37, 24). Der Brunnen ist rund und eng, Josef hockt darin wie in einer Tonne. Zum Zeichen dafür, daß er alsbald verkauft wird (Gen 37, 28), steht eine große Geldkassette vor dem Brunnen. Rechts neben dem Bild der Grablegung wird gezeigt, wie eine Schiffsmannschaft Jonas mit dem Kopf nach unten in das Meer und den offenen Rachen eines Fisches wirft (Jona 1, 15). Die Grablegung und die sie umgebenden Darstellungen geben eine der typologischen Bildgruppen aus der Biblia pauperum wieder. Die so genannten Handschriften, zu denen seit der Mitte des 15. Jahrhunderts Blockbücher traten, sollten nach einer früheren Meinung für Kleriker niederen Standes, die sich keine handgeschriebene Bibel kaufen konnten, bestimmt gewesen sein; nach neuerer Ansicht sollte die Biblia pauperum gegen die „Armenbewegung" des 12. und 13. Jahrhunderts, welche die römisch-katholische Kirche ablehnte und die Geltung des Alten Testaments verwarf, gerichtet gewesen sein.[1] Die typologischen Bildgruppen bestehen aus einer neutestamentlichen und zwei alttestamentlichen Szenen sowie vier Prophetenbildern. „Zweck dieser typologischen Gegenüberstellung ist es, die alttestamentlichen Personen, Ereignisse oder Einrichtungen als von Gott gesetzte Vorbilder zukünftiger und vollkommenerer neutestamentlicher Fakten zu deuten.“[2] Die weiteren drei Bilder in Urach stellen ebenfalls eine typologische Bildgruppe dar: Christus in der Vorhölle, umgeben links von der Tötung Goliats durch David (1 Sam 17, 51) und rechts von der Zerreißung des Löwen durch Simson (Ri 14, 6). Die beiden Uracher Bildgruppen finden sich z. B. auch in der Handschrift im Benediktinerstift St. Peter, Salzburg, Codex VII.[3] Sie sind nur ein Teil der Zyklen, welche die Handschriften oder Blockbücher enthalten. Man kann wohl annehmen, daß die übrigen Bildgruppen in Bad Urach auch dargestellt waren. Prophetenbilder fehlen hier. Bemerkenswert ist, daß die Bildhintergründe teilweise von einem Bild zum anderen fortgesetzt werden, obwohl sich die Szenen im Vordergrund in verschiedenen Landschaften abspielen.

Die starken Umriß- und Binnenlinien lassen Holzschnitte aus Blockbüchern als Vorlage vermuten. Die Bilder sind mit Firnis überstrichen, so daß eine dunkle Farbigkeit entstanden ist. Die Gewänder der männlichen Personen erscheinen jetzt dunkelrotbraun, der Mantel von Maria dunkelblau, der Höllendrache und der Löwe ockerbraun. Für die Datierung kann man berücksichtigen, daß Blockbücher mit dem Thema der Biblia pauperum erst in der zweiten Hälfte des 15. Jahrhunderts erschienen[4]; man wird danach für die Wandbilder eine Entstehungszeit vielleicht um 1500 annehmen können. Es ist besonders bemerkenswert, daß der Maler im Uracher Stadthaus in singulärer Weise Bilder, die nach Entstehung und Verbreitung ihren Platz in Handschriften und Blockbüchern hatten, in monumentale Wandbilder umgesetzt hat.

Die Kirche, ehemals Unserer Lieben Frau, in ***Kohlstetten*** (Gem. Engstingen, Lkr. Reutlingen), war ursprünglich wohl eine Chorturmkirche, vielleicht aus dem 12. Jahrhundert; sie brannte im Dreißigjährigen Krieg ab und wurde im 17. Jahrhundert neu errichtet. Von dem Vorgängerbau stammt noch der gerade Chorabschluß. An ihm sind Fragmente von Wandbildern in drei übereinanderliegenden Feldern zu beiden Seiten des Mittelfensters erhalten. Sie zeigen oben links Maria mit zwei Freundinnen beim Lesen von Texten, wobei Maria auf erhöhtem Sitz Platz genommen hat, wohl als Zeichen der künftig thronenden Maria; oben rechts die Ablehnung von Joachims Opfer; in der Mitte links den zwölfjährigen Jesus im Tempel (fast ganz zerstört); rechts den Einzug in Jerusalem. Die Felder der unteren Zone sind wegen starker Zerstörung nicht mehr zu deuten. Die Bilder sind die Reste eines Zyklus über das Marienleben und das Leben Jesu. Daneben finden sich – wie in St. Peter und Paul zu Laiz – in den Leibungen des Mittelfensters Bilder

[1] Nach LCI 1, Sp. 296.
[2] LCI 1, Sp. 294.
[3] Abbildung in: Henrik Cornell: Biblia Pauperum. Stockholm 1925, Taf. 17, rechts unten.
[4] LCI 1, Sp. 293.

von weiblichen Heiligen übereinander gemalt: links oben Barbara mit dem Turm, unten Margareta von Antiochien mit Kreuzstab (?) und einem Drachen zu ihren Füßen; rechts oben Helena mit Buch, neben ihr ein Kreuz, unten Katharina mit Schwert. Die Leibung des flachen Fensterstichbogens zeigt das Schweißtuch der hl. Veronika mit dem Antlitz Christi, darüber schwebt ein Engel zwischen zwei Wappenschilden mit den württembergischen Hirschstangen und den Fischen von Mömpelgard. Ein Fries mit zwei sich kreuzenden Wellenbändern, die in den Zwischenräumen Dreipässe einschließen, grenzt die Malerei nach oben ab. Die Bilder könnten einst von beachtlicher Qualität gewesen sein; sie sind leider stark zerstört, auch durch Pickelhiebe. Man hat sie allgemein in die Zeit um 1500 datiert.

In der Kirche St. Magnus in ***Altingen*** (Gem. Ammerbuch, Lkr. Tübingen) wurde um etwa 1500 die ursprüngliche Ausmalung der Chorbogenleibung aus der Zeit um 1400 durch neue Bilder ersetzt. Am nördlichen Teil bringt Salome das Haupt von Johannes d. T. der Herodias und dem Herodes, die an einem Tische sitzen. Der Scherge daneben wischt gerade sein Schwert ab. Das Bild erinnert an die Darstellung des gleichen Themas in Seeburg. Unterhalb und zum Teil übermalt sind Umrisse der früheren Ausmalung sichtbar. Über dem Johannesbild erscheint der Gnadenstuhl in der herkömmlichen Form. Am südlichen Teil der Leibung ist das Martyrium der hl. Katharina dargestellt. Sie kniet betend vor dem Rad mit Schwertern, ein Engel ist erschienen und wird das Rad sogleich zertrümmern, der Scherge daneben ist schon vom Schreck erfaßt. Darüber sitzt der hl. Vitus im Kessel, um den drei Henkersknechte agieren. Bemerkenswert ist die überaus lebhafte Bewegung aller Schergen bei der Verrichtung ihrer Untaten. Die Westseite der Chorbogenwand trägt am südlichen Teil ein Kreuzigungsbild, das fast ganz vergangen ist. Der überlebensgroße Christophorus am nördlichen Teil ist von vorn dargestellt, das Christuskind steht auf seiner Schulter und hält sich an seiner Kappe fest, in der anderen Hand trägt es wie in Zainingen den Reichsapfel mit Kreuz.

Außer den Heiligenfiguren an der Außenwand der Kapelle St. Ulrich in Elmenau und den Votivbildern an der Außenseite des Münsters zu Überlingen gibt es in unserem Bereich ein weiteres Bild an einer äußeren Kirchenwand: an der südlichen Langhausmauer der Kirche St. Martin in ***Trochtelfingen*** (Lkr. Reutlingen). In eine Flachbogennische ist eine Ölbergszene gemalt in dem Grundschema, das sich für dieses Thema im 15. Jahrhundert herausgebildet hatte: Christus kniet betend am Boden, ein Engel mit dem Kelch erscheint über dem Felsen im Mittelgrund, drei Jünger, charakterisiert als Petrus, Jakobus und Johannes, schlafen in verschiedener Haltung neben Christus, die Häscher, voran Judas in gelbem Gewand, haben bereits das Tor des umzäunten Gartens durchschritten. Dieses Bild von ansprechender Qualität scheint als Ersatz für eine plastische, steinerne Ölberggruppe gemalt worden zu sein; solche „Ölberge“ waren durch den Einfluß der Mystik auf die Volksfrömmigkeit seit dem 15. Jahrhundert neben manchen Kirchen entstanden.[1] Man kann das Bild auf das Ende des 15. Jahrhunderts datieren.

[1] LCI 3, Sp. 344.

Die Tabernakelnische in der Chorsüdwand der Stadtkirche, ehemals St. Marien, von
XLV ***Blaubeuren*** (Alb-Donau-Kreis) ist mit einer Kreuzallegorie ausgemalt. Der Crucifixus erscheint als Vision am hellblauen Himmel, von einem Wolkenband umgeben. Seine Entrückung ist dadurch angedeutet, daß er perspektivisch kleiner als die anderen Figuren gestaltet ist. Hervorgehoben ist er durch den stark betonten Kielbogen der Nische über ihm. Auf einem grünen Rasenboden stehen nebeneinander aufgereiht - nach Inschriften - Maria und Josef sowie Anna und Joachim, die leiblichen Vorfahren Jesu. Maria und Anna weisen auf die Himmelserscheinung des Gekreuzigten hin. Unterhalb des Bildes halten zwei Engel einen kostbar gemalten purpurroten Teppich mit Rankenornamenten hinter dem Raum, in dem einst die geweihte Hostie stand. Die Darstellung in dem der Aufbewahrung der Hostie gewidmeten Gehäuse soll die Feier der Eucharistie, das Meßopfer mit Brot und Wein (Lk 22, 19, 20), als Erneuerung des Kreuzopfers Christi deutlich und verständlich machen. In der Leibung der Nische stehen die Heiligen Katharina und Barbara mit ihren Attributen, neben der Nische Petrus mit Schlüssel und Buch sowie Paulus mit Schwert. Über den Kielbogen ist Ast- und Laubwerk gemalt. Diese Pflanzenform, aufgekommen in der Architektur des ausgehenden 15. Jahrhunderts und übernommen von der Kleinarchitektur, z. B. am Taufstein und am Heiligen Grab in der Marienkirche zu Reutlingen, ist als religiöses Sinnbild zu deuten: „Der hochgotische Kirchenbau, ein Abbild der Civitas Dei, wandelt sich zu einem nun als Himmelsgarten aufgefaßten Bezirk. Die Idee des Lebensbaumes verleiht den Pflanzenformen sakrale Bedeutung.“[1] In Blaubeuren ist inmitten des Ast- und Laubwerks an der Spitze des Kielbogens das Wappen der Familie Megenhart[2] gemalt. Die Wandmalerei ist wohl etwa in die Zeit um 1500 zu datieren, sie könnte gleichzeitig mit der Ausmalung des Chorgewölbes - nach einer Inschrift 1497[3] - geschaffen worden sein.

Dem Maler, der die Tabernakelnische im Chor der Kirche, ehemals St. Johannes, in ***Wittlingen*** (Stadt Bad Urach, Lkr. Reutlingen) mit Wandbildern umgab, hatten die geistlichen Auftraggeber ein anderes Thema als in Blaubeuren gesetzt: einen Schmerzensmann als Bild des eucharistischen Heilands. Die Darstellung der imago pietatis war traditionell mit der Tabernakelnische, einem Ort, der sich auf die Eucharistie bezieht, verbunden. Der Schmerzensmann in Wittlingen ist über der Sakramentsnische ganzfigurig, wie auf dem runden Kapitell einer Säule vor ehemals rotem Teppich stehend, auf seine Wunden weisend, dargestellt. Er erscheint aber nicht als trauernder, leidender Heiland mit abgezehrtem Körper wie z. B. in St. Afra zu Schelklingen und in St. Moriz zu Rottenburg a. N., der zum Mitleiden auffordert, sondern eher als mahnender Christus, der an sein Opfer erinnern will. Umgeben ist er von Ast- und Laubwerk mit einer hohen mittleren Fiale und zwei kleineren an den Seiten, die von Kreuzblumen bekrönt

---

[1] Jan Bialostocki: Spätmittelalter und beginnende Neuzeit. In: Prop KG 7, S. 114.
[2] Nach: Die Kunst- und Altertumsdenkmale im Königreich Württ., Donaukreis 1, 1914, S. 52.
[3] ebd., S. 49.

sind. Das Ast- und Laubwerk erinnert stark an jenes über der Tabernakelnische in der Stadtkirche von Blaubeuren. Wie dort stehen seitlich je eine Figur unter Arkaden von Astwerk, hier jedoch Leuchter und Glocken tragende Engel. Als weitere Malereien enthält der Chor rings um die Wände verteilt Apostelbilder: nördlich Thomas mit Lanze, Petrus mit Schlüssel, nordöstlich Johannes mit Kelch und Schlange, südöstlich Andreas mit Schrägkreuz, Matthias mit Hellebarde, Bartholomäus mit Messer und Philippus mit T-Kreuz. In den Spitzen der nord- und südöstlichen Spitzbögen „schwebt" je eine Propheten-Halbfigur auf Wolkenkrausen, umgeben von Schriftbändern. Der Figurenstil sowie das Ast- und Laubwerk weisen auf das Ende des 15. Jahrhunderts als Entstehungszeit der Malerei.

Ein Bild des gekreuzigten Christus – wohl auch aus der Zeit etwa um 1500 – findet sich in der Kirche St. Georg zu ***Riedlingen*** (Lkr. Biberach), und zwar am östlichen Nordpfeiler der aus dem 14. Jahrhundert stammenden dreischiffigen Kirche. Das Bild ist dem Mittelschiff zugewandt. Es ist eine verselbständigte Darstellung des Crucifixus aus einem Kreuzigungsbild ohne neben dem Kreuz stehende Personen. Christus, langgestreckt am Kreuz hängend, ist nicht als Sterbender dargestellt, sein Haupt ist noch nicht niedergesunken. Er erscheint in hellem Inkarnat vor lichtblauem Hintergrund. Das Bild will als Andachtsbild seinen Opfertod vergegenwärtigen. Eigentümlich groß sind die beiden knienden Stifter zu beiden Seiten des Kreuzesstammes gemalt, anders als in früherer Zeit, in der die Stifter betont klein erschienen, z. B. auf dem Vesperbild vom Tympanon des Westportals der Stadtkirche in Blaubeuren (1420/30), das sich jetzt im ehemaligen Kloster befindet. Bei den Stiftern in Riedlingen scheint es sich um ein Ehepaar zu handeln, der Name des Mannes ist groß unter das Bild gesetzt: „heinrich[1] lupfen". Die beiden Figuren haben ein portraithaftes Aussehen, der Mann mit roter Mütze, rotem Gewand und dunkelgrünem Umhang, die Frau mit weißer Haube, roter Bluse und olivgrünem Rock. Unter die Namensinschrift ist das Wappen der Familie – drei Entenfüße im Halbrundschild – gemalt.

In der kleinen Kapelle St. Georg in ***Untereschach***[1] (Stadt Ravensburg) wurden Reste von Wandbildern freigelegt. Sie sind so verblaßt, daß nur noch die Grundierung vorhanden ist. Zu erkennen sind die Umrisse eines Kreuzigungsbildes an der Nordwand und einer Kreuzabnahme am linken Teil der Ostseite. Das Kreuzigungsbild gehört zu dem dreifigurigen Typus. Christus ist als kräftige Gestalt, langgestreckt am Kreuz, dargestellt. Vom Bild der Kreuzabnahme ist außer dem Kreuz und der angelehnten Leiter nichts mehr erhalten, das gedeutet werden könnte. Die beiden Bilder waren offenbar Teil eines

---

[1] Nicht: „hans" lupfen. So: Die Kunst- u. Altertumsdenkmale in Württ. Krs. Riedlingen, 1936, S. 16.

---

[1] Nicht: „Kirche St. Georg" in „Eschach". So: Dehio, S. 114/115.

Passionszyklus an der Nord- und Ostseite. Am rechten Teil der Ostwand sind Umrisse einer Gregoriusmesse zu sehen. Das Bild ist ähnlich komponiert wie das mit dem gleichen Thema in der ehemaligen Karmeliterklosterkirche zu Ravensburg; es ist aber gegenüber diesem Bild stark vereinfacht. Dargestellt ist nur Papst Gregor vor dem Altar, darüber arma Christi; die Erscheinung des Schmerzensmannes ist erloschen. An der Südwand schließt ein Bild des hl. Wendelin an. Er ist als Pilger mit Hut und daran befestigter Muschel, kurzem Rock, Umhang, Wandertasche, Pilgerstab und Buch wiedergegeben; vor ihm kniet eine kleine Stifterfigur. Die Ausmalung kann wohl in die Zeit um 1500 datiert werden.

Die Kirche St. Johannes der Täufer in ***Wuchzenhofen*** (Stadt Leutkirch im Allgäu, Lkr. Ravensburg) hatte früher eine Chorturmanlage mit reicher Ausmalung des Chores. Nachdem 1842 im Anschluß an den Turm der Chor und das Langhaus neu gebaut worden waren, wurde der alte Chor abgeschlossen und Abstellraum. Die Wandbilder sind in einem äußerst schlechten Zustand und teilweise kaum zu erkennen; sie sind wohl nie restauriert worden, mehrere sind übermalt. Ausgemalt sind die Nord-, Ost- und Südseite in drei Bilderreihen übereinander.

Das Hauptthema ist ein Zyklus aus dem Leben des Kirchenpatrons Johannes' des Täufers. Die einzelnen Szenen des Zyklus befinden sich in der mittleren Reihe, sie beginnen an der Nordseite und setzen sich über die Ostwand zur Südseite fort. Das erste Bild könnte die Bußpredigt Johannes' d. T. vor dem Volk und den Gesandten aus Jerusalem (Mt 3, 1 ff.; Lk 3, 3 ff.) darstellen. Es folgt die Taufe des Volkes im Jordan (Mt 3, 6)[1]; die Axt rechts im Bild dürfte sich auf das Wort von Johannes beziehen: „Schon ist die Axt an die Wurzel der Bäume gelegt" (Mt 3, 10). An der Ostwand ist die Taufe Jesu durch Johannes (Mt 3, 15) wiedergegeben; die Umrißlinien der Gestalt Jesu zeugen von großer Sicherheit in der Linienführung. Die Südseite zeigt die Enthauptung des Johannes (Mk 6, 27) und die Darbringung seines Hauptes (Mk 6, 28).

In der unteren Zone der drei Seiten erscheinen durchgehend Apostelbrustbilder. Über und um jeden sind große Spruchbänder gespannt; die erloschenen Inschriften enthielten sicherlich die liturgischen Glaubensartikel (Credo), die sie vor ihrer Trennung gemeinsam verfaßt haben sollen.

In den oberen Zonen sind verschiedene Themen veranschaulicht. An der Ostwand erscheint das Heilige Antlitz Christi mit der Dornenkrone als „vera icon" auf einem Tuch, wohl dem Sudarium. Es erinnert an das Antlitz Christi in der ehemaligen Abtei-Kirche des früheren Zisterzienserinnenklosters Heiligkreuztal. Darunter könnte im linken Teil der hl. Mauritius mit Gefährten dargestellt sein.[2] Man glaubt, in seinem Schriftband noch seinen Namen zu erkennen. Er hält in der linken Hand eine Lanze, in der rechten wohl einen Schild. Ein Gefährte rechts neben ihm führt eine Hellebarde. Die

---

[1] Nicht: Martyrium des hl. Vitus. So: Die Kunst- und Altertumsdenkmale in Württ. Donaukreis 2, 1924, S. 162.

[2] Nicht: Brustbilder von Heiligen. So: Wie Anm. 1.

Darstellung von Mauritius in der Kirche zu Wuchzenhofen könnte man so erklären: Er war Reichspatron. Die Kirche gehörte ursprünglich zu den Freigemeinden auf der Leutkircher Heide[3], ihre Mitglieder waren reichsunmittelbar; es wäre verständlich, wenn sie dem Reichspatron eine besondere Verehrung zuteil werden lassen wollten. Dann folgt eine Gregoriusmesse mit Papst Gregor; er ist nach rechts einem Altar zugewandt, über dem aber der Schmerzensmann erloschen ist. Die Nordwand zeigt oben eine Schutzmantelmadonna. Das Bild ist vollständig übermalt, es gibt aber vielleicht den ursprünglichen Inhalt wieder. Dargestellt ist Maria mit dem Jesuskind. Zwei Engel halten den Mantel über Schutzsuchende auf beiden Seiten, unter ihnen vor allem geistliche und staatliche Würdenträger, als Vertreter der geistlichen und weltlichen Stände, das „Volk" ist nur am Rande in wenigen Köpfen angedeutet. Über Maria erscheint Gott-Vater, er hält zwei Schwerter in den Händen, die er offenbar gegen die sündige Menschheit richten will. Das Bild unterscheidet sich von dem in Upfingen mit dem gleichen Thema des zürnenden Gott-Vaters vor allem dadurch, daß dort Maria mit Jesus als Schmerzensmann, beide als Fürbittende, dargestellt sind. Die Südseite zeigt oben das Antlitz eines Schmerzensmannes.

Die Wandmalerei war ursprünglich von guter Qualität. Alfred Stange hat sie in eine „wahrscheinliche Verbindung" mit der Kemptener Malerei gebracht.[4] Als Datierung kommt wohl die Zeit um 1500 in Betracht.

An der Chornordwand der Kirche St. Johannes der Täufer in ***Haisterkirch*** (Stadt Bad Waldsee, Lkr. Ravensburg) sind – wie im einzelnen erörtert – Reste von Wandbildern aus der ersten Hälfte des 13. Jahrhunderts erhalten; sie zeigen u. a. eine Darstellung aus einem Zyklus über den Kirchenpatron Johannes d. T. Auf dem Bild daneben ist Maria mit dem Kinde wiedergegeben; es ist offensichtlich über ein Bild des Johanneszyklus gemalt. Maria sitzt in einem Gemach. Sie trägt eine Krone mit Lilienornamenten. Über ihr hellblaues Gewand ist ein weit ausgebreiteter, violettfarbener Mantel gelegt, der von zwei Engeln gehalten wird und in dessen Falten Puttenköpfe erscheinen. Im linken Arm hält Maria das Kind, das nach dem Apfel greift, den ihm seine Mutter reicht. Links hinter Maria schweben zwei anbetende Engel, rechts blickt Josef in Gebetshaltung durch eine Wandöffnung. Am Boden liegen perspektivisch gemalte Platten mit Viereckmustern. Es scheint, als habe der Maler das Bild nach einem Tafelbild konzipiert. Man könnte an das Gemälde von Martin Schongauer „Maria im Rosenhag"[1] (1473) denken; das Kind wäre in der Haltung der Ärmchen verändert, der Kopf Mariens wäre nach der anderen Seite gedreht. Als Datierung ist wohl etwa „um 1500" anzunehmen.

---

[3] Wie Anm. 1, S. 161.
[4] Stange VIII, S. 123.

---

[1] Abbildung in: Julius Baum: Martin Schongauer. Wien 1948, Taf. I u. Abb. 145.

Ein gleichfalls am Ende des Jahrhunderts entstandenes Wandbild im Chor der Kirche, ehemals St. Petrus, in ***Engstlatt*** (Stadt Balingen, Zollernalbkreis) zeigt noch einmal, wie sich Wandmaler dieser Zeit von der Graphik und Tafelmalerei anregen ließen. Der Chor der Kirche wurde nach der Inschrift auf einer Wappenkonsole im Jahre 1471
XLVI erbaut. Dargestellt ist an der Nordostseite eine Kreuzigung Christi mit mehreren Figurengruppen, aber ohne Schächer. Christus hängt an einem hohen Kreuzesstamm in T-Form, mit nach vorn gesunkenem Haupt und eingeknickten Knien. Vier Engel, die sein Blut in Kelchen auffangen, umschweben ihn. Diesem Teil des Bildes hat – wie schon bald nach der Aufdeckung festgestellt wurde[1] – der Kupferstich von Martin Schongauer „Große Kreuzigungsgruppe mit vier Engeln"[2] als Vorlage gedient. Der Wandmaler hat nur wenige Veränderungen gegenüber dem Stich vorgenommen. Christus hängt in gleicher Stellung als Sterbender an dem gleichgebildeten T-Kreuz, das Lendentuch flattert in ähnlicher Weise im Wind. Die Engel dagegen sind in ihrer Haltung verändert, besonders jener, der das Blut aus den Füßen auffängt; ihm hat der Wandmaler eine im Fluge ausgestreckte Stellung gegeben – nicht wie im Kupferstich am unteren Teil des Kreuzesstammes –, um den Raum für die Türme und Häuser im Hintergrund offenzuhalten. Bei den Figurengruppen um das Kreuz hat sich der Maler wohl auch von der Tafelmalerei anregen lassen. Die Motive der in Ohnmacht fallenden Maria, die von mehreren Frauen gestützt wird, und der Maria Magdalena, die kniend den Kreuzesstamm umfaßt, erinnern lebhaft an das Kreuzigungsbild des „Meisters der Kemptener Kreuzigung"[3] (um 1450), und die Personen rechts vom Kreuzesstamm zeigen eine auffallende Verwandtschaft mit jenen auf dem Kreuzigungsbild des Bamberger Altars (1429).[4] In den Mittel- und Hintergrund hat der Maler ein Stadtbild und mehrere Höhen mit Burgen komponiert. Die Stadt hat man als das alte Balingen auf dem rechten Eyachufer mit dem Zollernschloß und der Friedhofskirche[5], die früher die Stadtkirche war, gedeutet; hinzufügen könnte man die auf freiem Felde stehende Siechenkapelle vor der Stadt. Bei den Burgen hat man an den Hohenzollern[6] und die Schalksburg[7] gedacht. Der Hohenzollern soll die erste, im Jahre 1423 zerstörte Burg darstellen.[8] Die Idee des Malers, die Kreuzigung Christi in die heimatliche Landschaft zu versetzen, läßt an den gleichen Gedanken des „Meisters des Rohrdorfer Altars" denken, der auf seinem Gemälde „Johannes auf Patmos"[9] als Hintergrundlandschaft die Schwäbische Alb mit Reutlingen dargestellt

---

1 Kuppinger: Das Wandgemälde im Chor der Kirche zu Engstlatt, OA Balingen. In: Blätter des Schwäb. Albvereins 1898, Sp. 19 ff.

2 Abgebildet in: Julius Baum: Martin Schongauer, Wien 1948, Abb. 17.

3 Abbildung in: Stange VIII, Abb. 248.

4 Abbildung in: H. Th. Musper: Gotische Malerei nördlich der Alpen. Köln 1961, S. 143, Abb. 126.

5 Wie Anm. 1.

6 ebd.

7 G. Scheja: Der Landkreis Balingen I, 1960, S. 375.

8 Handbuch d. historischen Stätten Deutschlands. Baden-Württemberg. 2. Aufl. 1980, S. 355.

9 Abgebildet in: Stange VIII, Abb. 229.

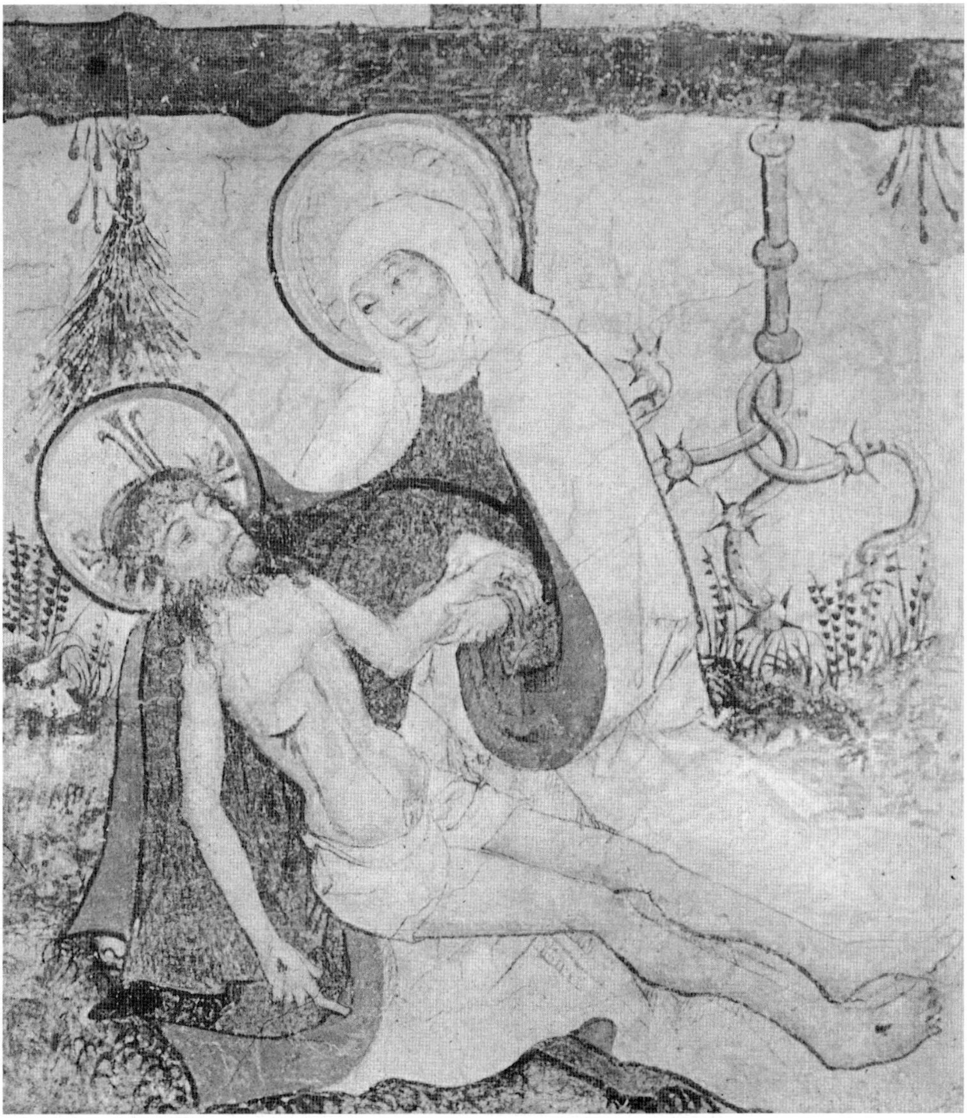

81 Urspring, ehem. Benediktinerinnenkloster. Vesperbild: Maria mit dem toten Christus. Um 1500.

hat.[10] Sollte dieser Maler, der als direkter Schüler Martin Schongauers bezeichnet wird und seine Werkstatt in der Nähe von Engstlatt, nämlich in Rottenburg a. N. hatte[11],

[10] Nach Bruno Bushart, Studien zur altschwäbischen Malerei, S. 155.
[11] ebd.
[12] Stange VIII, S. 108.

auch das Wandbild gemalt haben? Für ihn waren Martin „Schongauers Stiche vielfach ausgewertete Vorbilder“.[12] Das Wandbild konnte wohl nur von einem Maler geschaffen werden, der in der Tafelmalerei Erfahrung hatte und sie in ein Wandbild umsetzen konnte.

Der Gang durch drei Jahrhunderte der Wandmalerei in unserem Gebiet kann abgeschlossen werden mit einem seltenen Vesperbild, von dem es hier kein weiteres Beispiel gibt. Es befindet sich in dem früheren Benediktinerinnenkloster ***Urspring*** (Stadt Schelklingen, Alb-Donau-Kreis), jetzt Urspringschule, in einem Gastbau („Gotisches Haus“).
81 Der tote Christus liegt nur noch mit Kopf und Oberkörper im und am Schoß Mariens und ist im übrigen zu Boden gesunken. Dieser Typus ist erst spät entstanden, man wird das Bild daher in die Zeit um 1500 datieren. Mit dem Vesperbild ist eine Symbolik verbunden: Hinter der Gruppe erhebt sich das Kreuz, an seinen Querarmen hängen die Passionswerkzeuge Geißel und Rute und von den Stellen, an denen die Hände Jesu angeschlagen waren, tropft Blut. Das Kreuz über dem toten Christus ist als Zeichen des Sieges über den Tod zu deuten: Christus wird den Tod überwinden. Die Passionswerkzeuge über dem Querarm sollen „Trophäen“ vom Feinde sein; dieses Motiv ist schon einmal in St. Afra zu Schelklingen neben dem Schmerzensmann erschienen. Den Begriff des antiken tropaion hatten die Kirchenväter auf das Kreuz Christi übertragen. Das Bild in Urspring hat den Charakter eines Andachtsbildes von starker Ausdruckskraft mit der theologischen Aussage nach Hrabanus Maurus:

IN CRUCE, CHRISTE, TUA
VICTORIA SALUSQUE

Anhang

Ortsverzeichnis

Ikonographisches Verzeichnis

Literatur

Adelmann von Adelmannsfelden, Georg, Sigmund, Graf: Hochgotische Wandmalereien in Heiligkreuztal. In: Heilige Kunst 12/13, 1957–1958, S. 5–23.

Bader, Karl Siegfried: Zur Deutung des alten Gemachs und seiner Fresken im ehemaligen Ehinger Hof in Ulm. In: Zeitschrift für württ. Landesgeschichte VI, 1942, S. 305–322.

Baum, Julius: Gotische Bildwerke Schwabens. Augsburg – Stuttgart 1921. Abkürzung: Baum: Gotische Bildwerke Schwabens.

Baum, Julius: Altschwäbische Kunst. Augsburg 1923.

Baum, Julius: Martin Schongauer. Wien 1948.

Benesch, Eva: Die Stiftskirche St. Moriz in Vergangenheit und Gegenwart. In: Der Sülchgau 14, 1970, S. 12–26.

Beschreibung des Oberamts Urach. 1909.

Bialostocki, Jan: Der Schöne Stil der Jahrhundertwende. In: Propyläen-Kunstgeschichte, Band 7. Berlin 1972, S. 25-46.

Boeck, Wilhelm: Ein gotischer Freskenzyklus in der Kirche zu Unterhausen. In: Schwäbische Heimat 3, 1952, S. 204–208.

Braunfels, Wolfgang: Abendländische Klosterbaukunst. Köln 1978.

Breuning, Arnd: Die Barbarakirche in Apfelstetten. Maschinenschrift 1973.

Bühler, Wolfgang: Malerei und Plastik v. d. Romanik bis zum Klassizismus. In: Überlingen, Bild einer Stadt. Weißenhorn 1970.

Bushart, Bruno: Studien zur altschwäbischen Malerei. Ergänzungen und Berichtigungen zu Alfred Stanges „Deutsche Malerei der Gotik", VIII. Band, „Schwaben in der Zeit von 1450 bis 1500". In: Zeitschrift für Kunstgeschichte 22, 1959, S. 133–157. Abkürzung: Studien zur altschwäbischen Malerei.

Cichy, Bodo: Die Kirche von Brenz. 2. Aufl. Gundelfingen 1975.

Clasen, Karl Heinz: Die Schönen Madonnen. Königstein i. T. o. J.

Claviez, Ulrike: Die Wandmalereien der Veitskapelle in Stuttgart-Mühlhausen. Dissertation Tübingen 1976.

Cornell, Henrik: Biblia Pauperum. Stockholm 1925.

Dehio, Georg: Handbuch der Deutschen Kunstdenkmäler. Baden-Württemberg. Bearbeitet von Friedrich Piel. München 1964. Abkürzung: Dehio.

Der Landkreis Balingen I, 1960.

Der Landkreis Sigmaringen, 1981.

Der Landkreis Tübingen II, 1972.

Der Kreis Überlingen, 1972.

Die Kunstdenkmäler Hohenzollerns. Kreis Sigmaringen. 1948.

Die Kunst- und Altertumsdenkmale im Königreich Württemberg. Donaukreis 1, 1914.

Die Kunst- und Altertumsdenkmale in Württemberg. Donaukreis 2, 1924.

Die Kunst- und Altertumsdenkmale in Württemberg. Oberamt Münsingen. 1926.
Die Kunst- und Altertumsdenkmale in Württemberg, Kreis Riedlingen. 1936.
Die Legenda aurea des Jacobus de Voragine. Aus dem Lateinischen übersetzt von Richard Benz. 10. Aufl. Heidelberg 1984.
Abkürzung: Legenda aurea.
Die Parler und der Schöne Stil 1350-1400. Hrsg.: Anton Legner. Köln 1980.
Die Zeit der Staufer. Katalog der Ausstellung, Band II. Hrsg.: Christian Väterlein, Stuttgart 1977.
Duncker, Chr.: Die Marienkirche zu Bronnweiler, o. O., o. J.
Eggart, Hermann: Die spätgotischen Wandmalereien in der Pfarrkirche zu Eriskirch. In: Schriften des Vereins für Geschichte des Bodensees und seiner Umgebung 61, 1934, S. 66–79.
Frank, Hubert, P.: Eine vorreformatorische Spur franziskanischen Lebens im Ulmer Raum. In: Thuringia Franciscana 2, 1963.
Frodl, Walter: Die romanische Wandmalerei in Kärnten. Klagenfurt 1942.
Gluitz, Franz: Dorf und Stadt Veringen. Veringenstadt 1972.
Gombert, Hermann: Das Münster „Unser Lieben Frau" Freiburg i. Breisgau. München – Zürich 1977.
Gradmann, Eugen: Kunstwanderungen in Württemberg und Hohenzollern. 4. Aufl. neu bearbeitet von Meckseper, Cord. Stuttgart 1970.
Haack, Friedrich: Friedrich Herlin. Straßburg 1900.
Hafner: Neu entdeckte Wandgemälde in der Gottesackerkapelle von Bieringen. In: Archiv für christliche Kunst 9, 1899, S. 77-89.
Handbuch der historischen Stätten Deutschlands. Baden- Württemberg. Hrsg.: Miller, Max und Taddey, Gerhard. 2. Aufl., Stuttgart 1980.
Hartmann, Paul: Die gotische Monumental-Plastik in Schwaben. München 1910.
Hauff, Gottfried: Die Wandmalereien des 15. Jahrhunderts in St. Moriz zu Rottenburg-Ehingen. Magisterarbeit Tübingen 1981.
Hecht, Josef und Konrad: Die frühmittelalterliche Wandmalerei des Bodenseegebietes. Sigmaringen 1979.
Abkürzung: Hecht: Die frühmittelalterliche Wandmalerei.
Henk, Richard/Braus Johannes, Braus Günter: Insel Reichenau. Heidelberg 1980.
Heye, Eva: Wandmalerei im Reg.-Bezirk Südwürttemberg- Hohenzollern. Katalogartige handschriftliche Aufzeichnungen, ohne Abbildungen. Beim Landesdenkmalamt Baden-Württemberg in Tübingen. Anfang 60er Jahre.
Heye, Eva: Die Hostienmühlen in Loffenau und Malmsheim. In: Nachrichtenblatt der Denkmalpflege in Baden-Württemberg 5, 1962, S. 74-79.
Heye, Eva: Die katholische Pfarrkirche von Wendelsheim und ihre spätgotischen Wandmalereien. In: Nachrichtenblatt der Denkmalpflege in Baden-Württemberg 3, 1964, S. 93-96.
Hoffmann, Herbert: Drei neuaufgedeckte Wandmalereien zu Kohlstetten, Riederich und Altingen. In: Nachrichtenblatt der Denkmalpflege in Baden-Württemberg 2, 1959, S. 10-16.

Hoffmann, Herbert: Ein Wandgemälde der Schongauer Werkstatt in Upfingen. In: Nachrichtenblatt der Denkmalpflege in Baden-Württemberg 3, 1960, S. 90–98.
Hoffmann, Herbert: Werke der Kunst in und um Rottenburg. In: Rottenburg am Neckar. Bilder einer Stadt. Weißenhorn 1974, S. 38-48.
Holder, Fritz: Rottenburger Fasnet. In: Rottenburg am Neckar. Bilder einer Stadt. Weißenhorn 1974, S. 66/67.
Hornstein, Edward, Freiherr von: Die von Hornstein und von Hertenstein. Konstanz 1911.
Huck, Kamerer: Die Pfarrkirche in Schmiechen bei Ehingen und deren Restauration. In: Archiv für christliche Kunst 8, 1890, S. 94/95 und 104-107.
Hummel, Heribert: Wandmalereien im Kreis Göppingen. Veröffentlichungen des Kreisarchivs Göppingen Bd. 6. Weißenhorn 1978.
Abkürzung: Hummel: Wandmalereien im Kreis Göppingen.
Ingenhoff, Hans-Dieter: Die Abnahme der Wandmalereien aus der Ev. Kirche zu Gruorn bei Münsingen. In: Nachrichtenblatt der Denkmalpflege in Baden-Württemberg 3, 1960, S. 49-52.
Ingenhoff, Hans-Dieter: Spätromanische Wandmalereien in der Apsis der Johanneskirche zu Seeburg. In: Nachrichtenblatt der Denkmalpflege in Baden-Württemberg 4, 1961, S. 63-67.
Jammers, Ewald: Das königliche Liederbuch des deutschen Minnesangs. Eine Einführung in die sog. Manessische Handschrift. Heidelberg 1965.
Janson, Horst W.: Plastik. In: Propyläen-Kunstgeschichte, Band 7. Spätmittelalter und beginnende Neuzeit. Berlin 1972, S. 261 ff.
Keppler, Paul: Die Wandmalereien in der alten Sakristei der Marienkirche in Reutlingen. In: Reutlinger Geschichtsblätter 5, 1894, S. 54 ff.
Klamt, Johann-Christian: Deutsche Malerei. In: Propyläen- Kunstgeschichte, Band 6. Das Mittelalter II. Das hohe Mittelalter. Berlin 1972, S. 260 ff.
Kluge, Dorothea: Gotische Wandmalerei in Westfalen 1290–1530. Münster 1959.
Koepf, Hans: Schwäbische Kunstgeschichte. Band 3. Konstanz und Stuttgart 1963.
Kopp, Herbert: Die Anfänge der Stadt Reutlingen. Reutlingen, o. J. (1961).
Koppenhöfer, H.: Die Andreas-Kirche in Nellingen. Nellingen 1972.
Krins, Hubert: Kirchliche Kunst. In: Bermatingen, Heimatbuch zur 1200-Jahr-Feier 1977. Konstanz 1979, S. 49–52.
Kuppinger: Das Wandgemälde im Chor der Kirche zu Engstlatt. In: Blätter des Schwäbischen Albvereins 1898, Sp. 19–22.
Lederer, Wilhelm: St. Afra in Schelklingen. Schelklinger Hefte 5, 2. Aufl. 1982.
Lehmbruck, Wilhelm: Hans Acker, Maler und Glasmaler von Ulm. Ulm 1968.
Lexikon der christlichen Ikonographie. Begründet von Kirschbaum, Engelbert. Herausgegeben von Braunfels, Wolfgang. 8 Bände. Rom, Freiburg, Basel, Wien 1968–1976.
Abkürzung: LCI.
Mall, Siegfried u.a.: Berkach und seine Kapelle Sankt Peter und Paul. Berkach 1983.
Manz, Dieter: St. Moriz in Rottenburg-Ehingen. Rottenburg a. N., 2. Aufl. 1989.
Manz, Dieter: Aus der Bau- und Kunstgeschichte von St. Moriz. In: Der Sülchgau 20, 1976, S. 14–26.

Manz, Dieter: Reliquiengrab und Grafengruft. In: Der Sülchgau 1980.
Merz, H. und Lübke, W.: Das neu hergestellte große Jüngste Gericht im Münster. In: Münsterblätter 3 und 4, Ulm 1883, S. 109 ff., 119 ff.
Metzger, D.: Die Marienkirche Bronnweiler. o. O., o. J.
Michler, Jürgen: Gotische Ausmalungssysteme am Bodensee. In: Jahrbuch der staatlichen Kunstsammlungen in Baden-Württemberg. Band 23, 1986, S. 32–57.
Abkürzung: Michler: Gotische Ausmalungssysteme.
Michler, Jürgen: Die Kapelle St. Ulrich in Elmenau (Gemeinde Neukirch, Bodenseekreis) und ihre Wandmalereien. Kulturdenkmale in Baden-Württemberg. Kleine Führer, Blatt 54. Stuttgart 1988.
Musper, H. Th.: Gotische Malerei nördlich der Alpen. Köln 1961.
Nickel, Heinrich L./Baier, Gerd/Femmel, Gerhard/Kober, Karl- Max: Mittelalterliche Wandmalerei in der DDR. Leipzig 1979.
Abkürzung: Nickel: Mittelalterliche Wandmalerei in der DDR.
Pächt, Otto: Buchmalerei des Mittelalters. München 1984.
Abkürzung: Pächt: Buchmalerei des Mittelalters.
Paulus, Eduard: Die Cisterzienser-Abtei Bebenhausen. Stuttgart 1886.
Pfeffer, A.: Die neuentdeckten mittelalterlichen Wandmalereien in der Stiftskirche St. Moriz in Rottenburg-Ehingen. In: Reutlinger Geschichtsblätter 21, 1910, S. 28–35.
Pfleiderer, Rudolf: Münsterbuch. Das Ulmer Münster in Vergangenheit und Gegenwart. Ulm 1907.
Philippot, Paul: Die Wandmalerei, Entwicklung, Technik, Eigenart. Wien und München 1972.
Pinder, Wilhelm: Die deutsche Plastik vom ausgehenden Mittelalter bis zum Ende der Renaissance. 1. Teil. Potsdam 1929.
Propyläen-Kunstgeschichte, Band 6. Das Mittelalter II. Das hohe Mittelalter. Berlin 1972.
Abkürzung: Prop KG 6.
Propyläen-Kunstgeschichte, Band 7. Spätmittelalter und beginnende Neuzeit. Berlin 1972.
Abkürzung: Prop KG 7.
Reclams Kunstführer, Deutschland II. Baden-Württemberg. Stuttgart 7. Aufl. 1979.
Reiners, Heribert: Das Münster Unserer Lieben Frau zu Konstanz. Konstanz 1955.
Rotzler, Willy: Die Begegnung der drei Lebenden und der drei Toten. Ein Beitrag zur Forschung über die mittelalterlichen Vergänglichkeitsdarstellungen. Winterthur 1961.
Ruf, Gerhard, P.: Franziskus und Bonaventura. Die heilsgeschichtliche Deutung der Fresken im Langhaus der Oberkirche von San Francesco in Assisi aus der Theologie des hl. Bonaventura. Assisi 1974.
Ruf, Gerhard OFM Conv.: Das Grab des hl. Franziskus. Die Fresken der Unterkirche von Assisi. Freiburg · Basel · Wien 1981.
Rumbaur, Konrad: Gotische Malereien in Scheune entdeckt. In: Reutlinger General-Anzeiger v. 1. 2. 1986.
Salm, Christian, Altgraf zu: Die Wand- und Gewölbemalereien des Meisters von Meßkirch in Heiligkreuztal. In: Heilige Kunst 1956, S. 29–47.
Sattler, Christian, Friderich: Geschichte des Herzogthums Würtenberg unter der Regierung der Graven. Zweyter Theil. 2. Aufl. Tübingen 1775.

Sauerländer, Willibald: Gotische Skulptur in Frankreich 1140–1270. München 1970.
Sauerländer, Willibald: Das Königsportal in Chartres. Heilsgeschichte und Lebenswirklichkeit. Frankfurt a. M. 1984.
Abkürzung: Sauerländer: Das Königsportal in Chartres.
Schäfer, Herbert: St. Peter zu Nusplingen, ein heimatliches Kleinod. In: Mitteilungsblatt der Gemeinde Nusplingen. Juni 1979.
Schefold, Max: Ein Freskenzyklus aus dem Ende des 14. Jahrhunderts in Ulm. In: Münchner Jahrbuch der bildenden Kunst. N. F. Bd. V, 1928. S. 101–115.
Schmidt, Richard: Neuentdeckte Bilder in den Kirchen in Kappel und Zell. In: Württemberg, Monatsschrift 8, 1930, S. 372 ff.
Schmidt, Richard: Schwäbisch Gmünd. o. O, o. J.
Schnell, Kunstführer Nr. 1347: Ravensburg St. Jodok. München und Zürich 1982.
Schnell, Kunstführer Nr. 1467: Evangelische Stadtkirche Ravensburg. München und Zürich 1984.
Schnell, Kunstführer Nr. 1629: Heiligkreuztal. München und Zürich 1987.
Schnell, Kunstführer Nr. 507: Pfarrkirche Eriskirch, München und Zürich, 3. Aufl. 1987.
Schnell, Kunstführer Nr. 540: Das Münster zu Überlingen. 13. Aufl. 1987.
Schöne Madonnen 1350–1450. Ausstellungskatalog. Salzburg 1965.
Schorp, Erich: St. Martin oder St. Bernhard. In: Rottenburger Post 1963.
Schorp, Erich: Die Fresken der Wendelsheimer Kirche. In: Schwäbisches Tagblatt v. 25. 2. 1965.
Schubert, Ernst: Der Magdeburger Dom. Leipzig 1984.
Schultz, Alwin: Deutsches Leben im XIV. und XV. Jahrhundert. Prag-Wien-Leipzig 1892.
Seifert, Hans und Müller-Cassel, Erich: Alte und neue Fenster im Ulmer Münster. Königstein i. T. o. J.
Spahr, Gebhard: Die Basilika Weingarten. Sigmaringen 1974.
Stähle, Willi: Holzbildwerke der Kunstsammlung Lorenzkapelle Rottweil. Katalog. Rottweil 1977.
Stange, Alfred: Deutsche Malerei der Gotik. IV. Südwestdeutschland in der Zeit von 1400 bis 1450. München, Berlin 1951.
Abkürzung: Stange IV.
Stange, Alfred: Deutsche Malerei der Gotik. VIII. Schwaben in der Zeit von 1450–1500. München, Berlin 1957.
Abkürzung: Stange VIII.
Streitberger, Fritz: Evangelische Franziskuskirche Ersingen. 1983.
Swoboda, Karl M.: Geschichte der bildenden Kunst. Die Spätgotik. Wien und München 1978.
Tripps, Manfred: Hans Multscher. Seine Ulmer Schaffenszeit 1427–1467. Weißenhorn 1969.
Abkürzung: Manfred Tripps: Hans Multscher.
Unsöld, Jakob und Lipp Manfred: 500 Jahre Kirche St. Wolfgang Rottenacker, Rottenacker 1985.

Urban, Wolfgang: Der Narrentanz im Kirchenschiff. In: Reutlinger General-Anzeiger v. 26. 2. 1987, S. 17.

Volborth, Carl Alex, von: Das Wappen. Limburg/Lahn 1977.

Waldburg, Johannes, Graf: Der Ravensburger Jodok. In: Heilige Kunst 1954/55, S. 5–14.

Wappenfibel. Handbuch der Heraldik. Neustadt a. d. Aisch. 17. Aufl. 1981.

Weil, Ernst: Der Ulmer Holzschnitt im 15. Jahrhundert. Berlin 1923.

Weiss, Hermann: Kostümkunde, II. Geschichte der Tracht und des Geräthes im Mittelalter vom 4. bis zum 14. Jahrhundert. Stuttgart 1862.

Wentzel, Hans: Das Mutziger Kreuzigungsfenster und verwandte Glasmalereien der 1. Hälfte des 14. Jahrhunderts aus dem Elsaß, der Schweiz und Süddeutschland. In: Zeitschrift für schweizerische Archäologie und Kunstgeschichte. Band 14, 1953, S. 159–179.
Abkürzung: Das Mutziger Kreuzigungsfenster.

Wentzel, Hans: Die Glasmalereien in Schwaben von 1200-1360 (Corpus Vitrearum medii aevi. Deutschland Band I, 1) Berlin u. a. 1958.
Abkürzung: Hans Wentzel: CVMA Deutschland I, 1.

Wildhaber, Robert: Zwei kirchliche Bildthemen aus dem süddeutschen Raum um den Bodensee. In: Schwäbische Heimat 5, 1955, S. 162–168.

Wilhelm, Johannes: Die Bau- und Kunstgeschichte des Klosters Blaubeuren. In: Dopfel-Klein: Kloster Blaubeuren 900 Jahre. Stuttgart 1985.

Wortmann, Reinhard: Das Ulmer Münster. Stuttgart. 2. Aufl. 1981.

Abbildungsnachweis

Sämtliche Fotos:

Marianne Kadauke-Rössle, Eningen u. A.

mit Ausnahme von:

90	Robert Holder, Bad Urach
94, 95	Richard Roth, Schemmerhofen
136–138	Gebr. Metz, Tübingen
207	Kurt Kneer, Ulm
XV–XVII	Foto-Näher, Reutlingen
XXVII	Foto-Dobler, Weingarten
XXXIX	Foto-Frenzel, Neu-Ulm

NORD-
SCHWARZWALD
MITTLERER NECKAR
ALTINGEN
BEBENHAUSEN
RIEDERICH
WENDELSHEIM
SONDELFINGEN
GRABENSTETTEN
ROTTENBURG
URACH
REUTLINGEN
ZAININGEN
FELDSTETTEN
WITTLINGEN
PFULLINGEN
UPFINGEN
GRUORN
BRONNWEILER
SEEBURG
ENNABEUREN
BIERINGEN
UNTERHAUSEN
Neckar
TÜBINGEN
KOHLSTETTEN
REUTLINGEN
URSPRING
TALHEIM
WILLMANDINGEN
OFFENHAUSEN
APFELSTETTEN
ÖDENWALDSTETTEN
SCHMIECHEN
NECKAR-
SCHLATT
EHESTETTEN
TROCHTELFINGEN
GRANHEIM
MÜNZDORF
ENGSTLATT
ALB
BERKACH
BALINGEN
MUNDERKINGEN
ZOLLERNALBKREIS
HERMENTINGEN
ROTTENACKER
HEILIGKREUZTAL
NUSPLINGEN
RIEDLINGEN
VERINGENDORF
LAIZ
SCHWARZWALD-
BAAR-
HEUBERG
Donau
SIGMARINGEN
KAPPEL
BODENSEE-
SCHNERKINGEN
WALDBEUREN
KÖNIGSEGGWALD
GAISBEUREN
JUDENTENBERG
HOCHRHEIN
OBERSCHWABEN
BURG RAMSBERG
BODENSEEKREIS
RAVENSBURG
WEINGARTEN
ÜBERLINGEN
BERMATINGEN
UNTERESCHACH
AHAUSEN
MARKDORF
ELMENAU
BODENSEE
ERISKIRCH
SCHWEIZ